U0709911

田野擷英

龚莉 著

【下】

中华书局

下　卷

第四编：回归属性，面向绩效
——产业运营及企业经管

从出版业到出版产业，仅添一字，换了一个世界。商品、市场、盈亏曲线、GDP 占比，书业走下神坛，如粮食、油料、电力一样在国民经济体系中运行，创造产值和财富。

然而，"我们书业虽然是较小的行业，但是与国家社会的关系却比任何行业为大"。陆费逵先生的话也没有过时。

当今如这般又有钱赚又有文化自豪感觉的行业，不多了。

一座哥特式教学楼。高 163 米，全部用安纳州石灰岩砌成，没有使用一根钢梁。尖肋拱顶、飞扶壁、束柱、柳叶窗，外观雄伟峻峭，又轻盈修长，欲向天外飞升。内部空阔高旷、单纯、统一。人们叹："20 世纪最伟大的建筑幻想！"学堂里最著名的是 29 间颇具民族文化特色的国际教室，构成多元文化教学楼。中国教室门号为 136。

书业堪比建筑设计，多元要素有机融合，承载智慧、传承文明，连接历史与未来。

■ 匹兹堡大学圣思学堂

传媒业产品的商品性 *

随着市场经济的发展，传媒业的地位和作用越来越突出。如何在理论上规定传媒业产品的商品性，对于探讨现代传媒业在经济生活中的地位和作用，遵循价值规律来指导传媒业的产业化经营、管理，是必要的前提。

传媒业：现代社会经济中的"第四产业"

传媒业是指包括图书、杂志、报纸、广播、电视、网络等一系列从事信息传播的产业，是联接个体人与社会，以及人与人之间关系的中介性社会组织。它以自己的产品作用于社会生活，并从社会获取相应的经济补偿和收益。这一点，在西方发达的市场经济中，已经是被普遍认可的。在中国，由于统制经济体制的影响，传媒业往往被认为属于政府和党的组织的"事业"，而不是视为产业，因

---

* 　原载《经济理论与经济管理》1999年第5期。

此，虽说也注意到其在经济生活中的作用，如宣传政策等，但却忽略了其在社会经济中的地位，即不把传媒业当成经济部门，不遵从经济规律来经营、管理，从而造成许多问题。

在经济改革过程中，这种观念逐步被克服，但尚有沉重的残留，从而制约了传媒业的发展。现在，中国以法律明确规定了中国经济是社会主义市场经济，这不仅为正确认识传媒业的经济地位和作用提出了要求，也提供了必要条件。传媒业成为经济生活的重要组成部分，是现代经济社会发展的必然，而其根据，又在人的本质之中，是人性升华于现代的表现。马克思在规定人本质时明确了四个要素，即：劳动、需要、交往、意识，其中劳动是核心，需要、交往和意识都是围绕劳动这个核心存在，并制约劳动的发展。而人性则是人本质的具体化，它集中表现为社会性、思想性和创造性。人的存在和发展，是以劳动为核心，并不断满足和提高需要的，劳动不仅是个体行为，而且是社会活动，在劳动与需要之间，在社会众多的劳动者之间，在劳动的过程中，交往和意识都在起作用。从这个意义上说，人类的社会存在，就是以交往和意识来制约人的劳动，并逐步满足和提高需要的过程。这个过程，不仅使人类得以延续，更得以发展，即不断地在提高人的素质和劳动力的同时，强化和扩展人的社会交往和意识，也就是人性的升华。

正是在人本质的基本要素中，在人性升华的过程中，体现出信息、知识、文化的传播，并由传播逐步形成比较稳定的媒体。传播媒体早在人类社会初期就已出现，随着经济社会的发展而逐步扩展，并形成相应的组织机构。在现代经济生活中，传播媒体的地位和作用是相当明显的，而且已成为一个系统的、庞大的企业群。传媒业是现代人类经济社会生活中的必要环节，试想，如果没有出版、新闻、广播、电视、网络等媒体，现代人怎样成为现代人?现代经济和社会生活又将是个什么样子?

因此，我在这里提出：现代传媒业是随种植业、制造业、服务业之后，所形成的"第四产业"。在目前的社会统计及经济理论中，传媒业被列在"第三产业"，即服务业中，这在传媒业尚不发达的时候，是未尝不可的，而临近20世纪末，传媒业已经迅速扩展，人们所说的"信息时代"、"知识经济"等术语，虽说不尽准确，但也反映了这个事实：信息和知识在经济社会生活中的地位与作用日益突出，到21世纪这种倾向将逐步成为事实。因此，作为从事信息、知识传播的专门行业，传媒业的发展并由此而成为现代及未来经济社会中的一大产业，也是必然的。就像19世纪制造业从种植业的从属部分扩展为第二产业，20世纪下半叶服务业从制造业和种植业中分离出来成为第三产业一样，到20世纪末和21世纪初，传媒业从服务业中分离出去，成为第四产业。

传媒业作为第四产业，既是人类经济社会进步的结果，又是经济社会发展或人性升华的必要条件。传媒业的扩展，并不是要否定或排斥第一、二、三产业，而是基于这三个产业发展的需要，并有助其发展的。也正是在这个意义上，我认为应将传媒业作为一个产业来进行研究。

传媒业产品是特殊商品

现代经济是高度发展的商品经济，传媒业作为一个新兴的产业，也只有从商品经济的规律进行研究，才能规定其在现代经济生活中的地位和作用。在一些论述传媒业产品商品性的文章中，有这样一种提法：传媒业，特别是出版业的产品是"精神产品"，这是与"一般商品"相区别，或在"一般商品"之外的"特殊商品"。

并将"特殊商品"定义为:"不同于一般物质产品的具有特殊使用价值的商品","是为满足人们精神生活、文化生活需要而生产的"。然而,这些"特殊商品"的价值如何规定,却不做探讨。可见,这种以"特殊"为由,将传媒业产品排除于"一般商品"之外,以避开对之进行价值规定难题的做法,不可能说明传媒业产品的商品性。

商品性是商品经济中各种纳入交换领域的产品的共性或一般性规定,所有的商品都具有商品性,所以具有商品性的产品都是商品。人类社会并不存在"一般商品",只存在"商品一般"。任何商品都是特殊的,并不存在与"一般商品"相对立的"特殊商品"。"商品一般"或"商品一般性"是所有特殊商品的共性,而非专有哪些或哪类商品是"一般商品",其余的商品是"特殊商品"。

一般与特殊是辩证法规定事物性质的一对范畴,它们是对立的,也是统一的。对此,黑格尔和马克思都有明确论述。马克思在《资本论》中关于商品的论述充分说明了这一点。列宁也对这对范畴的关系做了说明:"在这里(正如黑格尔天才地指出过的)就已经有辩证法:个别就是一般(因为当然不能设想:在个别的房屋之外还存在着一般的房屋)。这就是说,对立面(个别跟一般相对立)是同一的:个别一定与一般相联而存在。一般只能在个别中存在,只能通过个别而存在。任何个别(不论怎样)都是一般。任何一般都是个别的一部分,或一方面,或本质。"①

商品是人们用来规定众多个别或特殊处于交换中的产品的一般性的概念,而特殊商品则是多种多样,其差别,不仅在使用价值上,也在于生产这些商品的具体劳动上。但这些差别,并不排除

---

① 列宁.列宁全集:第38卷[M].中共中央编译局,译.北京:人民出版社,1990:409.

所有特殊商品的共性，即由人类劳动所创造的价值和使用价值。对此，马克思在《资本论》中已有充分的论证。一些人总想用"第三产业"（其中包含传媒业）的兴起来反对或怀疑马克思的商品概念和劳动价值论，在他们那里，商品只限于"第一产业"、"第二产业"的商品，也就是所谓的"一般商品"，"第三产业"及我们这里所说的"第四产业"的产品或提供的服务，都是"特殊商品"，因而不属于马克思所规定的商品概念和劳动价值论的范畴。

这是对马克思的误解。实际上，尽管马克思在规定商品概念和劳动价值论时，"第三产业"和"第四产业"尚未兴盛，但也已经出现，并在经济社会中发挥作用。他当然注意到了初级服务业和传媒业在商品经济中的地位问题，并在规定商品概念和劳动价值论时考虑到其商品性。虽说马克思并未专门论述服务业和传媒业产品的商品性，但他关于商品一般性的规定，却为我们进一步探讨这个问题提供了必要原则和前提。"商品首先是一个外界对象，一个靠自己的属性来满足人的某种需要的物。这种需要的性质如何，例如是由胃产生还是由幻想产生，是与问题无关的。这里的问题也不在于物怎样来满足人的需要，是作为生活资料即消费品来直接满足，还是作为生产资料来间接满足"①。

所有的商品，都具有使用价值和交换价值两种属性，即有用性（效用性）和可交换以同量劳动生产的其他有用物品的性质，"交换价值首先表现为一种使用价值同另一种使用价值相交换和量的关系或比例"②。"如果把商品体的使用价值撇开，商品体就只剩

①　马克思.资本论：第1卷［M］.中共中央编译局，译.北京：人民出版社，1985：47.
②　马克思.资本论：第1卷［M］.中共中央编译局，译.北京：人民出版社，1985：49.

下一个属性，即劳动产品这个属性……随着劳动产品的有用性质的消失，体现在劳动产品中的各种劳动的有用性质也消失了，因此这些劳动的各种具体形式也消失了。各种劳动不再有什么差别，全都化为相同的人类劳动，抽象人类劳动"①。

传媒业产品作为特殊商品，其特殊性并不表现在它们的交换价值上，而是表现于它们的使用价值上。从交换价值的角度说，传媒业产品的价值也是劳动创造的，是人类的抽象劳动的体现；从使用价值的角度说，传媒业产品与其他行业的产品确有差异，这种差异要求生产它的具体劳动也有特殊性，但这种劳动的具体特殊性并不排斥劳动的一般抽象性。至于一些人将传媒业产品的使用价值称之为"满足精神需要"，也是不确切的，传媒业的大多数产品并不是单纯给人提供"精神享受"，而是传播知识、传播信息，这些，都是与社会经济发展密切相关的，甚至是其他产业发展中必不可少的要素。如果把传媒业产品仅仅看成是一种"精神享受"，看成是一种"精神消费品"，那必然得出其可有可无，或者是比"物质消费品"更低一层次（更不必要的、边际的）商品，这是与经济发展的大趋势相悖的。

马克思关于劳动价值论和价值规律的规定，是从各种特殊商品中抽象出、概括出其一般性、共同性，进而规定其价值、价值量和价值形态，以至货币转化为资本，由此来论证资本主义的矛盾。在马克思看来，凡是具有使用价值和交换价值，而交换价值又是由劳动创造的产品，无论它是哪种行业生产的，都是商品，都受价值规律的制约。据此原则，我们可以说，传媒业产品的商品性，是不难认识的，只要这种产品（不论它是以印刷物、电视图像、广播、计

---

① 马克思.资本论:第1卷［M］.中共中央编译局,译.北京:人民出版社,1985:51.

算机网络等为载体）是用来交换并能给人提供使用价值的，它就是商品，就受价值规律制约。

传媒业产品的价值规定及其价格表现

传媒业产品的特殊性，不在其价值规定上，而在其使用价值，在其物质形态上，在其具体劳动形式上。马克思在论述商品的价值规定时，认为各种特殊性商品在使用价值和物的形态、具体劳动形式方面的差别，并不影响对其中所体现的价值——抽象劳动的凝结，以及其价值量。"现在我们来考察劳动产品剩下来的东西。它们剩下的只是同一的幽灵般的对象性，只是无差别的人类劳动的单纯凝结，即不管以哪种形式进行的人类劳动力耗费的单纯凝结。这些物现在只是表示，在它们的生产上耗费了人类劳动力，积累了人类劳动。这些物，作为它们共有的这个社会实体的结晶，就是价值——商品价值"[①]。

作为现代经济社会中的第四产业，传媒业也和其他产业一样，其产品的生产、交换、消费，受价值规律的制约。传媒业产品的生产，也是现实的劳动与积累的劳动，即为生产此产品投入的活劳动与体现于生产资料中的过去劳动相结合的产物，它的价值也由这两部分劳动来规定，即按为生产该产品而耗费的平均必要劳动时间或社会必要劳动时间来计算其价值。"社会必要劳动时间是在现有的社会正常的生产条件下，在社会平均的劳动熟练程度和劳

---

① 马克思.资本论：第1卷[M].中共中央编译局，译.北京：人民出版社，1985:51.

动强度下制造某种使用价值所需要的劳动时间"[①]。

对传媒业产品如果按上述原则来规定,并不是困难的事。然而,由于传媒业产品使用价值及其具体劳动、物质形态的特殊性,产生了各种疑难,以至对传媒业产品的价值认识模糊不清,并有人得出其价格不受价值规定的结论。这样,就给传媒业笼罩上了神秘的色彩,不仅不能正确规定其价值和价格,也使对传媒业的经济学研究从基本点上就陷入一种"不可知论"的境地。价值规定及其价格表现,是经济学研究的基本点,对传媒业这种新兴产业的研究,也必须由此开始。下面,我们就依据马克思关于价值规定的原则,对传媒业产品的价值规定及其价格表现,进行探讨。传媒业虽然不像种植业和制造业那样直接生产生活资料和生产资料,也不像第三产业那样直接为消费者提供生活服务,但它也有生产过程,不仅有其需要,而且生产中也有生产资料也有劳动力。其生产过程,也是劳动力使用生产资料,在保存和转移生产资料已有价值的同时,创造新价值的过程。其产品价值,也就由这两部分构成,从这个意义上说,传媒业产品的价值,也都是由劳动创造的,其价值量,也由必要的社会平均劳动来构成。生产传媒产品的劳动,也有简单劳动和复杂劳动之分,而且,由于这种产业的特殊性,其简单劳动和复杂劳动及其所创造价值的差异更为突出。比如,名作家、名影视演员、名记者,以及名广告设计师等等,就有比普通的从业者从事更高的复杂劳动的能力,其创造的价值也就更大。

传媒业虽然不生产直接的生活和生产资料,但其产品比起第一产业来,更需要通过交换,即市场流通才能被人们消费。随着对传媒业垄断的突破,竞争更为激烈。因此,传媒业产品在其价值

---

① 马克思.资本论:第1卷[M].中共中央编译局,译.北京:人民出版社,1985:52.

规定的基础上，又有其价格表现。从价值创造至以价格形式售出产品，中间有一系列环节，并由于传媒业的特殊性而更具复杂性，但不论怎样复杂，传媒业产品价格的基础是劳动所创造的价值，即由生产资料原价值和劳动力所创造的新价值所构成的价值。在此基础上交换过程或市场上的各种因素，如需要、产品质量、竞争、销售手段等，都会影响到价格。在这方面，同样有价格围绕价值的活动。在市场比较发达的情况下，传媒业产品的价格，也会形成相对稳定的生产价格，即由成本费用和平均利润所构成。比如书刊的价格，由于书刊市场较成熟，基本上是以印张来定价的，这样，出版商的生产成本和平均利润在其生产中就已确定；为了追求超额利润，就必须扩大销售量。

与其他产业一样，传媒业的经营，也主要在从产品价值到价格表现这一系列环节上。

这是传媒业经济学的主要内容。也正是由于传媒业产品价格在其价值基础上的波动，才促使传媒业本身不断地提高其产品质量，并设法扩展销售，以谋求更多的超额利润。传媒业的竞争往往更为激烈，这是其发展的内在要素。在市场经济条件下，不断地突破对传媒业的垄断，是传媒业发展的前提。

我说市场导向 *

　　出版界有一个比较常用的说法：不以市场为导向。其实，对市场导向应该具体问题具体分析，不能笼而统之，一概否定。市场导向，是读者需求的反映，而读者需求总体上受制于社会政治、文化、经济状况，其主流和社会主流无疑是同步的。中国正处于社会主义现代化建设时期，读者需求的主流也是健康的向上的，例如科技类、文化教育类等增长知识、启迪心智的图书，多年来炙手可热，历久不衰。反映这种主流需求的市场信号，理所当然成为出版业生产的导向。市场导向反映着市场需求、读者需求，和市场需求实际上是同义语。为什么可以说出版生产应从市场需求出发，从读者需求出发，就不可以说从市场导向出发呢？同时，不以市场为导向的说法，等于拒绝市场经济，因为市场的发动机就是市场导向。作为市场主体的出版企业，也只有注重市场导向，才能生存、发展，正确的市场导向，应该理直气壮地紧跟。当然，中国现时期市场经济并不完美，甚至存在严重的缺陷，有它消极的一面，市场导向中，也有浊流涌动，这方面最典型的，莫过于淫秽色情凶杀迷

＊　原载《出版参考》1999年第8期。

信,以及一些对社会有破坏力的读物,由于种种原因,往往会冲击正常的市场需求。这样的所谓市场导向,出版社当然决不能跟进,而应坚决抵制。

不以市场为导向的说法,说到底还是思想观念的问题,其根本就是对出版物性质的认识问题。长期以来出版物被称之为精神产品、文化产品和宣传品,我国由计划经济向市场经济实现转轨后人们开始称出版物为特殊商品。出版物称谓的变化,反映出观念变化的轨迹。人们开始承认出版物的商品属性,但是,在实际工作中,这种"特殊"性往往成为对出版物商品属性的限制。其实,出版物具有商品的共同属性:是用来交换、能满足人们某种需求的劳动产品,从这个意义上讲,出版物是商品大家族中地位平等的成员。市场上消费者对出版物的挑挑拣拣,锱铢必较,与对其他商品的评头品足、货比三家又有什么两样?

《人民日报》华东版去年12月18日报道,江苏扬州读者杨锦新,因发现所购图书有错,状告出版社,出版社主动赔偿3000元,原告方才从法院撤诉。今年3月4日,浙江金华市婺城区法院审理首例图书差错案,结果以被告方某出版社满足原告方即读者汪新章所有诉讼请求而达成庭外和解。这些诉求的根据就是《中华人民共和国消费者权益保护法》,该法第6章第35条的精神是,消费者在购买、使用商品时,其合法权益受到损害时,可以向销售者要求赔偿。销售者赔偿后,属于生产者责任的,销售者有权向生产者追偿。因图书质量问题引发的诉讼案日渐增多,亦说明消费者对图书商品属性的认同。出版物是特殊商品的说法,本意大约是要突出出版物对人们的思想意识,乃至人类社会进程产生深刻影响的特性,但这是对出版物社会效应的规定性,不能和出版物商品性质的规定性相混淆。而且,不同种类商品满足人们不同的消费,都有其特殊的社会效用。对出版物商品属性的认识程度,理论上制约着出版业对价值规律、市场导向、出版机构的性质、出版生产和流通、出版市场（包括资金市场和劳动力市场），以及出版业发展道路等重大问题的认识；实践中制约着出版业迈向市场的步伐。可以说，只有当出版物商品属性的完全性得到确认，出版业才真正获得了进入市场经济的准入证。

其实，确认出版物的商品性，尊重价值规律，重视市场导向，并不妨碍出版坚持正确的方向，相反，有助于出版业熟悉商品、市场等事物固有的习性，在市场经济中掌握主动权，充分利用市场机制优化出版资源配置、提高生产率的积极作用，为社会奉献更多适销对路的优质图书，并有效地预见和抵制市场经济消极的东西。同时，强有力的国家宏观调控与市场同在、互补，中国的出版一定能朝着健康向上的方向前进。

中国出版业产业化初探 *

　　出版业的"业",是现代经济中的产业,不是从属于行政的事业。自产业革命以来,发达国家的出版业就已纳入产业范畴。新中国成立以后,计划经济体制将出版业作为行政机关和从属机构。随着经济体制改革的深入,出版业也相应地进行了改革,但改革的程度还与市场经济体制的要求不适应。产业化,已成为中国出版业下一步改革的必然趋势。产业化是大势所趋。

　　严格地说,中国出版业目前还未真正进入现代产业化发展轨道。首先,出版业的产业"身份"不明。其次,产业组织的经济性质还未充分展开。但是,产业化是出版业发展到一定阶段的内在要求,它的到来是不以人的意志为转移的。推进出版业产业化进程,是历史的、理论的必然选择。

产业化是大势所趋

　　出版业产业化必然使出版业发生深刻的变化。首先,从单纯的

---

* 原载《中国出版》1998年第6期。

计划经济向市场经济转变；其次，从粗放经营向集约经营转变；第三，从主要依靠传统工具、传统经验为基础的技术体系，向以现代技术、科学化管理为基础的技术体系转变。这些变化推动着人们探索出版业的产业角色和产业特性，刷新出版业观念。出版业不再是行政机关附属物的象征，而是富有前途的现代产业，是国民经济中的优势产业。

出版业是典型的集约型产业，知识密集，科技含量很高。一份由美国科学基金会提供的研究报告显示：在美国，科技资源是由28万名科学家和众多工程师所积累的知识以及每年出版的1.5万部科学著作、4500种学术期刊、4500种非学术期刊，以及数千份技术报告所组成。

出版是科技进步的产物，同时又在科技进步中发挥巨大作用。随着时代的进步和人们科学文化水平的普遍提高，对出版业产品的需求不但日趋增多，而且日趋多样化，作为资源性产品的出版业产品及其关联产品将越来越成为短缺商品。因此，出版业所拥有的市场份额、所拥有的获利潜力是非常大的。1979年我国出版系统利润总额为3亿多元，1997年达到36亿多元，远远高于同期国民经济的增长速度，显示了出版业强劲的后发优势，为其进一步产业化创造了必要基础，也提出了强烈要求。出版业产业化带来的制度创新、技术创新、经营创新，将把我国出版业推进到更高的发展阶段。

置身改革大潮中的中国出版业面对着国内国际两个市场的压力和挑战。能否顺应时代、实行产业化，直接关系中国出版业的生存与发展。改革开放20年来，中国出版业发生了很大的变化，但总体水平不高，基础还比较薄弱，和国际竞争对手的差距还相当大。历史和现实都在证明，传统的出版业观、传统的机制，以及传统的管理、技术体系基础，并不能把出版业推向更高的发展阶段。中国出版业只有在产业化过程中迅速强大起来,才能在潮起潮落的市场经济中畅游,才能担起"提高国民素质"的历史重托,才能迎接国际挑战,阔步走向世界。

转轨、改制、整合、重构,是推进出版业产业化的重点

中国出版业的产业化是一个新事物,也面临诸多阻力,为此,有必要明确它的重点。

一、确认出版物的商品性

长期以来,出版物被称之为精神产品、文化产品和宣传品,中国实现转轨后,人们开始称出版物为特殊商品。出版物称谓的变化,反映出观念变化的轨迹。人们开始承认出版物的商品属性,但是,在实际工作中,这种特殊性又往往成为对出版物商品属性的限制。

二、出版机构企业化

随着从计划经济向市场经济的全面转型,"事业单位,企业管理"不但已难以自圆其说,而且势必陷入进退维谷的境地。国家不仅对出版机构取消了财政支持,而且,许多出版机构纳税种类和方式也与工商企业基本一致,"事业单位"已经没有什么实际意义。

现在有相当多出版机构未有一级法人身份,甚至没有独立账号,不独立核算、自负盈亏;而实现了法人身份的出版机构,又都登记注册为"事业法人";大多数省属出版社组成的出版总社,与出版行政领导机关是一个机构,两块牌子。这些都未真正确定出版机构的企业性质,未能赋予或真正赋予出版机构市场主体的身份。出版机构面临的是来自计划内、计划外相互干扰的双重导向,比如要

面对计划与市场规则不相同的资源配置方式，以及双轨的产品交换和分配体系等。这种状况下，"企业管理"是不可能到位的，是注定要流于形式的。解决这一矛盾的办法就是出版机构企业化。这已经是"水到渠成"的事了。

出版机构企业化是对出版机构的重新定位。它要求政企分开，产权明晰；要求进行企业法人登记，确立出版机构在国际、国内市场的法人实体和竞争主体地位，保证出版机构具有民事权利能力和民事行为能力。出版机构企业化，就可以利用现代企业制度的成功经验建立现代出版企业制度，实施科学化管理，提高集约化程度；就可以引进竞争，激活机制，提高劳动生产率，提高资本运营水平。所以说，出版机构企业化，是推动出版产业快速发展的前提。

三、不均衡性布局

建国以来，在长期计划经济的影响下，我国出版业地区布局呈现突出的均衡性特征，这不但不利于出版资源的有效配置，造成出版资源的极大浪费，而且还引发了另一个更为严重的恶果，就是地区壁垒森严、全国市场割据，壁垒招式花样翻新，层出不穷。而出版作为一个经济产业，其生存和发展与统一、开放、有序的市场是紧密相连、不可分割的。

出版产业发展的内在规律，要求出版业布局的不均衡发展。当然，和日本、德国等国不同，中国幅员辽阔，出版业的空间配置不一定只集中在一两个地区，可考虑以六大经济区划的中心城市为基础进行。经济区是由中心城市及与之相毗连的地区组合而成的，城市是区域经济发展的核心，一个地区的经济中心城市通常也是科学文化中心，人才集中、技术先进、市场发达、运输方便，辐射功能强大，具有发展出版业充沛而良好的条件。

以这些城市为基地，形成若干个出版、发行和印刷中心，用强大的"中心能"辐射、覆盖全国市场,对出版产业的迅速发展、良性循环具有不可低估的意义。

四、优化组织结构

目前我国出版业组织结构存在的主要问题是:第一,产业生产体系、生产链条被不同的隶属关系所割断,专业化与协作化水平低。第二,企业规模普遍偏小,组织化程度低;缺乏优势明显的"龙头企业"、"巨人企业"难以获得规模经济,缺乏与国际大出版企业竞争的能力。第三,"同构性"突出。各省市出版机构设置、出版机构产品和劳动组织形式,甚至出版机构和竞争战略都存在很大的同构性。同构性导致的恶果已日益显现:出版资源争夺白热化和出版资源闲置浪费并存;低水平重复出版;大量库存积压;盲目竞争、过度竞争、不正当竞争;"诸侯"各自为政、市场壁垒森严。

为了优化我国出版业组织结构,应考虑以下几个方面:第一,重构产业生产体系。打破生产体系严重分割的状况,按照出版生产链条的有机秩序,按照出版媒体互通、互补、互动的内在联系,对我国出版产业实行战略性改组。第二,提高产业的集中度。通过企业资产重组、收购兼并,进行产业整合和重组,培育一批大出版公司、大出版集团,构筑我国出版业的"大船"、"顶梁柱",发挥规模优势,提高国际竞争力。第三,将大中小企业在出版的生产链条上有机地组织起来。大中小并存,规模经济和灵活经营优势互补,有利于搞活市场,有利于提高产业整体竞争水平。第四,逐步突破原来由单纯行政指令形成的专业分工,在竞争的基础上,发挥各出版机构的长处和优势,形成新的专业分工。

五、竞争性产品结构

非竞争性产品的特点是以行政权力支撑的销路垄断。长时期以来,教材在我国出版总量和利润比重中一直居高不下,表明出版产业对教材的过分依赖,这对出版产业的发展有着严重的负面影响。教材出版是国家对出版产业的一种政策支持,教材是政策性产品,不是市场竞争性产品,出版产业严重依赖非竞争性产品,其结果必然导致产业机制僵化,竞争能力低下;出版产业的优胜劣汰、资本和技术集中无法实现,成为我国出版产业可持续发展的一个隐患。

降低非竞争性产品在出版总量和利润中的过高比重,尽快摆脱中国出版产业对非竞争性产品的过分依赖,提高竞争性产品,也即一般读物的比重,不但是使出版产业焕发活力、增强竞争力的紧迫任务,也是充分利用出版资源,丰富和繁荣出版物市场,以满足读者日益增长的需求的需要。可以考虑将教材作为一种公共资源性产品,集中在由国家新闻出版总署管理的统一的教材机构生产、发行,消除出版社、发行部门对教材的依赖,激活经营机制,加快一般图书增长。

统一、完善的出版市场体系是出版业产业化的总体条件

出版业的产业化,一个必要的总体条件,就是在国家的宏观调控下,形成一个统一、开放、完善的出版市场体系。应从以下几方面入手:

第一,消除地方垄断、区域封锁、部门分割,按照产业发展的内在要求,打通各种自然的、人为的边界,形成统一的大市场格局,实行出版物、资本、劳动力的自由流动。为此,要尽快转变政府职能,实行政企分开,精简政府机构,调整各政府部门之间的交叉职能。

第二，积极参与国际竞争，迎接国际国内市场的对接。中国出版市场与国际出版市场对接，可以充分利用国际国内两个市场、两种资源，发挥国际经济的传递效应，实现资源的优化配置。为此，出版企业要尽快转换经营机制，成为自主经营、自负盈亏的市场主体。同时，政府也应积极调整与出版业发展有关的财政、金融、投资、税收、价格、劳动、外贸等政策，为中国出版业与国际出版业接轨营造良好的市场环境。

第三，在充分发育出版物市场的同时，加快金融市场、劳动力市场、技术市场、信息市场等出版要素市场的发育，完善市场体系。出版市场体系中的各个市场之间，存在相互联系、相互依存、相互制约的关系，是一个共生互动的整体。某一种市场的培育和发展，为另一种市场的开放准备了前提条件，而某一种市场运转不畅也必然波及、影响其他市场。一方面，出版物发展到一定阶段，就业机会增多而扩大了劳动力市场，资金市场也随着对出版物需求的增加而活跃起来；另一方面，出版物市场的发展，又依赖于其他市场的发育与完善，没有劳动力市场提供足够的、具有各种专业技能的劳动力，没有资金市场提供生产、流通所需要的充足资金和通畅方便的资金运行渠道，出版物市场就必然受到限制，甚至萎缩。

转变政府职能，加强宏观调控，是出版业产业化和健康发展的保障

对出版产业的宏观调控，是出版产业化的必要方面，也是与市场经济发展相统一的环节。

出版业的产业化，既要求出版企业摆脱行政附属机构的地位，

成为与市场经济相适应的独立法人,同时也要在国家宏观调控下,健康有序地发展。政企不分严重违背了产业发展的经济规律,造成效率损失、资源配置不合理和经济运行的不良循环,羁绊着出版业生产力发展。政企分开,转变政府职能,由政府机构充当竞争性市场主体,转向由有企业法人身份的出版机构真正成为竞争性市场主体;由政府行政机制配置资源为主,转向以市场机制配置资源为主;由企业作为政府的延伸执行社会职能,转向由政府承担全部社会职能;由政府直接干预市场为主,转向政府以宏观调控为主。实际上就是要使制度安排同生产力和经济形式相适应,上层建筑同经济基础相适应,从而促进生产力发展。与社会主义市场经济相适应,与出版产业自身发展的经济规律相适应,政企关系的基本格局应是:"小政府、大企业;小政府、大市场。""违规行为管得住,合法经营受保护,发展繁荣得服务",应该成为衡量政府工作的重要标准。

政府对出版的宏观调控,是由市场机制本身存在的不可避免的功能性缺陷以及出版产业的特殊性决定的。在现代市场经济中,市场对调节资源配置起着全面的、主要的和基础性的作用,但单纯的市场调节只能解决微观平衡,对宏观平衡却显得无能为力。宏观调控可为微观经济运行创造良好的环境和条件,保证宏观经济目标更好地实现。出版业作为国民经济中的一个独立的经济产业,理所当然要纳入国家宏观调控之内。另外,由于出版业事关青少年的健康成长、国民素质的提高、社会舆论的导向,国家加强对出版产业的宏观调控,较之一般经济产业显得更为重要。

出版宏观调控的总体目标是:出版方向正确,为提高国民素质,为经济建设和改革开放服务;出版物总供给与总需求均衡,使出版生产良性循环,出版产业可持续发展。出版物总供给与总需求的均衡包括三个层次:出版生产水平与出版资源平衡;出版生产总量及其结构与读者的需求量及其结构一致；出版物价格水平与读者的购买力相适应。这实际上也是三对矛盾，这些矛盾的运动发展，决定着出版从均衡到不均衡，从不均衡再达到新的均衡的运动过程，正是这种不断突破均衡，再达到新的均衡的运动过程，推动着出版产业的发展和进步。

科技与出版 *

先进生产力，是指现代科技知识含量越来越高的生产力。在过去的100年里，现代科学与技术发生了革命性的变化。所取得的辉煌成就概括起来是：在科学上形成了四大基础理论，即相对论、量子论、基因理论和系统理论；在对自然系统的认识上，建立了五大基本模型，即宇宙演化的大爆炸模型、微观物质结构的夸克—轻子模型、遗传物质DNA双螺旋结构模型、智力活动的图灵计算模型、地壳构造的板块模型。在技术上形成了八大高技术领域，即信息技术、生物技术、空间技术、新材料技术、新能源技术、海洋技术、环境科学技术、管理科学技术。现代高新科学技术通过对生产力各实体要素的强烈渗透作用而使其发生质的飞跃。首先，现代控制技术使生产的物质技术手段发生质变，生产进入高度自动化的新时代；其次，能源革命、材料革命、海洋工程、生物工程等，最大限度地开发利用自然界各种资源，使劳动对象的范围空前扩大、质量空前提高。第三，现代技术革命以崭新的知识、技能武装劳动者，劳动力素质大幅度提高，劳动者队伍中智力型劳动者将占

---
* 2000年中国大百科全书出版社先进生产力研讨会讲稿。

据越来越大的比重。第四，现代科技在分别作用于生产力各实体要素的同时，还通过管理改革作用于整个生产力系统，改善其系统结构，增强其整体功能。总之，现代科技通过渗透作用，对生产力各实体要素和系统的作用产生了倍加效用。这种倍加效用绝不是旧质范围内的单纯量变，而是在新质基础上量的扩张。现代科技使社会劳动生产率几倍、几十倍甚至成百倍地提高，推动生产力飞跃发展，带来社会财富的巨大增长。

19世纪以前的生产力增长中科学技术虽然也起了重要作用，但远远赶不上增加劳动力、设备、资金所起的作用。到20世纪初，发达国家的工业生产增长也只有5%到20%来自科技进步。第二次世界大战结束以来，科技进步在经济增长中所占的比重提高很快。在20世纪70年代以后发达国家的经济增长中依靠科技进步所占比重已达到60%到80%。无数客观事实表明，科学技术在经济增长中已起到首要作用，成为第一生产力。

有的学者为了概括科学技术与生产力发展之间这种本质联系，提出一个公式：生产力=（劳动者+劳动资料+劳动对象）×科学技术。还有学者认为将科学技术置于公式中的乘数位置还不足以反映现代科技的巨大作用，应当把它进一步上升至指数位置。

进入新世纪，随着经济全球化日益加速，科技革命迅猛发展，科技进步，特别是高科技的不断创新及其产业化，将对全球化的竞争和综合国力的提高，对世界的发展和人类文明的进步，产生更加巨大而深刻的影响。当今国际间的竞争，实质上是综合国力、生产力的竞争，首先是作为第一生产力的科学技术的竞争，随着各国在知识创新、科技进步和高新技术产业化方面展开激烈角逐，21世纪科技进步将进一步成为各国发展乃至决定其国际地位的主导因素。

　　科技兴则国兴。我国在生产力水平相对落后的国情下要完成新世纪的三大任务，要全面建设小康社会，加快推进现代化，实现跨越式发展，就必须实现经济增长方式和经济体制两个根本性转变，把经济建设转移到依靠科技进步和提高劳动者素质上来。只有高度重视和大力发展科学技术，国家经济实力迅速增强，人民得到更多的实际利益，社会主义有了更强大的物质基础，才能增强社会主义在人民群众中的吸引力和凝聚力，才能巩固社会主义制度。

　　科技兴则国兴。这一道理，任何行业，任何单位，都概莫能外。

　　20世纪科技最大的发明创造之一无疑是计算机。它的开发与使用，给人类社会带来了翻天覆地的变化。近20年来，中国新闻出版业应用计算机大致经历了四次技术革命，使出版业告别铅与火，走向光和电，登上因特网，出版形式、出版过程、出版载体、出版管理发生了一系列根本性变革，使出版业的发展速度、服务水平更加贴近社会的需要。据统计，2000年，全行业的飞速发展，得益于体制、机制改革和技术进步的共同作用。本社也是技术进步的受益者。至2001年6月，我社在岗的编辑基本都能使用计算机，所有图书都已实现文档电子化；1993年启动建设的数语数据中心，历经前期、一期和二期建设，已经初具规模，检索、查询等多项功能已经供编辑使用，目前正在进行三期的研制和开发。

　　科技进步已经给我们出版社，给我们每一个人带来了新的变化和实实在在的好处。但我们在享受科技进步甜美果实的同时，是否意识到我们的差距和问题？

　　新技术的发明和应用，给出版业带来了大力拓展的良好机遇，同时，也带来了严峻的挑战。在信息时代，普遍认为受互联网冲击最大的行业之一是传统印刷（纸介质）媒体业。甚至一些专家认为，数字媒体的急速增加，将大大地威胁印刷媒体的生存。有人已经断言，21世纪将进入"无纸书包、无纸办公、无纸阅读、无纸信息传递"的时代，以我们目前仍然手不离纸书，甚至世界印刷用纸量正日益飚升的现状看，这种结论似乎有些危言耸听、杞人忧天，但事实上新媒体强劲发展的趋势却是明显而必然的。德国KBA公司的数据认为，2000年全球各种媒体产品的销售额约有1万亿美元，其中约一半收入来自传统印刷品，另外一些收入来自"数字媒体"。随着因特网的飞速发展，估计到2005年各种"数字媒体"的收入将增长到9000亿美元，而传统印刷出版业的收入仅为4720亿美元左右。这意味着，新世纪初始，印刷品在所有媒体销售额中所占的比例将持续下降。传统印刷出版业面临的另一竞争对手是中国"入关"后，以各种方式进入中国的外国出版商。对于来自数字媒体的挑战，对于加入WTO后以强大科技实力和雄厚资金进入中国争夺市场的外国出版商的挑战，我们必须面对并回答一个问题：我们准备好了吗？

应该说，我们的准备还不充分。我们还需更新观念，从思想上高度重视科技进步和应用。观念不能改变世界，但观念可以改变人的行为，而人的行为可以改变世界。这次申报"十五"国家重点图书规划，我社申报并获得批准8个，但全都是图书，电子出版物则一个都没有申报。据说，出版署发过专文通知，在有关部门被束之高阁了。这说明在我社，对高科技新型材质的出版物还不够重视。同样的问题在选题策划中也存在。对传统纸介质出版物的策划可以说已经驾轻就熟，但我社对电子出版物的策划基本还处于被动状态，自主策划、开发的品种很少，大都局限于来料加工。同样的情况也存在于图书出版中，我社是新闻出版署直属系统中唯一可出科技类图书的单位。8年前出齐的我社主打产品《中国大百科全书》中，自然科学、工程技术内容占到40%以上，从全国图书市场走势看，科技类图书的增长这些年一直呈上升趋势。而据总编室提供的数字表明,这两年我社出版图书中科技类图书占比很小。这种状况显然和我社社会使命、社会需求有一定距离。所以,首先转变观念,从思想上真正高度重视科技进步的重大意义,才能在行动上有所作为。其次,应站在新世纪可持续发展高度,制定我社高科技发展和应用战略,高度重视科技进步和科技创新对推动出版业先进生产力发展的重大意义。再次,从目前实务工作中看,装备上,我社计算机个人保有量并不低,但存在技术资源老化、配置失衡、使用效率低等问题。内容上,数据库化、结构化、市场化等方面还需奋力而为。这些都需要统筹考虑,未雨绸缪。

科技、资本、数字出版 *

科技和资本是数字出版财富化的双翼

近年来，宽带无线移动通信技术进一步发展，移动互联网业务的发展成为继宽带技术后互联网发展的又一个推动力，为互联网的发展提供了一个新的平台，使得互联网更加普及，并以移动应用固有的随身性、可鉴权、可身份识别等独特优势，为互联网类业务提供了新的发展空间和可持续发展的新商业模式。以搜索引擎、移动终端、电子阅读器等为主的数字出版技术创新日新月异，数字阅读终端产品不断升级。数字出版极大地拓展了出版市场，新型阅读方式不断涌现。

科技创新及应用是数字出版发展的引擎。当代著名经济学家熊彼特在其著作《经济发展理论》、《经济周期》、《资本主义、社会主义和民主主义》中提出了对后人影响极大的技术创新理论。熊彼特认为创新就是建立一种"新的生产函数"，即将一种从来没

* 原载《科技发展与出版产业创新》，2010年。

有过的生产要素和生产条件的"新组合"引入生产体系，强调生产技术的革新和生产方法的变革在经济发展过程中至高无上的作用，把这种创新或生产要素的新组合视为经济发展最本质的特征。他同时还认为，只有科学知识和技术发明被企业家转化为商业活动时，才能称之为创新。从近40年的统计数据看，世界发达国家和发展中国家经济增长的巨大差距，主要原因是技术进步和应用对经济体财富增长贡献的差距。数字出版的财富效应，已是不争的事实。近五年来，数字出版产业发展迅猛，产值屡创新高。据《中国数字出版产业年度报告》称，2006年我国数字出版产业产值213亿元，2007年362.42亿元，2008年530.64亿元。2009年则已达799.4亿元，是2006年产值的3.75倍。这些年数字出版产业保持持续高增长速度，产值年均增长率超过55%，大大高于其他行业。数字出版呈献的巨大财富张力，引得众多行业争先恐后涌入，投资热情持续高涨，又推动了这一领域一波波新的增长。

金融资本是数字出版发展的燃料。C.佩蕾丝的《技术革命与金融资本》提出了技术创新与金融资本的基本范式：新技术早期的崛起是一个爆炸性增长时期，会导致经济出现极大的动荡和不确定性。风险资本家为获取高额利润，迅速投资于新技术领域，继而产生金融资本与技术创新的高度耦合，从而出现技术创新的繁荣和金融资产的几何级数增长。事实上，世界经济的五次技术革命也一一印证了这种技术——经济范式的存在。遵循利润追逐的本性，在信息技术和网络技术的发展中，金融资本扮演了最为活跃的角色。今天，数字出版产业已经得到资本越来越多的关注和青睐，成为金融资本竞争日趋激烈的场所，不但众多行业挟雄厚资金进入，同时，传媒集团以IPO或通过借壳上市进入资本市场，一时成为潮流。

在科技创新和金融资本的双重推动下，数字出版创造了前所未有的价值，呈现出广阔的发展前景。

数字出版热中的传统出版社

从萌芽到快速发展，数字出版产业其优势和发展前景显而易见。数字出版热中的传统出版何去何从，已成为难以回避、现实而紧迫的问题。

基于百科社的实际情况，我们着重从三个定位思考：

第一，是在数字出版产业格局中的定位：入局，而非局外人。

数字出版在一路高歌，迅猛发展的同时，也给传统出版带来了前所未有的挑战。新媒体在给社会带来巨大财富的同时，可能给传统媒体带来负面影响。

现在，一本传统纸版书，若能发行数万册，已经是相当不错的成绩，而以数字化形式在网上或者移动终端等发布，则可能带来数百万上千万次点击，维基百科甚至创造了数十亿次的点击！前些时候到几个省市做图书市场调研，都会先去感情最靠近、业务最密切的新华书店。各地新华书店往往处于城市最繁华地段，人气旺，但仔细看来，不少店内最好的位置陈列销售的往往不是图书而是电子产品，或者其他文化娱乐产品。对这种现象，新华书店的同仁实话实说：黄金地段要有黄金收益。确实，随着网络移动阅读的日渐兴盛，传统图书的消费呈现下降趋势，而各项费用呈刚性上涨，传统图书利润越来越稀薄，还在以经营传统图书为主业的新华书店，或许更多是出于还有一份责任需要坚守，否则，相信在这样的地段，即算只出租房屋，其利润也比卖书丰厚得多。而一直以来和新华书店相关性极大的传统出版社，更是直接承接着来自传统市场萎缩的冲击和压力。

但是，事物往往具有两面性。数字出版的发展，在带来挑战的同时，也创造了许多新机遇，给传统出版带来了可能的新希望。数字出版极大地拓展了出版市场，创造了新的阅读需求。例如，随着3G时代的到来，数字出版向无线移动、个性化按需定制和跨媒体出版发展的步伐大大加快，手机出版成为必然的发展趋势。由于移动通信已经形成了相对成熟的收费模式，使得手机出版的赢利水平后来居上，已经成为规模最大的数字出版类型。手机阅读已经成为在线阅读的主要方式，根据中国互联网络信息中心（CNNIC）发布的《第25次中国互联网络发展状况统计报告》显示，截至2009年年底，中国手机阅读用户的比例占到总体手机网民的75.4%。以目前中国移动就拥有5.4亿的手机用户基础来看，未来手机阅读用户增长量潜力巨大，前景广阔。数字化阅读本质还是阅读，同样需要内容，需要优质的内容，随着数字出版业的不断发展，这已经越来越成为行业的共识。精良的内容、丰富的内容、创新的内容，这都是传统出版社的优势和核心竞争力。无论是从自身的使命和生存发展需要，还是从自身具备的条件和优势来考虑，在数字出版的产业格局中，传统出版都不甘也不应置身事外，而应该积极行动起来，在这一新兴领域寻找属于自己的位置，有所图谋，有所作为。

第二，在数字出版产业链中的定位：专业化发展。

当下数字出版产业链中的分工模式主要有两类：一类是专业化，即内容、渠道、终端等环节各自分工，在自营领域做专做细做透；另一类是垂直延伸整合，试图上下通吃。亚马逊就试图通过垂直延伸整合，成为行业龙头老大。

作为传统出版单位，必须走专业化发展之路。这是由出版社自身的条件、自身的优劣势比较而决定的。当今全球出版业正在经历一场深刻的数字化转型。然而出版单位自主研发的却很少。这主要是受到技术、人才、资金等不足的约束，出版业多年从事的主要是内容生产，传统的编审校是工作的主要内容。缺乏对主业数字化技术的研发投入和积累，以及相关人才的培养。而传统出版社的优势是对内容的掌控。其实，无论阅读方式、传播载体、出版业态发生什么样的变化，出版的本质仍然是内容，内容提供能力是关键。内容提供能力不仅仅是指内容规模，更核心的是内容创新能力。传统出版社应该在内容的原创、细分和形式多样化上下功夫，同时积极寻求数字出版产业链中与技术、平台、渠道、终端方的协同合作。扬长避短，强化核心竞争力，将优势发挥到极致！

第三，在数字出版产业进程中的定位：循序渐进。

数字出版声势浩大，产值屡创新高，但对于传统出版社来说，其出版显性效益未现。2009年产值799.4亿中，网络游戏收入达256.2亿元，网络广告达206.1亿元，手机出版（包括手机音乐、手机游戏、手机动漫、手机阅读）则达到314亿元。网络游戏、网络广告和手机出版成为数字出版产业名副其实的三巨头，而数字期刊收入6亿元，电子书收入14亿元，数字报（网络版）收入3.1亿元，共贡献23亿，在数字出版中占不足百分之三，营收贡献偏低。其原因主要有：

首先，从产业环境看，数字出版产业价值链尚处于发育、培育阶段。数字出版产业盈利模式仍处于探索之中，尚未形成具备经济规模的商业模式。数字出版产业在产品内容与种类上形成了规模，但还远没有形成经济规模。运营商对数字内容期待过高，而传统出版单位因经济利益无法得到保障而观望不前；电子图书等的营销过于依赖机构消费者。

其次，从传统出版社自身条件看，数字出版资源基础相对比较薄弱，实现出版转型还有很多工作要做。例如，知识产权问题，传统出版社经过多年积累，拥有大量优秀出版资源，但其数字出版、传播等项权利往往是分离的；标准问题，各时期各类数据、技术方案都存在非标，或标准严重不统一的状况，过去采用的各种排版系统积累的数字资源，要获得复用性、再生性使用，必须进行转换、数据清洗、结构性置标等大量工作；人才问题，数字出版人才严重匮乏，也是制约传统出版社转型的关键因素。

在数字化出版的热潮中，传统出版社要从企业自身的条件和实际出发，冷静应对，既要积极参与，同时也要循序渐进。百科社目前的策略是，统筹安排，稳定当下仍构成主要营收来源的原有出版格局的同时，辟出一条新的数字产品生产线，进行全流程探索。

技术的适用性和资本的流动性

数字出版的发展受到技术和资本的双重驱动，技术的适用性和资本的流动性成为需要高度关注的问题。

技术的适用性。过去，许多出版社曾采用某大公司先进的排版系统，但是，由于某些技术非开放、不兼容等缺陷，造成今天对原有数据的使用，必须先进行转换、清洗、重新置标等大量工作，耗费大量人力、物力和财力，还有时间。现在，数字化技术发展非常快，各种解决方案层出不穷，关键是出版社要根据自身需要，统筹规划，以开放、标准为基点，开发或集成适用的技术方案。

资本的流动性。数字出版需要充盈的资金支持。资本市场是优化资源配置的重要平台，对经济转型至关重要。中国建立市场经济框架后，资本的多重途径和资本市场日趋活跃，目前主要有国内外战略性投资、上市融资、国家产业政策资金等。从已有国内国际经验看，基本上都是通过政府投入和引导金融资本投入的方式支持创新。具体科技金融工具有担保融资、创业投资、知识产权质押等。传统出版数字化转型在国家文化建设中具有战略意义，国家可以考虑提供规模化、放大化融资安排，使数字化出版及财富化过程获得加速度。日前，证监委制订的"资本市场十二五规划"，从提高效率、扩展市场边界、提高国际化水平三方面进行重点突破，这对数字出版产业的发展无疑是利好消息。

充足的流动性是产业发展的支撑，同时，如果资本的流动性高于实体经济可能给予回报的极限，就会产生泡沫。在较长时期看，资本市场和新业态发展需要均衡。今年年初，英特尔宣布对网络新媒体技术投资7700万美元，并宣布将投放于"能够活下来并走得更远的企业"。这也是资本的本能选择，新业态财富增长率越高，金融资本的风险就可能得到对冲和吸收。

对于试图进行数字化转型的出版社来说，了解资本的特性和资本市场的运行规律，洞察数字出版业态的发展进程，对于把握转型时机和节奏，具有重要的现实意义。

内容、体制、技术创新，三项并举 *

  总署下发的《关于进一步推进新闻出版体制改革指导意见》，是在中国出版业经历了十几年的持续增长后，目前进入了新一轮更深层次的调整时期，也是在新闻出版体制改革正处在一个全面推进，进入破解深层次矛盾和问题的阶段提出来的。《指导意见》总结了以往经验，对进一步推进改革做了全面的部署，内容具体、思路清晰。我理解《指导意见》是新一轮改革的动员令、作战图。对于全面落实科学发展观，推动整个出版产业新的发展具有非常重要的指导意义和现实意义。

  出版业过去所取得的一系列重大突破都得益于不断解放思想，不断创新性地开展工作。这也是下一步继续深化改革、取得成效的关键。中国大百科全书出版社围绕内容创新、体制创新和技术创新开展工作。

  首先是内容创新。无论阅读方式、传播载体、出版业态发生什么样的变化，出版的本质仍然是内容。深化改革、文化的大发展大繁荣，落实到出版，还是看内容提供能力的增强。内容提供能力不

---

* 2009年5月23日《新闻出版报》研讨会发言稿。

仅仅是指内容规模，更核心的是内容创新能力。我认为，以内容创新为核心的内容提供能力，应该成为检验和衡量出版改革是否取得成效的标志。《指导意见》指出，出版业要服务于大局，这个大局是什么？我理解是建立创新型国家，这是国家走向繁荣富强的必由之路。要建设创新型国家，内容创新就是对出版业提出的根本要求。出版业应该提供更多原创的创新内容。出版产业有其自身的特性，从经济总量上讲，出版业在国民经济中是小产业，但是其能量是非常巨大的。因为所有的知识、所有的创意、所有的发明创造等等，都是通过出版管道源源不断传递到其他产业，带动了其他产业的腾飞，创造出巨大的社会财富。从这个意义上讲，我认为出版产业是一个杠杆型产业，起的是杠杆的作用，谁也不能说杠杆不重要，给一个支点和杠杆就可以把地球撬起来。应当从这个角度充分认识出版产业的独特价值。

为实现内容创新和提升内容提供能力，中国大百科全书出版社实行专业化的发展战略，主要是围绕百科全书、工具书，以及相关学术著作和知识读物塑造品牌，打造产品线和价值链。通过提高专业化程度，在特定领域从产品到运作精耕细作，快速形成核心业务，形成拳头产品。在专业领域将规模做大，实现规模经济效应。日前，国家文化基础工程《中国大百科全书》第二版已经面世，《军事百科全书》、《京剧百科全书》、《台湾百科全书》等百科序列，"法律文库"、"百科史学"等学术序列的策划和制作全线展开，"科学与未来"、"漫画科普"、"亮黄书系"第一辑已在青少年读者中引起热烈反响。在日前出版总署公布的迎接建国60周年百种重点图书中，大百科社有6种。专业化为内容创新和内容提供带来了便利。大百科以独特编纂理念原创的《中国儿童百科全书》品牌，目前已拥有5个序列50多个品种，获得了多项国家级奖项，同时也获得了良好的经济效益。我们还意识到，在专有领域形成出版特色和竞争优势，在数字化时代，其商业模式和赢利模式的探索和培育极可能获得先机。

其次是体制机制的创新。大百科社2003年从新闻出版总署剥离进入中国出版集团，开始了转企改制之路。目前，转企改制工作按照集团统一部署有序进行。这些年，大百科社在组织机构、生产流程、劳动制度、薪酬体系、考评体系等诸多方面探索改革，力求形成有活力、有竞争力、有效率的微观运行机制。

《指导意见》指出，进一步推进出版体制改革，要重塑市场主体，充分发挥市场在资源配置中的基础性作用。市场主体怎么体现？资源配置中怎样发挥市场的基础性作用？企业即使完成身份登记还会面临一系列问题。企业能否真正自己说了算，能否真正有效掌控生产节奏、经营方向，等等，应该说，在一段时间内在相当程度上还将受制于已有藩篱的束缚。如行政力量配置出版资源，形成事实上的多头管理体制，造成交易成本上升，工作效率低下。又如市场环境的问题包括地区分割、地区封锁、盗版活跃、诚信缺位等。还有诸如出版单位的历史负担过重等。出版改革是一个庞大的系统工程，需要综合配套多管齐下。国家相应的政策和相应的改革都应该跟上。只有真正尊重了市场规律，按照市场化准则，进行市场化运作，才能真正完成塑造市场主体的目标任务。

值得指出的是，在中国改革开放前夜，由党中央、国务院批准上马的《中国大百科全书》编纂工程，是中国改革开放文化发展的基础性工程，是中国现代化的组成部分。第一版和第二版历经三十年，铸就中华文化的丰碑。在出版转企改制的大潮中，管理部门应对这一带有鲜明公益特征的基础性工程的可持续运行给予高度关注。国家主流文化的坚挺，需要打造主流工程在出版格局中的强势地位，有关方面应从政策上制度上作出安排，建立长效保障机制，以保障这一伟大的文化基业薪火相传，弦歌不衰。

　　最后是技术创新。体制创新和技术创新是推动出版产业发展的双轮，缺一不可。从传统出版向数字化转型是出版业变革的大势所趋。大百科社在数字化出版方面也做了一些探索，取得了一些成效。自主研发的百科全书编辑平台在《中国大百科全书》第二版成书阶段发挥了重要作用，编辑工艺流程的设计，从原来传统的时间线性操作，变成最大可能的时间并发和工艺并发，建立异步协同机制，极大提升了工作效率，保证了质量水准。还进行了《中国大百科全书》网络版的研发，自主知识产权的"百科在线"获得出版政府奖。目前及今后一段时期，大百科社在数字化转型方面需要重点探索百科全书数字化编纂工程，以及数字化出版的商业模式和赢利模式等。

　　数字化转型需要集结大量的出版资源，雄厚的资金、先进的技术、复合型人才，等等。正因如此，目前一般中小型出版单位很难独立承担和完成数字化转型，与技术开发商和运营商联手共赢是明智的选择。同时，政府也应为出版产业数字化转型提供更多政策支持，创造更多基础性条件，包括搭建各种数字化服务平台。建议在国家重点支持的高新技术领域，充分重视文化产业发展的支持技术与公共服务技术，包括中文字体的设计与生成技术、数字版权管理与保护技术、内容数字版权加密保护技术、数字领域相关标准、监督管理平台技术、公益性资源共享服务平台等。

中国出版经济之变化 [*]

中国改革开放进行到现在，已取得令世人瞩目的成就。国民经济高速增长，人民生活水平持续提高，对精神产品的需求日益旺盛，不断推动着中国出版经济的发展。同时，经济全球化，高新技术迅速发展，深刻地影响着中国出版经济的变革。本文就中国出版经济发生的变化及面临的问题，做简要概述和分析[①]。

中国出版经济概述

中国出版经济的强劲增长

1978年图书品种1.45万种，2005年图书品种21.5万种，增幅1382%；1978年人均购书3.9册，2003年人均购书5.3册，增幅36%；

---

* 2006年4月第十二届国际出版学研讨会论文。

① 本文数据主要引自《中国出版年鉴》（2002–2004）、《中国统计年鉴》（2004）、《中国新闻出版统计资料》（2005）。

1988年图书码洋62.22亿元，2003年图书码洋561.82元，增幅803%；1988年图书总印张269.02亿，2003年图书总印张462.22亿，增幅72%。

从1978年改革开放至今，中国出版经历了三个阶段。第一阶段：1978～1985年。在这一期间，中国图书市场总量超常规增长，图书总印数和总印张数的年环比增长率持续保持在10%左右，最高年份超过了16%。第二阶段：1986～1994年。1986年，中国图书出版总量猛跌，总印数和总印张数分别比上年下降了22.08%和22.03%。之后的7年内，中国图书出版总量始终未超过1985年的最高点。中国出版业经历了长达9年的调整。第三阶段：从1995年开始，中国出版业结束了长达9年的调整，进入了一个新的增长阶段。增长的原因，首先是中国国民经济水平的迅速提高和持续快速增长；其次是中国出版业内部出版结构的调整、管理的加强、营销手段的改进以及出版改革推进。同时，1994年底国家对中小学教材定价的松绑导致1995年、1996年出版业销售收入和利润大幅度增长。

从总量上看，从1995年到2003年，除2000年以外，中国图书出版的总印张数和总定价呈现出逐年增长的态势。中国出版业处于不断增长的态势之中。

出版经济规模

年销售额：1999年355亿、2000年364亿、2001年408亿、2002年434亿、2003年461亿、2004年486亿。2000年增长率2.53%、2001年增长率1.2%、2002年增长率6.37%、2003年增长率6.22%、2004年增长率5.42%。平均年增长率为4.34%。年利润：1999年53亿、2000年52亿、2001年53亿、2002年50亿。年库存：2000年272亿、2001年297亿、2002年343亿、2003年401亿、2004年449亿。

从业人员：1998年530社44997人、1999年530社46390人、2000年565社46408人、2001年562社47128人、2002年568社49024人。

出版经济构成

1995年，大众出版、教育出版和专业出版三者的比重分别为22.20%、68.32%和9.48%。2003年，大众出版、教育出版和专业出版三者的比重分别为23.10%、65.70%和11.20%。

八年前后数据对比变化不大，原因主要是：大众出版进入门槛低，主要依赖人力资本，用较少的资金即可启动，难以建立竞争优势，项目启动数量大然而单项规模小，产出总量增长缓慢；专业出版内容专业性强，市场比较狭窄而且细分基本成型，进入门槛高，对专业人力资源依赖性更强，不能在短时间有较大的扩张。但出版业已经意识到教育出版的高风险，显示出教育出版所占比重开始下降、大众出版和专业出版所占比重开始上升的发展趋势。

集中度

集中度概况。1993年美国出版界集中度CR4为30%、CR8为52%、CR20为83.6%；1999年国内出版产业集中度CR4在6%左右，CR8在10%左右，CR20在20%上下。中国出版产业集中度尚处于较低水平。

集中度分析。大众出版、教育出版和专业出版三者市场替代性不强，其产业集中度差异很大。中国教育出版集中度最高，专业出版集中度次之，大众出版集中度最低。这种情况和世界出版大国的情况类似，是由出版物的性质决定的。中国出版产业集中度过低，其实是大众出版集中度过低，性质使然，不是单靠集团化能够解决的。

集团化对集中度的影响。近年来的出版集团化由行政力量强力推进，基本以省为单位组建出版集团，目前已形成经济实体的出版集团计有15家，超过100家出版社被纳入其中；发行集团7家。形式上集中度高了，实际大部分仍以出版社为经济核算单位。

组建出版集团整合出版资源，比较容易实施的还是教育出版和专业出版两部分，原来集中度就较高，操作起来比较容易。观察国内各大出版集团，确实也是这么做的。由此入手，可以将中国出版产业的集中度提高一些。

中国出版经济发展变化的特点

纸介质出版物的萎缩与坚持

通过上述数据可知，纸出版物的绝对数量在增长但市场份额在萎缩。库存量的逐渐加大成为窒息出版产业的重负，逐年下降的利润说明纸出版物的风光不再，图书产品不再随着国民经济的增长呈线性增长。但是长期培养出来的阅读纸出版物的习惯仍会维持相当长时间，具有具体形态的纸出版物的许多特性还是电子出版物所不具备的，例如方便性、直观性、持久性、可靠性等。同时大量富有编辑出版经验的从业人员仍然在坚守，他们编辑出版的纸出版物，论质量论数量，电子出版物都暂时还不是真正的对手。

电子出版物（包括音像、网络出版物）市场份额增长

音像出版社在短短二十年间从无到有，从寥寥几家发展到近三百家，销售额达到每年50亿元。2004年全国共有音像制品出版单位320家，电子出版物出版单位162家。2004年全国共出版录音制品15406种，出版数量2.06亿盒（张），发行数量1.72亿盒（张），

发行总金额11.29亿元。出版录像制品18917种，出版数量3.62亿盒（张），发行数量2.45亿盒（张），发行总金额13.81亿元。

截至2005年4月，电子书销售总册数达到805万册，出版总量达到14.8万种。手机短信、手机小说、手机新闻、手机报纸、手机音乐、手机游戏，甚至手机视频等新的数字媒体形式也层出不穷。今后几年的市场，很有可能迎来一个大幅度上升的阶段。

据信到2005年，全世界电子书的销量占到整个图书市场的5%，到2020年将有50%的书是电子书。美国80%以上的出版社都进入了ebook出版，Amazon、Barnes&Nobel、Yahoo等网站开设了网络书店。国内的很多出版社、图书馆都看到了信息化发展的大趋势，开始涉足数字出版和数字图书馆业务，截至2003年8月，全国563家出版社中已经有260家开始尝试网络出版。

在网络普及、搜索引擎发展强大、高校信息检索课程开设、青年学生和中年学者都逐渐养成使用网络学习和工作的习惯的时代，为这类人群准备的网络工具书也必然会有大的发展空间，甚至可以说，搜索引擎本身就成为强大的网络工具书，具备检索互联网上所有信息的强大功能。

2004年底，我国互联网出版总销售收入达35亿元，年均增幅达50%，带动相关产业增加产值约250亿元。目前我国数字图书馆用户已经超过1000家，55%的省级图书馆开始使用ebook。

新技术和新媒体、新样式的不断出现，正在侵吞着纸出版物的传统市场并开拓出更为广阔的新市场。

版权贸易的兴起

1992～2002年10年间，我国图书版权贸易数量30900种，其中引进25700种，输出5100种。引进和输出比大体上为10∶1。

版权引进数量增长较快，前5年年引进数量以平均约29%的速度增长,属平稳增长时期。后5年呈高速增长态势。1995年引进数量为1664种,到1999年达6459种,平均年增长率约为57%。2002年引进版权约12000项,输出版权2000多项。这10年间引进的约25700种版权中80%以上是在后5年完成的。2003年引进版权12516项,输出版权811项;2004年引进版权11746项,输出版权1362项,仍然保持了稳定的态势。

过去5年,中国引进图书版权数量最多的10个国家是美国、英国、日本、德国、法国、加拿大、荷兰、意大利、澳大利亚与俄罗斯。近年图书版权贸易开始逐渐呈现出多元化趋势,中国引进图书版权所涉及的国家与地区近50个,印度、马来西亚、哈萨克斯坦、塔吉克斯坦、乌孜别克斯坦、墨西哥及秘鲁等一些发展中国家开始成为我国图书版权贸易的伙伴。

内地与香港特别行政区及台湾地区的版权贸易一直占版权贸易的首位。1998年从台湾引进版权870余种,从香港引进210余种;1999年从台湾引进770余种,从香港引进310余种。近两年从港台地区引进版权总数一直占引进总数的20%左右。港台地区特别是台湾地区依然是内地版权的主要输出地。1998年,仅内地出版社向台湾、香港两地输出版权的数量就分别占当年出版社对外输出总数的73%,其中台湾地区占了约69%。

发行的变化

出版产业最早进入市场化改革的是发行领域,这也是出版产业最早允许外资进入的领域。发行领域改革至今,已是多种经济成分混杂。2004年,我国出版发行领域两大重要政策出台,5月1日起实施的《外商投资图书、报纸、期刊分销企业管理办法》,正式向外资企业在国内从事图书、报纸、期刊的零售业务敞开了大门;9月1日开始实施的《出版物市场管理规定》,让民营资本从事出版物批发获得了准入。

开放的中国图书分销环节市场巨大，IDC（国际数据公司）对中国的图书市场的规模估价为33.3亿美元。外资可占49%～51%股份的合资书店已在14个主要城市开业。出版物的国内批发权也于2004年的12月对外资和合资企业开放。

2003年12月3日，全球最大的图书出版企业贝塔斯曼集团在京宣布，他们经国家新闻出版总署与商务部批准，正式注资北京21世纪锦绣图书连锁有限公司，贝塔斯曼下属贝塔斯曼直接集团拥有该公司40%的股份。21世纪图书成为中国第一家中外合资全国性图书连锁机构，这也是中国出版产业自改革开放以来的第一起外资并购案。

2004年，新闻出版总署批准了两家业外企业的总发行权，它们是文德广运传播公司和国铁传媒投资有限公司。国铁传媒借助已有的铁路网络，在书业和报刊业的竞争上具有先天优势。

中国民营图书发行市场已经初具规模，到2002年，全国已有民营书店7.8万家，是新华书店网点的5倍还多。除新华书店对于教材的专有经营外，在一般图书发行领域，民营书业已占据了50%的市场份额，年销售额在300亿元人民币左右。

2006年，图书发行将对外资彻底放开，不再受投资比例、设立地点、经营项目等限制。目前已有6家外资企业与国内合资成立了图书零售企业。虽然这些企业目前规模还不大，但从长远来看，将对国内发行行业产生重大影响。民资和外资的进入把中国发行业推到了改革的最前沿。

中国出版经济增量趋势

随着我国GDP每年7%～9%左右的稳定增长和人民生活水平的提高，出版经济总量的增长趋势是明显的。中国出版经济既有活跃增长的因素，也有滞胀萎缩的因素。一方面新技术、新观念、新形态扩展了出版经济的空间，成为新的经济增长点；另一方面图书出版取退守态势，整体绩效从发展趋势上并不能令人满意。各种因素的相互作用，使得我国出版经济的发展没有达到国民经济发展的年均速率。主要原因是纸介出版占了出版经济总量90%以上，图书出版的滞胀抵消了相当一部分电子出版的经济增长。增益和耗损大致有下列几项：

新出版观念和新出版形态对出版经济的增益；新出版技术对出版经济的增益；版权贸易对出版经济的增益；纸出版物经济指标的下降对出版经济的耗损；盗版对出版经济的耗损。

出版经济发展思考

新技术与出版经济发展

新技术可能暂时放大出版经济，但不能对内容生产产生增益。出版物作为文化知识的载体，可以无限制复制，电子出版物的复制成本更可以低至几乎可以忽略。新技术的出现使低成本无限复制轻而易举，对出版经济的放大作用应有足够充分的估计，也是中国出版经济发展扩张的技术动力。技术创造财富，技术推动经济发展，是现代社会不可置疑的经济现象。

但是，文化知识的生产和其他产业生产的根本不同在于内容生产，出版经济的变化发展，最根本的要依靠内容生产的发展壮大。好的强大的内容生产有待于国民素质的整体提高，思想界、知识界、文化界的深入冷静思考钻研，出版界对出版资源的深入开发。出版经济的变化发展有待内容生产的兴盛。

内容生产的原创性与出版经济发展

教辅、少儿、生活类图书约60%～70%的内容雷同。有些学术书、专业书的水准不高，同质化恶性竞争。图书出版中成套书多、单行本少；重复出版多、原创性不足；图画本多、文字本少。每当图书出版出现一种新内容、新形式，就会有"跟风现象"随之发生。

原创与引进的矛盾不可忽视。内容简单重复、跟风甚至抄袭，伤害了图书消费者对出版者的信任，图书内容大量依靠版权引进的"输血"模式来推动。这既是汉语知识的危机，也是书业的长远危机。

图书内容相似、重复出版、缺乏原创性，是近年图书出版中致命的缺陷。原创性作品是衡量一个国家精神文化产品创新的重要指标之一。出版业亟待着力推出更多更好的原创作品。创新是一个国家、一个民族发展的不竭动力，同样是出版经济发展的根本动力。

非均衡与出版经济发展

通过集团化使出版经济集中度提高，从而产生一批强大的能参与国际出版经济竞争的大型出版集团，是出版产业发展的必由之路。但集团化推行以来，基本以行政区划组建，结果是各个省出现了一批同质同构的出版集团。图书出版中的重复出版、互相模仿、缺乏创新的弊病难以消除，反而可能因财力物力的集中造成更大的资源浪费，还增长了市场割据带来的风险。有活力、有能力、有能量的专业出版集团难以脱颖而出。

中国地域宽广，各地经济发展梯度有别，社会人文差异较大，同质同构的出版集团可以有存在的空间。但应该打破行政区划组建集团，依托大区域资源优势和强大的辐射功能，实行非均衡发展。经过优胜劣汰，有可能出现一批优质的具有较大经济能量的专业出版集团。

网络出版的赢利方式

网络出版随着博客等的影响不断升温,阅读博客的人数动辄以百万千万计。出版产业时刻盯着互联网上的变化并企图把博客阅读量转化为销售量。最直接的办法是把网络出版和图书出版嫁接,用网络内容出版纸质图书,但是新形式新技术催生的新内容难以在旧形式里生存,这种尝试注定不会成功。出版界的思维有待更新,赢利模式也有待创新。新技术形成新出版形式,用旧方式销售新产品,在互联网上屡试屡败。门户网站、搜索网站、博客网站的赢利方式都不是原来设想的那一套,需要跳出旧思维模式;也期待网络出版技术的进一步成熟。网络出版应该在网上生存,在网上销售,在网上赢利。网络经济的发展历史预示,市场经济的活力将会催生新的赢利方式。

中国出版业发展走势 [*]

在时代大背景下,中国出版业未来的发展走势,可以概括为两个方面:全球化进程中出版产业的聚合重组,数字化进程中出版产业的转型升级。

全球化进程中出版产业的聚合重组

20世纪90年代后,全球化形成全球性经济互通、文化互融、观念碰撞的世界潮流。

国际概况 资本成为推动全球化的重要动力。一系列收购案导致国际出版业巨变,国际出版业跨国并购浪潮此起彼伏,持续不断。美国排名前5位的大众出版商,有3家为外国资本持有,贝塔斯曼并购兰登书屋,从欧洲跨入北美,成为世界最大的大众图书出版商。2011年前10名国际出版集团,总销售达到286.9亿欧元,占

---

* 2012年编辑出版人员培训班讲稿摘要。

据前50名的54%，培生集团已经连续4年占据第1位，达到64.7亿欧元，仅培生教育就占52.26亿欧元。在美国，20家出版商的收入占到了全行业总收益中80%，剩余的20%份额由其他3000多家独立出版商瓜分。20家最大型的出版商将有可能联合起来，将出现"鲸鱼食鲸鱼"局面。

全球化带来的竞争优势明显。规模上，强大的投资实力体现在从内容到技术的全球整合，反射到企业对成本的控制和利润的提高；累积的技能和专长，通过并购和有机增长两种方式累积人才和内容；销售和市场的扩张超越了以往任何时候。

跨国集团甚至已在中国进行了战略布局。《美国出版商周刊》公布的2010年全球出版前50强中，已有三分之二的公司在中国设立了各种形式的机构（如培生教育集团、爱思唯尔等巨头）。2011年，培生集团以1.55亿美元收购中国的环球天下教育，培生在中国的业务范围由8个城市延展到60个。

国内概况　中国文化体制改革进程启动并不断加快。2003年7月31日中共中央办公厅、国务院办公厅印发中办发[2003]21号文件，启动文化体制改革试点工作。在全国所确定的35个文化体制改革试点单位中，新闻出版单位21家。2004年3月25日国务院正式授权成立中国出版集团公司，标志着原事业性质的中国出版集团完成了转制试点工作。2005年12月23日中共中央、国务院印发中发[2005]14号文件，要求进一步深化文化体制改革工作。2007年12月21日北方联合出版传媒（集团）股份有限公司（其前身为辽宁出版传媒股份有限公司）首家实现编辑业务和经营业务以IPO方式整体上市，成为中央文化体制改革试点确定的国内第一家上市出版企业。2008年10月14日国务院办公厅印发国办发[2008]114号文件，进一步推动文化体制改革工作，积极稳妥地促进经营性文化事业单位转制为企业。2008年11月18日时代出版传媒股份有限公司以借壳方式实现出版业务整体上市。2008年12月底凤凰出版传媒集团成为国内出版业第一家实现资产、销售双"百亿"的企业。2009年3月30日新闻出版总署印发《关于进一步推进新闻出版体制改革的指导意见》。2009年4月9日中共中央办公厅、国务院办公厅下发中办发[2009]16号文件，提出中央各部门各单位经营性出版社要在2010年年底完成转制改革任务。2009年5月21日中央各部门各单位出版社体制改革工作会议在京召开，标志着中央各部门各单位出版社体制改革工作正式启动。2009年6月11日人力资源和社会保障部、财政部、新闻出版总署、北京市人民政府联合印发《关于中央各部门各单位出版社转制后参加北京市养老保险有关问题的通知》（人社部发[2009]50号），妥善解决了中央各部门各单位出版社转制后接续北京市基本养老保险问题。2010年1月18日安徽新华传媒股份有限公司成功上市。2010年9月底学习出版社、红旗出版社、西苑出版社、金城出版社、线装书局、印刷工业出版社率先完成转企任务，成为第一批全面完成中央各部门各单位出版社体制改革任务的出版社。2010年10月28日中南出版传媒集团股份有限公司成功上市，成为国内第一家整体上市的出版传媒产业集团。2010年12月18日中国教育出版传媒集团有限公司正式挂牌成立。2010年12月底中央各部门各单位148家经营性出版社，除1家停办退出、13家原本没有核定过独立事业编制外，余下134家均核销了事业编制。全面完成了中央确定的转制任务。新闻出版总署对30家转企后的出版集团公司调查显示，与2009年相比，完成转制的出版集团2010年总资产平均增长22%，图书销售平均增长15.3%，利润平均增长35.8%，图书再版率达到60%。

资本市场和资本运作成效初显。2010年，全国出版行业有7家企业上市：全国新华书店系统境内第一股——皖新传媒挂牌上市；作为全产业链整体IPO上市的中南传媒，成功登陆A股主板市场；

12月，"民营出版传媒第一股"天舟文化登陆深市创业板；同月，当当网在美国纽约证券交易所挂牌上市；江西省出版集团、浙江日报报业集团、湖北长江出版传媒集团实现借壳上市。新闻出版总署已批准上市的出版集团超过13家。上市的3家出版企业2010年年报报喜：皖新传媒实现营业收入27.6亿元，同比增长8.48%；净利润为3.2亿元，同比增长16.13%。中南传媒实现营业收入47.63亿元，同比增长17.53%；净利润为5.94亿元，同比增长23.28%。天舟文化实现营业收入2.14亿元，同比增长62.59%；净利润为3082.97万元，同比增长52.38%。

中国出版业集中度进一步提升。《新闻出版业十二五时期发展规划》指出：未来5年，全国报刊出版单位数量降至5000家以下，非独立法人单位总数比例由65%左右下降至30%左右，同时建设3~4个中央国有大型出版集团。2011年3月31日，中国教育出版传媒股份有限公司成立，是国内第一家大型教育出版传媒企业。2011年，中国科技出版传媒集团公司正式挂牌。中国教育集团进入刚出炉的世界50强出版企业榜单，这也是中国出版业首次跻身世界50强。

联合重组，实现跨越式发展。联合重组是出版企业以资本为纽带，打破区域限制、行业垄断，整合出版资源，实行跨地区、跨媒体、跨行业经营，实现集约化发展的重要手段，是打造中国出版业"航空母舰"的主要路径之一。

仅2010年，就有多家重量级联合重组。6月，新华文轩正式与四川出版集团签订股权转让协议，以12.55亿元人民币持有四川出版集团所属的15家出版单位100%股权。2月和5月，中国出版集团分别重组中国民主法制出版社和华文出版社。6月，浙江日报报业集团与《求是》杂志社合作重组红旗出版社。7月，时代出版传媒股份有限公司与黑龙江出版集团共同出资，重组黑龙江省新华书店出版物连锁经营业务。11月，北方联合出版传媒（集团）股份有限公司分别与天津出版传媒集团有限公司、内蒙古新华发行集团股份有限公司签订股权合作协议；同月，中国和平出版社有限责任公司与湖北日报传媒集团共同注册的湖北特别书局有限公司成立。

聚合重组中的中国出版业战略机遇和走势

由体制改革和政策驱动走向市场和社会。无论是传统计划经济时代还是转企改制过渡阶段，出版业主要都是靠政策谋发展。改制最终把经营性出版单位全面推向市场，出版企业必须更加关注市场和社会，获取更强劲的动力。

产业加快聚合，市场竞争更加激烈。随着中国教育出版传媒集团和科技集团的挂牌并上市，随着中央出版社完全转企改制，北京作为全国出版中心的地位和作用将更加凸显，竞争将更激烈，变化系数更多。突出表现为：地方出版集团纷纷进京办出版，争夺资源，争抢发展先机。跨业合作加快。出版社成为市场主体，市场之手将充分显现。出版企业将加快与民营企业，出版业外媒体、文化机构的合作，跨业合作将更主动、更规范。涌现出一批龙头企业。随着转企改制和市场化的进一步推动，北京地区势必会出现若干专业和综合性出版龙头企业。

从单一业态格局进入多元发展时代（大型出版集团）。随着中国出版企业上市步伐的加快，做精、做专、做深、做透的单一业态生存方式正在逐步改变，随之而来的将是多元业态发展的时代。多元战略推动主业发展，支撑主业，壮大主业根基；为主业培育、孵化新媒体、新业态、新技术；发挥人才蓄水池作用；为主业搭建更广阔的平台，扩大社会影响力和产业渗透力。

去多元化，教育出版大有可为。案例：培生集团已经连续4年占据第1位，达到64.7亿欧元，仅培生教育就占52.26亿欧元，超过第2名爱思维尔。前10名出版集团的46%收入来自于科技专业出版，26%来自于教育出版。培生的扩张之路值得关注。1844年约克郡的一个小型建筑公司；1882年搬到伦敦成为世界最大的建筑外包公司之一；1920年进入媒体领域，收购了地区报纸，成为了Westminster Press的基础；在接下来的50年里，进行不断的收购，1957年收购了金融时报，1968年收购了Longman，1970年收购了企鹅；1988年培生收购了美国的Addison-Wesley，形成Addison-Wesley Longman；1998年收购了美国的Prentice Hall，并最终形成了Pearson Education；2007年收购了哈考特教育的英国部分。培生集团从当年复杂的多元化，转变到业务相对集中于教育出版、金融信息服务、大众出版。目前，培生董事会建议，把业务集中在教育出版，大众出版也就是企鹅这部分考虑转让。

2011年以来国际出版并购新案启示

案例：哈珀柯林斯与马斯·纳尔逊出版公司。2011年下半年，哈珀柯林斯以2亿美元收购宗教类图书出版商托马斯·纳尔逊出版公司。纳尔逊5年前花4.73亿美元高价购进，以纸质出版为主的特点让公司价值缩水超过50%。

案例：巴诺书店与斯特林出版公司。巴诺书店2003年以1.15亿美元的价格收购创办于1949年的斯特林出版公司，但后来又决定于2011年秋天将其售出。斯特林是一家重要的出版商，其收益额将近1亿美元。在过去的几年间，斯特林已经形成了一个总数超过5000种的书目资源。巴诺的注意力是阅读器。经过密集的搜寻，巴诺书店并没有找到合意的购买者。斯特林出版公司的CEO和3位总监离开了公司，曾经认定是有价值的资产如今变成了一个无用的累赘。

案例：约翰·威利父子公司。约翰·威利父子公司的历史可以追溯至1807年，它也是《白鲸记》（*Moby Dick*）一书的最早的出版商。2012年3月，它宣布将为与公司长远战略不符的许多资产寻找售出的机会。这些宣布售出的资产同样是威利公司此前经过仔细考量后购进的。这其中的许多都是一些独立的出版公司，包括Frommer's（一家旅游图书出版公司）、CliffsNotes和韦氏新世界词典，以及其他一系列庞大的出版烹饪、航海、宠物和手工艺图书的出版商名单。这些在售的资产代表的总收入约为8500万美元，并且在摊平成本开销之前，能直接带来约为600万美元的利润。威利公司在对外宣布大动作进行资产剥离的同时，又以8.5亿美元的价格购进了一家提供职场学习解决方案的Inscape Holdings公司，在这之后的3月23日，公司又宣布并购一家数字出版商Structure——一个领先的在线建筑和土木工程数据库。威利公司已经做出了自己的判断——出版业未来的增长将来自技术领域，并做出了重大的战略转型。

案例：默多克考虑把他两部分业务分拆上市。一部分是电视视听媒体，娱乐这部分，大概能占到500多个亿的美金，那么拆出来哈珀·科林斯这部分16个亿，如果没有意外情况的话，哈珀·科林斯应该是属于集团要考虑转手的部分。

案例：出版商BNA公司被彭博通讯社（Bloomberg）收购。2011年末，美国19世纪最大的出版商BNA公司被彭博通讯社（Bloomberg）收购，后者是一家全球商业和金融新闻领袖。BNA为商业、法律和政府领域的每一个知识水平层次的专业人员提供专业信息出版服务。从本质上看，这是两家找到了共同点的技术驱动型出版商们的联姻；从经济上看，这是一个为实现更高效满足市场需求而组建新实体的可行方式。彭博通讯社为此向该公司的股东和雇员们支付了9.9亿美元的现金——平均每个股东获得了超过60万美元的收入。

案例：出版商查格（Zagat）公司被谷歌收购。一家为就餐者提供美食调查名录的出版商查格公司2008年以2亿美元的价格在市场中待售，随后又选择退出。2011年，它再次发力，最终找到了合适的买家——谷歌。收购价为1.61亿美元。谷歌会将查格公司的名录整合至其在线地图程序中。谷歌公司已经完成了超过100次的收购活动，这其中还包括一次以120亿美元的高价购买了一家移动电话公司。

　　启示：越来越多的例证和迹象表明，出版商未来的并购者将是来自传统出版行业以外的非传统买主。上面的案例给予的启示是：在有任何迹象表明公司市场价值缩水时，不要懈怠，立即采取行动（纳尔逊和斯特林）；将那些低收益的资产（尽管这些当中或许还能产生有限的价值）换成那些更有潜力为企业赢得成功和进行数字化开发的核心产品（威利）；寻找在由纸质产品转向数字产品同时又能对公司进行彻底改造的一种有条不紊的过渡方式（威利）；如果试图联合重组公司，一次尝试是远远不够的。积极搜寻行业外合适的盟主（彭博社和查格公司）；放开视野，搜寻那些将可能成为公司合适盟主的企业（苹果、亚马逊、微软、Facebook）。

数字化进程中出版产业的转型升级

　　数字化　　数字化正在迅速席卷人类社会各个领域，支撑着跨国公司的管理经营，影响着人们的购物、娱乐、学习、生活，改变着人们获取信息、阅读内容的方式甚至思维方式。

　　2000年，斯蒂芬·金《骑弹飞行》在网上独立出版，当天下载40万次，他随即与长期合作伙伴西蒙舒斯特分手。2011年，盛大文学云中书城的《很纯很暧昧》在中国移动阅读基地平台获得1200万元的收入。目前美国有76%的出版商制造电子书，42%的出版商销售的图书中电子书占比76%以上，将实体书与电子书同步生产的出版商占87%，更有10%的出版商生产电子书以取代实体书。

中国数字出版产业整体上发展迅猛。我国数字出版产业总体收入：2006年213亿元，2007年362.42亿元，2008年556.56亿元，2009年799.4亿元，2010年1051.79亿元。2010年总收入约是2006年的5倍。剔除网游、电子阅读器（硬件）收入，2006年数字内容产业收入为147.6亿元，2007年256.72亿元，2008年372.77亿元，2009年533.2亿元，2010年708.29亿元。数字内容产业收入5年来一直占到当年数字出版总收入的68%左右，2010年约是2006年的5倍，与数字出版整体收入增长情况基本一致。

从2006～2011年我国数字出版行业市场规模及增长率分析看，手机出版的收入规模一直占据着较大的份额。2006年收入80亿元，2007年150亿元，2008年190.8亿元，2009年314亿元，2010年349.8亿元。手机出版均保持着高速增长的态势。是数字出版总收入的主要贡献者。

与传媒业的许多其他领域一样，伴随着互联网的成长，出版业经历着重大变革。在线零售商已跃居为最大的图书经销商之一。电子书正威胁并逐渐吞噬着传统图书的销售市场。

案例：不列颠百科全书出版公司停止印刷纸本。2012年3月18日，不列颠百科全书公司宣布，决定停止印刷已出版发行244年的纸质版本。2010版的《不列颠百科全书》将会是最后一个版本的纸质书。1990年，也就是仅22年前，这部备受崇敬的百科全书合计售出了超过120000套纸质版。不列颠百科全书公司的总裁J.考兹解释说，这将是"我们作为纸质出版商所做的最后一次变革……即转变成一个数字学习产品的创造者"。

数字化是毒药还是甜点　案例：一位电子书迷对纸书的伤感和无奈。《纽约时报》的技术专栏作家 N. 比尔顿早已习惯于阅读电子书了，但一次再平常不过的经历却勾起了他对纸书的怀恋。不过，怀恋归怀恋，他还是决定不买纸书。这是为什么呢？请看他的这篇博文：我是一个电子书迷。上周末，在出差纽约的短途旅行中，一种对纸质版图书的怀念被重新唤起。我计划着漫无目的地漫步纽约城，于是在西村（West Village）的一条铺满鹅卵石的街上，我偶然碰到了坐落于一个破旧的小拐角处的书店。我立刻驻足在书店的橱窗前望着里面摆满的数十种图书，这瞬时让我回忆起，我已经有数月没有踏足实体书店了。取而代之，现在的我都是在网上书店购书，在我的 Kindle 或 iPad 设备上阅读各类小说。于是我准备走进去看看，我推开了书店的那扇木质的大门，木门随即发出嘎吱嘎吱的响声，像是从某个电影拍摄现场借来的道具发出的声音。紧跟着木门在我身后关上，门上方的门铃也响了起来。坐在前台的女孩抬起头来冲我微笑了一下，就低下头继续看她的书。还有几位顾客安静地在书店内闲逛。当然了，书店里有形形色色的书架错落地摆放着。既有厚重的，也有纤细的；既有大号的，也有小型的。这顿时勾起了我已经好久未有过的怀旧之情。纸质书的气息——纸张、墨水和胶水混杂在一起的气味，神奇地唤回了我过去的几段阅读时光——在某个夏日的海滩上，或是在秋日午后呆着的咖啡馆里，抑或在窗外雨下不止的时候挨着壁炉坐在一张软坐垫椅上。iPads 和 Kindles 是不会散发出类似的气味的。对于我们这些换成用电子书阅读器来阅读的人来说，电子书的购书体验，尽管快捷省力，但却让我们产生了一种伤感情绪。那里没有嘎吱嘎吱作响的木门，没有了能提醒有人造访的门铃，也没有了听到铃声之后对着走进来的你报以微笑的平静面孔。你所购买的书甚至没有了任何开本、形状和触觉上的差别。网上购书不会勾起你的怀旧情愫。在iPad问世之前，我周六下午最钟爱的活动之一就是到当地的书店去，在两排书架间的过道上徘徊，随意抽出几本我或许会感兴趣的书，然后往书店的某个角落里一坐，仔细翻看每本书的头几页，最后决定究竟购买哪几本。在我悄然踏入纽约的这家书店之时，我也曾想过照惯例再这么做一次。但随即我就想到，要将这些大部头书拖运回旧金山的确是件头疼的事。此时我有了关于这些实体书不易操作的回忆。尽管它们的外表是光鲜亮丽的，但我想到了我不能直接用它搜索某个特定的词，或者通过简单地复制、粘贴操作将其中的章节内容在Twitter 和 Facebook同朋友们分享。我也不可能往我的双肩包里塞进500种不同的书而不被压垮。最终我还是空手走出了那家书店。是的，我怀念实体书。我也同样怀念实体书店。我非常非常地怀念它们。我仅仅希望，有人能想出办法，让它们对应的数字产物能多一点情感体验。

案例：采访美国首家全部采用电子教材的学校。位于美国康涅狄格州的南肯特高中（South Kent School）建立于1923年，是一所男校。该校近日就电子教材的使用问题接受了采访。（2012年6月27日）南肯特学校的教务长P. 达林：刚上任的时候就想废掉那些内容陈旧、永不更新的教材了。变化的重点在于不再找内容，而是"如何使用内容"。电子书教材让学生更愿意学习。橘子郡（Orange County）的中小学共有50万学生，你想想他们要是都在平板计算机上使用教材会是什么情况。现在上学的孩子都非常熟悉新技术，要是在学校也能用上新技术，他们会是心满意足的。他们可使用多种阅读软件，iPad上的，以及Kindle、Kobo等等。电子书教材使用率会高达100%。再也用不上"教材订购"这样的词汇了。教师无需提前订购教材。教师可以在开学之前将课程提纲制作好，可以让学生在新学期开始之前就拿到课程提纲。能够迅速实现教材更改，改用一种教材可以立刻完成，无需订购等待。在历史课上，可以立刻将刚刚发生的埃及革命事件整合到课堂学习中来。我认为电子书教材的普及不可避免。理由之一是电子书教材的竞争力较强——每年只花费4.2万美元就可为全校解决教材问题。价格优势让电子书教材在我们这样的环境里如鱼得水。2012年新生W. 德拉诺：我能看到数字化课堂跟传统课堂大有不同。在数字化课堂上，教学是生动的，信息具有互动性，不像以前那样只是把信息摆在你面前。书包根本不需要那么重！现在上学只要带上一样设备溜达着过去就行。传统教材里的信息是死的，但iPad上的信息是活的，总是在变化中。有事缺课也不怕，可以异地看课堂直播。Inkling的西班牙语电子书教材有发音功能，这很管用。

连线杂志发布（数字）出版业发展趋势，提到了六个关键词：屏幕。所有内容都上了各种各样的手机屏、电脑屏等，与之产生的文化发展趋势就是，声音或者说口头文化正在转向视觉文化。互动。如可以用一个眼神，或者用一个姿态，或者用一个动作投射在屏幕上，然后可以产生一些相应的信息，这样的趋势在不久的将来会影响出版社。分享。就是阅读有一个社会化发展趋势。人们掌握很多信息，在阅读信息的时候，通过在网上探讨不断的转发，跟别人形成了一个分享机制。评估。现在网上出现了海量免费的内容，要在海量的内容上做一个选择。连线杂志举了个例子，说现在用2万美金基本上就可以把出版过的所有书都买到了，就是说拥有这个出版物或者拥有出版产品已经不是关键，关键是怎么去选择驾驭你所想要获得的知识和咨询。流动。过去有书，有杂志，但是所有这些大部长篇的文字现在逐步转化成一个个网页，再逐步转化成现在像微博一样的一条一条文字。知识的呈现形式，变成了一个信息流，即使人，将来在网络上的存在也可能是一串信息流。延伸。互联网是一个超大的复印机、复制机，各种各样的信息被复制。但很多人在复制信息的过程当中加入了自己的编辑、裁剪和一些自己的理解在里面，所以形成了内容的延伸。

数字出版是中国出版业发展的未来　数字出版的蓬勃发展和传统出版的萎缩，是必然趋势。随着图书进入微利时代，出版产业进入转型创新。数字出版是中国出版业发展的未来。数字出版产业将会实现新的跨越式发展。数字出版的产业发展环境将进一步优化，数字出版内容标准和数字版权保护体系将进一步完善。数字出版进一步打通了地域的界线，打通了产业链，必然导致整个产业的聚合重组，推动产业转型升级，引领出版业和出版社发生巨变。

数字出版将成为产业资金和资源的集聚方向。出版企业资本运作的主题是新媒体、新业态。出版企业投资数字出版等新媒体已经形成共识。

随着移动互联网的发展，加之苹果、亚马逊、谷歌等等技术供应商、平台供应商的大力推动，从内容创作到最终的整个流程上的每一个环节都将产生若干新的竞争者，将出现非常多样化的盈利模式。

随着技术渗透和内容增值效应的凸显，传统出版与新媒体出版从冲突、排斥走向大步融合的多元出版时代。传统出版社与技术运营商将会进一步合作、互动。两者在产业链上互为补充、连接；做大做强的出版集团会逐步向技术运营拓展，实力及潜力突出的技术运营商也会向内容领域挺进。

专业出版和教育出版进入成熟的数字时代，成为出版集团的主要收入来源 。

出版社提升创新能力做内容的主导者。数字出版使内容有了更大的嫁接、运营和增值空间。

出版业发展有7个不可复制的要素。迅捷、个性化、内容的真实性、可见性、转译、可及、客户关注和忠诚度。这7个要素是免费文化、网络文化不能够消灭掉出版业生存的一些根本特性。数字出版同样需要回答以下问题：你的服务带来了什么样的价值？与同类竞争者所提供的服务相比，它的附加价值何在？你将如何传递这样的价值？数字出版提供了一个更为丰富、更具人性化的阅读体验。但这在根本上并未改变出版的本质，根本的要素还是更优质内容的提供。

未来能够存活下来且可能大放光彩的出版企业具有以下特征：不断变革性创新的出版企业；拥有绝对市场规模和影响力的出版企业；借助资本力量实现转型升级，脱胎成为数字内容增值服务的供应商；在某些细分领域具备绝对的核心竞争力的出版企业。

让我们重温爱因斯坦的话："我从不考虑未来，它来得已经够快了。"未来就在眼前，我们需要赶快行动起来！

企业经营的基础是经营哲学，包括企业的出版理念和经营伦理、企业和员工应有的精神规范、经营企业的辩证法等。同时，建立切合实际的经营管理体系，运用各种管理工具进行引导和推进。

　　企业经营说到底是以人为本的经营。管理者有责任在引领企业为社会发展做贡献的同时，追求全体员工物质和精神两方面的幸福。

■《禁果》 法国画家 A. 图尔穆什创作，1865

图中描绘了巴黎女子偷看书籍时紧张、惊奇、喜悦的场景。图书虽然历史悠久，但曾经在相当长的时期内，只是皇亲贵戚、神职人员、上流社会的专宠。中世纪天主教欧洲以罗马教廷规制的等级秩序组织社会，视书籍为猛兽、挑战者，罗马教廷甚至不希望人们读懂《圣经》。

如今，在世界范围内全民阅读已成为现代化的标配。

书籍是人类进步的阶梯。出版社的使命，是精心建造、维护坚固这座阶梯。

无形资产的经营管理[*]

前不久，有关媒体报道，美国可口可乐商标的价值评估已经超过360亿美元。一个产品名字，只有8个英文字母，身价居然高达数百亿美元，真让人难以置信。近年来，一些国内外著名品牌、商标的评估屡见于各大小报端，一次次掷出的巨大财富令人目眩神迷，而导演这一幕幕魔幻喜剧者却至今不肯显现身形。

不过，这位魔术师的的名字还是被越来越多的人所知晓，它就是无形资产。1989年，我国在国营工业企业会计制度文件中首次正式使用"无形资产"一词，1994年深圳市人民政府率先发布我国第一个无形资产评估法规。随着市场经济的建立和发展，无形资产独特的经济价值已经为越来越多的国人所认可。

然而，相对工商企业来说，我国出版社走向市场起步较晚，对无形资产的认识还带有简单化、神秘化；忽视或低估无形资产价值，致使大量无形资产闲置或流失的现象普遍存在。因此，对在今天现实经济环境中求生存、求发展的出版社来说，树立无形资产意识，加强对无形资产经营和管理的研究是必要的、紧迫的。

---

* 原载《第三届全国出版科学研究优秀论文获奖论文集》，1999年。

出版社无形资产的界定

许多人对资产的认识是直观的，毫不怀疑设备、厂房、原材料、土地、股票等有形的物质财富是资产，却很难接受将那些非物质的东西称为资产。其实，资产作为一个经济概念，在经济学中有着明确的含义，即资产是某一特定主体获得或控制的、可用于或有益于未来经营的服务总量，表现为财产、债权和各种权利以及知识形态的经济资源。可见，资产的构成既包括财产、债权等有形资产，也包括各种权利和知识形态的无形资产。

目前，学术界和实业界对无形资产的解释有多种表述，但核心内容基本相同，即：无形资产统指不具备物质形态的各种财产权利或其表征。它包括专利权、商标权、专有技术、企业信誉和其他特许权。

根据无形资产的一般定义，结合出版社的实际情况，我认为，出版社的无形资产大致应包括：出版社的声望和信誉；出版社获得并可以控制的出版权；出版社拥有的合同，包括出版合同、转让合同、加盟合同、供货合同、劳动合同等；出版社拥有的单位标志、产品商标；出版社与合作者的关系，这里的合作者主要指作者、印刷者、销售者、读者；出版社与同行的关系；出版社人员的水平、素质。

出版社无形资产具有鲜明的特点：由法律或契约所赋予，具有独占性，如出版权、特许经营权、商标权等；智能、智力结果，如选题策划、形象设计、装帧构思、数据库、电子出版物文本开发等，虽然表现为知识形态而不是实物形态，但具有资产的一般特性，具有商业实用价值，能给出版社带来长期收益；具有超额获利能力，不但在某一时期能为出版社带来平均利润，而且在一定时限内能为出版社带来超额利润，如出版社声望和信誉、商标等。

无形资产与出版社发展

无形资产是出版社生存和发展的基本条件之一。无形资产作为资产的有机构成，同有形资产一样，是出版社赖以生存、不可或缺的出版资源。无形资产和有形资产作为生产要素投入使用，循环反复，就形成了出版社的生产和再生产。没有无形资产的开发利用，就没有出版社的生存和发展。无形资产是决定出版社生产规模和发展速度的重要因素。无形资产是出版生产必不可少的资源，一个出版社拥有的无形资产的总量、构成和质量，无形资产开发利用的方式，无形资产利用的程度和水平，以及利用自己的无形资产能够形成多少使用价值和价值，就在很大程度上代表着这个出版社拥有多少现实的和潜在的财富，预示着它有多少现实的和潜在的生产力。所以，出版社可资利用的无形资产是决定出版社生产规模和生产速度的重要因素。

无形资产是出版社经济效益的"倍增器"。今天，世界已经进入高科技、信息化时代，科技浪潮给人类的经济生产再次带来巨大冲击，推动着经济产业结构向"软件"化方向发展，无形资产的价值越来越高，软件、图像、信息传播等软件产业、知识形态产业已成为附加值最高的产业；同时，无形资产在资产中所占比重也越来越大。

无形资产决定出版社是否具有竞争优势。无形资产已成为现代市场竞争的焦点。在高科技背景下运行的现代市场经济，呈现出新的重要特征，即较量双方或多方不仅仅是物质资本等有形资产实力的竞争，更重要的是知识、技术、人才、商誉、品牌等无形资产实力的竞争。在资产重组的浪潮中，许多兼并、合并就是为了获得无形资产，获得著名商标和雄厚的技术力量而进行的。无形资产竞争已经成为现代市场竞争的重要特征。出版社作为服务型产业，无形资产对出版社的竞争优势的形成显得更为重要。

无形资产是出版社可持续发展的有力保障。出版业可持续发展有两层最基本的含义：第一，发展。这里"发展"概念的实质是要求出版业适应时代要求，由落后的、不发达状态向先进的、发达状态过渡和转化，过渡和转化过程中需要探讨和寻求的问题主要有发展目标、发展模式、发展途径、发展方法、发展的优先领域等。第二，可持续发展。要求出版业的发展与出版业的生态环境形成并保持和谐的关系。我想，出版业的生态环境也可以指社会生态环境、经营环境。只有当出版业将自身的经济发展和社会生态环境紧密联系，形成一个整体，它才能进入健康、良性、可持续的发展，对出版社来说，经济发展和环境的和谐关系很大程度上是由无形资产构造和培育的。

无形资产的形成与经营管理

无形资产是能带来经济效益的生产经营要素，在现代市场经济中，知识产权、声望和信誉、公共关系等无形资产发挥了越来越重要的作用。例如，在出版大国美国，版税收入与年俱增，据美国国际知识产权联盟公布的数字，1977年至1992年，版税收入从964

亿美元增加到2265亿美元，5年净增1301亿美元，到1993年版税达到2386亿美元，一年净增121亿美元。版权产业已成为美国经济重要的组成部分。

无形资产可以给出版社带来巨大经济利益，甚至可以说，对无形资产的经营水平，在相当大程度上决定着出版社的经济、社会地位。世界一些著名出版团体长期处于领先地位，取得成功的原因之一就是非常重视无形资产的经营管理。虽说无形资产"价值连城"，但却不是从天上掉下来的，而是靠经营者精心设计、开发、培育而成的；无形资产需要积累，是前期人力投资的一种长期积累之果；无形资产经营要有长远的战略，在无形资产的经营中必须打持久战，无形资产的效益是在长期的经营中不断取得的。

声望和信誉 用现在流行的话来说就是知名度。知名度是出版社及其产品被公众知道的范围和公众赞誉的程度。相当长一段时期以来，文化企业，尤其是出版单位"皇帝女儿不愁嫁"，这种源自计划经济体制的陈旧经营观念，已经大大过时。今天，图书市场已进入买方市场，竞争亦日趋激烈，拥有优良信誉、优良质量的名牌出版社、名牌产品成为读者首选对象。出版社知名度高，赞誉度高，其产品在国内外被接受的程度越高，出版社也更容易获得技术担保、经济援助。知名度甚至成为成功的代名词。因此，知名度作为一笔无形资产，对出版社现在和未来的发展是至关重要的。

出版社知名度由众多因素综合凝结而成，要求经营者确立出版理想和追求，确定出版物特色和质量，确保出版社的社会效益和经济效益，并坚持不懈，一以贯之，以此形成稳固的、优质的出版气势，创造名牌效应。

"好酒也怕巷子深"，形象设计、形象宣传是提高知名度的重要手段。今年春季，"全国足协杯"赛广告牌上，赫然出现了上海声像出版社的名字。花花绿绿、猛男靓女的世界中，一个清新、典雅的文化形象的凸显是何等引人注目。足球赛场历来是众商家争夺的广告战场，由于其高昂的广告费，跻身其中的往往只能是国内外名牌企业，能在此亮相，本身就显示着雄厚经济实力和高知名度。上海声像出版社敢为人先，跻身名牌企业林立的足球赛广告大战中，率先打破工商企业一统足球广告天下的格局，用社长胡战英先生的话来说，就是为了知名度。

他宣称，上海声像出版社今年的重点工作之一是"强化自身形象，提高企业"社会知名度"。为此，该社制定了一连串别出心裁、着着领先的行动方案。上海声像社重视出版社形象宣传，舍得在"务虚"方面投资，同时苦练内功，加强管理，创名牌产品，对知名度这笔无形资产在认识上是清醒的，经营上是成功的，在海内外赢得了良好声誉，给出版社带来的利益是巨大的。在激烈的音像市场竞争中上海声像社异军突起，1996年，销售码洋突破2亿元大关，创历史新高。

出版权 出版权是国家管理部门赋予出版社的专门经营权。首先，出版专营权负载着社会主义精神文明建设的神圣使命，坚持正确的出版导向，是出版社的神圣义务和职责。出版物粗制滥造、格调低下，乃至非法交易出版经营权，首先就亵渎了这种权利的神圣性，影响、扭曲了出版社的形象。其次，出版业是整个国民经济中的一个产业，出版专营权也是维持一种经济秩序的需要。出版专营权的一个具体体现是书号（包括刊号、版号），买卖书号为非法出版物披上了合法外衣，为不法分子各种经济犯罪提供了庇护，干扰了国家的经济秩序，给国家、出版社、作者造成巨大损失。

知识产权 也称知识所属权。知识产权是典型的无形资产，一般来说，也是优质的无形资产。出版的核心业务是发现、挖掘、整理、生产、传播知识，提供知识服务，所以，拥有越多知识产权，经营越有主动权。知识产权可以从若干维度展开，进行积累。首先，出版社自己策划选题，自己制作或者投资委托他人编撰制作，出版社成为著作权方。其次，深度参与，和合作方共同拥有著作权。同时，版式等邻接权为出版单位独家拥有。第三，建构良好的作者关系，从知识产权的源头上就开始经营。

合同　即人与人乃至国与国之间各种交往的资信证明，是发生一定权利、义务的协议或契约。例如，出版合同体现了著作权人许可他人（出版社等）以图书、报刊等形式，经过复制向公众发行作品的权利。合同最重要的特征是具有法律性。在我国与国际惯例频频接轨、与出版业关系最密切的知识产权倍受关注的今天，一张合同的作用几乎可以说攸关性命，非同小可。1995年轰动国内外的"迪斯尼卡通人物"知识产权纠纷案，我方败诉就败在了一纸信证不足、轻率马虎的合同上。

标志　出版社的标志就是社标；图书作为商品，它的标志就是商标。首先，标志最原始、最本质的作用是用来识别相同或类似商品的不同生产者、经销者，区别不同企业提供的相同的服务。其次，标志代表企业的信誉、商品的质量，督促企业保证产品和服务的质量。一个被推誉的名牌商品的商标，可以成为一个企业财富积累的源泉。标志的特定作用督促企业争创名牌，而要保住名牌，必须使同一标志的产品和服务具有相同的质量。第三，引导消费者购买商品。标志有了上述两个作用，便可派生出下面的作用，即引导消费者选购物品和服务。消费者凭借商标选购物品和服务，会有一种安全感。商标成为消费者与商标使用者之间的桥梁。商标使用者凭借商标扩大市场，推销产品；消费者在消费同时，监督商品质量，有利于实现商品优胜劣汰。第四，利于广告宣传。企业、商品要经过推销后才能获得经济效益。在现代信息社会，最有效的推销手段是广告宣传。成功的宣传广告会给企业带来巨大经济利益，而商标在广告宣传中是必不可少的，它以简洁、洗炼、独特的形象个性，代表着企业、代表着产品和服务，给受众留下深刻的印象。令人遗憾的是，我国许多出版社，其中包括一些历史悠久的老社，至今没有推出自己的社标。

与合作者的关系　出版社的合作者主要包括作者、印刷者、销售商、读者。作者是已创作的作品出版权利的第一位所有者，并且，在他授权别人之前，他是其作品出版权利的唯一所有者。作品的出版将作者和出版社紧密联系起来，图书生产以作者为开端，作者是出版社原料的提供者，原料充足和优质是生产高品质出版物的前提。因此，有眼光的出版社非常注重建立稳定、优质的作者群。作者还不仅仅只是稿件的源头，他们甚至参与到出版的全过程，例如，为保证清样准确，作者往往与出版者一起审阅。在各种促销活动中，作者也以签名演讲等多种形式掀起一个个销售高潮。同时，一个有创见、富有想象力的出版者，对作者的帮助也是很大的。许多著名作家在成功之后，对出版者给予他们的灵感和指导怀有深深的感激之情。而每一位作者，是否愿意将作品的出版权利转让给出版者，是否愿意积极参与到出版过程中，是否愿意接受出版者的建议，很大程度上取决于彼此相互信赖的程度，作者和出版者良好的合作关系，孕育、催生了出版成功之花。

印刷者。印刷质量、合乎标准的纸张供应、装订方式、认真履行出版计划、仔细校对等，都是成功地出版任何一部图书不可缺少的环节，也是对图书销售产生影响的环节，例如，印制计划的拖延，会影响一些定时供给一些定向顾客使用的图书的正常传递，读者很可能因拖期而不再买这些书。所以，持合作态度的印制者能对出版者利益作出有价值的贡献。

销售商。销售商往往拥有大批各种类别的图书，成为仅次于学校和图书馆的教育场所，是鼓励读者阅读并促其购书的重要部门。因此，图书销售商是出版社最大的经济支持者和长远的利润来源。诞生在改革年代的金盾出版社，仅用了10年左右时间，销售额已超过众多老社，进入全国前10名，发展之快，成为出版界"一大奇观"。王益先生分析"金盾现象"时，认为金盾的崛起，有许多经验可寻，但其中最具独创性，因而也最有启发性的是"为书店服务"。金盾98%的书是依靠主渠道广大的基层书店送到读者手中的，因此，他们提出："为读者服务，首先要为书店服务"、"为书店服务，通过书店来为读者服务"。金盾人采取了一系列替书店排忧解难的措施：试销、寄销、延期结算、允许退货、允许调换、送书上门、上门征求意见、看样订货、充足备货以利书店少进勤添等，建立起社店之间亲密的合作关系。"流通流通，一通百通"，良好的社店关系，对金盾取得骄人业绩起了关键作用。

读者。读者是图书从生产到消费整个链条的最终一环，是图书最终命运的决定者。读者需求是图书市场的基础，读者对图书的需求量，决定着图书市场对图书的吸纳度。在人际交往空前活跃的今天，读者经常处于各种不同组合的人群中，由于心理效应、暗示效应、示范效应，每个读者的周围，可能都联结着一个由关联者形成的潜在图书市场。在图书市场已进入买方市场的今天，读者的需求取向和需求量，相当大程度上取决于他们对出版社的认同。因此，出版社用各种服务与读者建立起互相信赖的友好关系是至关重要的。

同行关系。中国图书市场从卖方市场转向买方市场后，出版行业之间的竞争日趋激烈。大部分出版社遵法守法，按照商业规则进行有序竞争，但也有部分出版社，采用剽窃、模仿、盗用、擅用、夸张、伪造等种种不正当竞争手段，所带来的危害不仅危及遵纪守法的出版人，也损害了消费者利益，肇事者也可能一时侥幸获利，但必然遭到法律制裁、社会指责、读者唾弃，名声扫地。还有的出版社心存介蒂，互相攻讦，互相拆台，结果是争吵升级，声望下降，两败俱伤。出版社的良好声誉是全社人员长期勤奋工作的结晶，代表着出版社产品的品位和竞争优势，是一笔难以估价的无形资产，具有不断增值的经济效益。而不正当竞争，或互相拆台，无形资产就会逐渐减少，乃至完全丧失。整个国家出版业发生革命性变化，不是由某个别出版社推动的，即使这一出版社富有非凡的想象力、勇气和经济实力，而是由出版社集团推动的合作进步。各出版社虽然有自身的利益，且按市场规则展开竞争，但从集团整体利益出发，可以也应该合作。例如，出版社形成统一阵线，向政府有关部门呼吁重视图书在国家发展中的重要作用，制定出版产业政策，营造有利于出版社发展的环境，出版社的工作就会更有效率。所以，团结友好、互助互利的社际关系是一笔宝贵的无形资产。

职工素质　高素质的职工队伍是出版社一切工作的根本保证。市场的竞争说到底就是人才的竞争，有了高素质的人，才会有高品质的产品、高信誉的出版社。英国DK出版公司之所以能成为出版界的翘楚，就是得益于有一支富有创造力的编辑队伍。他们的口号是："只为一流的书工作，不做二流编辑。""出版要有创意，有创意才有DK。"

70年代，应用科学工具书的编辑设计以文字为主、图片为辅，DK人提出一种有创意的编辑方式：以插图为书的主体，文字成为图的旁白，制作精密考究。现在以白底衬托去背式图片的编辑方式，已成为DK的标志。这种绝妙的设计吸引了老中青少各代人的阅读视线。20年前，DK只是家以1万英镑资金成立的出版工作室，20年后，年收入已达8000万英镑。

1996年，DK向世界各地约400家出版社卖出版权2000个，并以40多种语种向世界80多个国家发行图书。一群见识卓著、作风严谨、积极行动的人提出了一种新的出版理念，催生了一种新的出版标准，形成了一种新的出版风格，成就了一个巨型出版集团。

人才的培养需要从战略高度来认识。人才的成长需要多方位、多层次的技能训练和知识积累，需要培养，需要投资。DK公司没有豪华的办公室和接待室，却肯一掷千金，为编辑购置100万英镑的电脑设备。

无形资产的评估与保护

要将无形资产转化为收益，首先要重视无形资产评估。目前国际通行的是通过市场、通过收入、通过费用三种方法来评估无形资产。通过市场来评估就是在有关的无形资产例如特定技术已经得到普遍推广，形成了市场价格的时候所运用的方式。通过收入来评估就是调查特定的无形资产今后能够创造出多大利益，据此算出现在价值的方式。通过费用来评估就是以投入开发的费用来评价，这往往是在市场透明度不高的情况下使用的方法。这三种方法中，通过收入来评价无形资产的价值估价最高，通过费用来评价则估价最低。

无形资产评估在中国的历史不到十年，在中国出版界才开始起步。出版社无形资产的评估确实有相当难度，一方面，对无形资产的界定，对无形资产基本构成要素、性质、特征、价值形成规律的认识模糊，有待廓清、展开和深入；另一方面，由于无形资产提供未来收益的不稳定性，导致对无形资产价值的确认和估价难以准确。但是，出版社无形资产的评估至少可以遵循一些基本原则。

原则一：科学的态度和方法。计量无形资产价值不能想当然，而要讲求科学。那些以出版社信誉代替一切无形资产，或者简单以出版社总实物资产乘上某一个百分比，就算出无形资产价值几何等等的做法，将无形资产价值计量简单化，往往估价失实，造成无形资产闲置或流失。

原则二：价值规律和市场供求规律。无形资产绝大部分是人力投资的结果，作为生产经营要素，其评估亦应考虑价值规律和市场供求规律。有的无形资产虽然投入成本较少，但市场需求量大，或者这项专门的智力成果非常稀缺，从市场供求规律来说，它的价格将高于价值；同时，有的无形资产虽然投入了相当多的成本，但由于用处不大，没有形成大量的社会需求，供给相对过大，这种无形资产的价格则会低一些。

原则三：增值能力。企业培育、拥有无形资产，经济目的是为了获取利润。而无形资产带来利润的大小、规模、持续时间等，就构成了无形资产的增值能力，增值能力决定了出版社未来的收益水平，所以，有些无形资产的价值含量可以用增值能力决定的收益水平确定。

要将无形资产转化为收益，还要注意无形资产的保护。

无形资产竞争已经成为现代市场经济的重要特征，竞争者总是千方百计壮大自己的无形资产实力，缩小对方的无形资产实力。一段时期以来，国外企业在中国境外甚至境内大量抢注中国老字号品牌，或者通过收购、合资等方式占有中国企业商标、品牌后又弃之不用，目的就是通过缩小中国企业的市场占有率，来扩大他们的市场占有率。出版社在对外合作中，在版权、商标、发行地区范围、合作方的合法地位、权利和义务等问题上也时常产生纰漏。这些都在警示着我们，如不注意保护无形资产，这笔资产就会大大贬值、流失，企业和国家都将蒙受巨大损失。

为加强无形资产保护，有效防止无形资产流失，应该抓紧以下工作：转变只有有形资产才是资产的观念，树立无形资产意识，认识无形资产在出版事业发展中的重要价值。只有思想转变了，观念明确了，才能在各种经济活动中注意保护无形资产。拿起法律武器，或尽可能多的先进技术保护自己。商务印书馆、社科院语言所告王同忆、某某出版社侵权案，历时3年多，终获胜诉。法律维护了正义，表现了保护知识产权的力度。如果大家对待不法行为，都能勇敢地掷以法律的武器，并有奉陪到底的决心，我们就可以廓清社会风气、在健康有序的环境中发展。

工商界采取注册防御商标来抵御仿冒知名品牌的做法也值得借鉴。像美国柯达公司为防止"KODAK"商标被仿冒，注册了"LODAK"、"KEDAK"、"CODAK"、"KDIK"等系列防御商标；我国杭州"娃哈哈"集团为"娃哈哈"营养液注册的防御商标是："娃娃哈"、"哈哈娃"、"哈娃哈"、"娃哈娃"、"哈娃娃"。用防御商标构筑的"安全网"，能有效保护企业品牌。另外，先进的技术也为出版社提供了多种保护手段，比如纸质出版物的防伪标志、电子出版物加密等。

国家管理机关要将无形资产的管理纳入出版社资产管理范围，建立无形资产考核、管理机构，培养出版社无形资产评估、考核的专业人员。对出版社的考核要有无形资产考核指标。制定相应的法令和条例，对无形资产进行评估、审查和保护，使无形资产的评估、审查、保护走上法制化、程序化的轨道。

聚财·理财·用财 *

在改革大潮的洗礼中，中国出版业逐步认识到社会效益和经济效益相统一的重要性，在经验和教训中提高了驾驭两个效益的能力。双效益成为衡量出版社成功与否的主要标志。

社会效益是出版社的最高准则。为社会主义建设服务、为全党全国大局服务、为人民大众服务，是出版社的崇高使命。严格遵循党和国家的大政方针、治国方略，与广大人民群众保持血肉联系，与伟大时代同呼吸、共命运、心连心，是出版社始终不渝的主旋律。

经济效益是出版社坚持社会效益的物质基础。一个出版社的经济效益，代表着这个出版社拥有多少现实的或潜在的财富，蕴含着它有多大现实的或潜在的社会生产力，是出版社生产规模和速度的决定因素，是出版社生存和发展的基本条件。

社会效益和经济效益是辩证统一、互为依存、相辅相成的。社会效益要有经济效益做保障，经济效益要有社会效益来驾驭。在社会主义市场经济条件下的出版工作，既要遵循精神文明建设的

---

* 写于1999年1月。

要求，又要遵循经济规律、市场法则；既要坚持正确的政治方向和舆论导向，又要充分重视财富积累。有了雄厚的物质基础，社会主义精神文明建设便有了坚实的保障。

出版社要取得好的经济效益，促进事业兴旺发达，必须正确处理"三财"，即聚财、理财和用财的关系。

一、聚财。聚财即积累资金、聚敛财富。中国几千年来"重义轻利"思想在知识分子头脑中根深蒂固，"孔方兄"长期备受"铜臭"之讥讽。所以，首先聚财要彻底转变文人不理财的观念。今天的出版者理应不忌钱财、大胆言财。茂盛的财源、充足的资金，是多出书、快出书、出好书的物质保证。其次，聚财要做到"君子爱财，取之有道"。具体讲就是：第一，从社会主义建设需要出发，从人民群众需要出发，生产适销对路的出版物。这些年来，中国出版业发展很快，呈现出繁荣景象。1998年与1978年相比较，图书品种从1.5万种增长到13万种，图书总印数从37亿册增长到722亿册。随着总量的增长和形势变化的需要，我国出版事业已经进入了精心设计、优化结构的新阶段。出版社要获得好的经济效益，其产品必须面向市场，符合读者需求。在当今图书市场也逐步转向买方市场时，出版社应加强市场研究，注重市场细分化，针对不同读者群的需要，精心策划不同类型的出版物。同时，要处理好数量和质量的关系。质量是图书的生命，是出版社不断追求的目标。关于质量问题，需要重视的是，编校质量是图书质量的重要部分，出版社应该严格按照出版物质量管理体系，花大气力提高编校质量，但编校质量绝不是图书质量的全部。就一个出版社整体产品质量来讲，应该是主旋律突出，思想性、艺术性强，结构合理，适应社会需要，群众喜闻乐见。第二，在抓好图书出版主业的同时，重视多样化经营。多样化经营直接影响着出版业的经济效益。据英国《书商》报道，截止到1998年6月底财政年度，德国贝塔斯曼出版集团图书销售收入73亿马克，各种经营总收入达257亿马克，其中包括图书俱乐部、印刷、图书出版、影视与唱片等的营业额。从一些国际出版巨头的发迹史看，多种经营是其重要的战略选择，是其财力迅速膨胀的重要原因之一。出版业的多样化经营，应主要是与主业相关的行业的经营。多样化经营可以充分发掘、发挥一切可资利用的资源优势，各种资源互补、互动，开发和形成多产品组合。有些产品可能是现实收益的主要来源；有些产品却是取得长期投资报酬的主要保证；有些产品在企业中占主导地位；而有些产品在生产经营上则是必要的补充。多样化经营，多产品组合，不但能使出版业在不断变化和竞争激烈的市场环境中，分散经营风险，而且能广开财源，加速资金积累。

二、理财。理财就是对资产进行科学管理。资产管理的科学性，不仅体现在按照企业经营资本的运动规律办事，而且在管理方法上、水平上应和社会主义初级阶段相适应，和中国出版业发展阶段相适应，采取适合我国国情、适合现阶段生产力水平、适合出版社自身社情的管理模式。近年来，中国大百科全书出版社实行"三统"下的生产部门二级财务核算方式。虽然，从社会化大生产的发展趋势看，这只是一种过渡性的管理模式，但是，实践证明，这是与我社目前发展阶段和水平相适应的。我社这些年从原先完全靠国家财政拨款，迅速转变为自收自支，年收入达1700万左右，很大程度上得益于选择了适合我社社情的管理模式。从我社的具体实践出发，理财首先要理顺关系。经济政策一旦确定，出版社与部门之间的关系、人与人之间的关系便成为至关重要的因素。过去我们常说"人心齐、泰山移"、"众人拾柴火焰高"，现在人们说"和气生财"，其实都是讲人际关系的重要性。出版社的领导要为各个生产部门服好务，为他们排忧解难；要关心干部和职工，成为他们的贴心人。人的关系顺了，心情舒畅了，效率也就高了。其次，要加强宏观管理，调控微观行为。中国大百科全书出版社总体上实现"三统"：第一，统一财务制度，以保证各个核算单位严格按国家财务规定办事；第二，统一财务人员管理，以规范各核算单位财务活动；第三，统一重点经济项目调度，以保证出版社迅速调剂资金、集中财力，确保重大项目施工，如《中国大百科全书》第二版的上马。

"三统"是加强宏观管理、调控微观行为的必要举措。"三统"下的生产部门二级核算制，既保证了出版社正确的发展方向，同时，又有利于调动各个部门的积极性，产生更大的经济效益。

三、用财。聚财和理财的目的是为了用财。资产使用得当，才能保证资产增值，而资产的不断增值，是出版事业能繁荣兴旺、持续发展的必要条件。我认为，出版社用财，主要要考虑两个方面：首先，对全社的生产经营要统筹考虑，根据出版社的目标和财力，制定"精品战略"，确定重点，将资金投放在那些对出版社发展具有良好效益的项目上。这就要求提高项目决策，尤其是重大项目决策的科学性，避免主观性和盲目性。为此，要实行科学的项目决策程序，要重视重大项目的可行性研究，开展市场调查，并对有关重大项目的数据和资料加以整理、分析、综合，进行技术、财务、经济、社会等方面的论证和评估，最终确定项目方案的可行性。其次，要大力加强人才培养方面的投资。任何生产，都是劳动对象、劳动资料和人的劳动的有机结合并发生作用的过程，在这个过程中，人的劳动起着决定性的作用。因此，劳动者的生产积极性、劳动者的素质，对提高劳动生产率，增加经济效益具有重大意义。我们要着眼现在，思考未来，敢于在职工身上投资。第一，要提高职工的物质待遇，改善职工生活也应有新观念。现代社会劳动力市场的规律是，劳动力总是移向有更高收入更有吸引力的地方。我们想要留住人才，并充分发挥他们的积极性，就要充分重视、承认他们的劳动，并制订灵活的经济、福利政策，对他们实行相应的收入倾斜。第二，加大人力投资，加强职工教育、培训。要采取多种方式对职工进行岗位培训，鼓励职工利用业余时间接受新的教育，提高出版人员政治素质、业务素质和职业道德水准，培养跨世纪复合型出版人才，是出版业繁荣健康发展的根本保证。第三，不惜重金招聘人才。对出版社发展急需、本社又缺少的人才，如高新技术人才、现代经营管理人才，要打破过去用人的条条框框，舍得重金，公开招聘。人才到位，全盘皆活。

综上所述，聚财和理财是为了用财，而用财得当就会有更多的财富积聚。"三财"体现了对出版社各项资金的形成、分配、使用进行综合管理的过程，决定着出版社的经济效益和发展水平。

新班子要正确处理几个关系 *

现在，新的社委班子已经组成。要开展工作，首先要摸清情况，明确思路。

1. 当前（2007年）百科社的基本情况可以从优势和劣势两方面评估。

优势：我社有光荣的历史，为国家文化事业做出过巨大的贡献；有品牌、百科全书人才优势。

劣势：经济基础十分薄弱；观念比较陈旧；体制机制、人才队伍不能完全适应新形势的变化。

2. 工作中要正确处理几个关系。

工作的基本点：于世事纷扰之中，始终坚持企业的使命是根本。启迪民众，引领风气，权威标准，科学精神，是中国大百科全书的本质要求，这也就是百科社立社之本，任何时候都不能动摇和偏离。同时，百科社作为企业，必须尊重客观规律，从变革中的社会、体制和政策中捕捉商机、调整战略，保持持续的创新能力、竞争能力和增值能力。只有这样，才能在市场经济的大潮中立于不败

---

* 写于2007年2月。

之地，才能有能力履行使命。

据此，要处理好如下关系：

正确处理社会效益和经济效益的关系。任何时候不能忘记百科的历史使命，百科事业具有的巨大社会意义，不是单纯的经济指标可以衡量，认清自身价值，不妄自菲薄；坚持百科阵地，不放弃责任。同时，面对市场经济和转制的新形势，经济效益已成为生存和发展的瓶颈，我们无法回避，必须高度重视，我们要找到正确的路径和模式，争取两个效益的有机统一。

正确处理公益性与市场性的关系。作为国家工程，百科全书及其编纂具有一定的公益性质，国家应该也可能给予项目一定的支持，我们要积极推动有关方面沟通情况，理顺关系。但也要清醒地看到，在进一步深化文化体制改革的大势中，出版社整体的市场化也是非常现实的。

正确处理传统继承和与时俱进创新发展的关系。百科有着优良的精神传统，长期以来还形成了稳健的百科意识、比较程式化的工作样式等。这些曾经保障了百科全书的高品质，是我们曾经引以为傲的，其精髓是我们任何时候都要发扬光大的。但随着形势的变化，社会的需求、人们获取知识的视角、手段都发生了巨大变化，百科人的思想观念、百科意识，百科全书的内容、形式、工艺流程、工作样式等，都面临着创新，创新才能发展。

正确处理生产与生活的关系。发展是第一要务，没有发展，提高生活水平就是一句空话。发展的目的是以人为本，提高职工的生活水平。在大力发展生产的同时，让职工及时共享发展成果。

3. 经营理念：挺拔主业、固本求新、导向正确、适应市场。

4. 若干措施。

调整产品结构。首先，大力调整、形成四大主打板块，即百科全书及工具书；学术读物；教育读物；大众读物。挺拔特色主业，综合利用优势资源，创造两个效益。其次，实施品牌拉动，每一板块有若干品牌支撑。

生产、经营流程再造。首先，产品源头建立若干策划、研发中心，选题灵活，面向市场；继续推进中、下游即出版、发行整合，形成合力，专业分工、集约经营，提高效率，降低成本。其次，围绕现金为王的市场规律，以现金流为主要依托再造经营流程。

体制机制变革。首先，核心是责权利挂勾，最大程度地调动积极性。其次，大胆实践，可以试行、引入包括项目制、股份制等新型机制；第三，用工制度、奖惩制度、评价体系和市场接轨。

组织形式的变化。原则：首先，有利主攻方向、产品板块形成规模；其次，有利新增长点快速成长；第三，有利社内、社会资源有效配置；第四，有利提高效率。

数字化转型。百科数字化转型迫在眉睫。首先，百科全书编印发全流程计算机化；其次，全社出版资源数字化并统一纳入数据库管理；第三，加强数据整理和知识库建设；第四，统一规划、系统策划、梯次开发知识库，快速形成产品；第五，探索数字产品的经营模式。

加大"走出去"步伐。开发国际国内两个市场，不仅是国家战略，也是百科提高国际影响力、增强实力的需要。首先，主动策划外向型产品；其次，培育、维护长期战略性合作关系，共图发展；第三，及时了解国家相关政策，争取支持；第四，同时也注意引进优秀读物，有利于改进我社产品结构，有利于市场收益。

大力加强队伍建设。首先，加强社党委、社委会成员思想、作风建设，建设有理想、有抱负、有创新精神、有硬朗干劲，能带领全社职工往前奔的领导班子；其次，大力加强包括编辑、出版、发行、技术、经营等各类专业人才队伍建设，根据不同特点，制定相应的培养计划和工作方案，专业性发展是现代企业发展的需要，也是员工在市场经济大潮中立于不败之地的保证；第三，给年青人提供更多能够施展才干锻炼成长的工作平台，鼓励有创新精神真干实干的员工脱颖而出，充实到各级领导岗位和专业岗位上来。

打造和谐、民主、开放、创新、奋进的企业文化。面临新的形势，企业文化在继承发扬优良传统的基础上，需要注入新的活力。企业文化是将全体职工凝聚在一起的价值观，是我们的精神支柱，是我们的工作气场。勤劳致富、奉献光荣、人性关怀、和谐相处、快乐工作、快乐生活，今天的企业文化更加鲜活，需要我们不断以创新的思路和形式去营造。

注重改善职工生活，关注民生，共享发展成果。将职工收入增长指标列入全社经营指标体系。

需要特别强调的是，充分发挥广大干部员工的智慧才干，是我社发展的制胜之宝。百科人有强烈的使命感和责任担当，有学识有创造力，是百科事业发展的最主要力量。激发广大员工的积极性和才智，尽可能发挥出大家的长处，是新班子的重要职责。

围绕导向和生产经营开展工作[*]

当前工作中面临的突出问题

1.《中国大百科全书》第三版财政经费尚未落实，中宣部协调会后，出版社与财政部多次协商交涉未果，三版工作难以按计划推进。

2. 国家基础性重大文化工程和企业化市场化双重导向的考验。本社专为编纂出版《中国大百科全书》而成立，举全社之力完成了一版、二版。三版要实现数字化网络化，工程更为复杂浩大，牵涉人力物力精力更多，而进入集团转制后，全面强化了对企业化市场化的各项要求，全社重心、主要资源配置，一度倾斜、集中在开拓市场、抓经营抓创收上。两者客观上存在矛盾。

3. 百科品牌优势明显，但如何做开产业，提升整体规模效应，增强经济实力，现实而紧迫。

4. 纸质百科全书受数字化网络化冲击最大最直接，产业转型，业态创新，探索成功的运营和赢利模式，是必须正视的问题。

5. 要形成大而强的产业基础和规模，必须在观念上、在体制

---

*　写于2012年秋。

机制改革方面有新的突破。

6. 经营型人才不足，尤其新媒体专业和经营复合型人才严重匮乏，事业发展遭遇人才瓶颈。

认识基础

我们对全社工作的整体考虑、布局和组织实施，都基于和围绕以下认识展开：

市场经济、生存发展、经济指标带给经济底子十分薄弱的百科社前所未有的危急感和紧迫感，但对一个根本问题的认识必须清醒，即导向始终是第一位的，百科社是国家队，使命神圣与生俱来，打造代表国家形象、具有国家水准、在国家建设和国际交流中产生重大影响的优秀出版工程，出版弘扬优秀文化、格调健康向上、质量上乘的精品出版物，是我们的本分，这一点，我们在任何时候、任何情况下，都不能偏离和淡漠。

同时，在日趋白热化的市场竞争中，优胜劣汰，适者生存，企业只有持续的规模增长和经济提升，才能生存和发展；更是保障企业员工物质福利的现实要求。由于种种特殊的历史原因，百科社历史上经济基础比较薄弱，众多问题包括员工收入水平提升等，只能通过自力更生在发展中才能解决。发展才是硬道理。必须紧紧抓住经营这一命脉，全社形成共识，坚定不移，理直气壮，抓出成效。

以上两个方面，表面看，在具体事例上可能是有冲突的，比如，出版方向、选题的格调，又如，短期、中期和长期目标任务的战略及战术选择等。但对于百科社这样的文化企业来讲，在坚持社会效益的前提下，两者缺一不可，这是确定我社战略和工作的基点。必须坚持导向、内容创新和经营互为依存、互为促进。以发展为第一要务，以改革推动经济增长，坚持内容创新、机制创新、经营增长、人才和企业文化建设等方面的全面规划、协调和统筹。

发展目标和工作思路

按照集团"三大目标、六大战略、六个建设"的部署，明确定位和方向，加快改革创新，抓住机遇，突出重点，强化落实。

发展目标——

1. 企业目标：建设一个百科特色明显、权威资源丰厚、选题品位趋优、出版物质量上乘、出版手段先进、经营规模可观、资金周转顺畅、职工凝聚创业、立足中国面向世界、以出版业为主多种经营、竞争优势明显、具有广泛社会影响力的知名出版社，向现代大型文化企业迈进。

2. 总体战略：简称"12345"，即①紧扣一条主线，即国家重大文化工程《中国大百科全书》第三版，打造数字化时代权威先进的知识服务体系，全面提升影响力和产业基础。②实现两翼齐飞，将出版社品牌和出版物品牌建设结合起来，提升综合实力和竞争力。③通过三种途径，即深挖自身潜力，实现内涵式发展；广纳社会资源，实现外延式扩张；争取国家支持，建立长效机制，形成合力。④打造四个品牌，即以《中国大百科全书》为标志的"百科版"品牌（包括工具书和学术著作），以大众读物为主导的"知识版"品牌，以中国百科术语数据库为依托的"百科数字出版"品牌和"百科期刊"品牌。实现百科全书全国领跑、知识品牌特色明显、数字出版成为新的经济支柱、期刊成为大刊名刊。⑤发展五个板块，深化"4+1"战略，即百科全书和其他工具书、学术著作、大众读物、助学读物和数字出版板块。

3. 经济目标：力争主营收入、利润总额等年增长10%以上，现金总流量正向。职工收入年平均增长10%以上，达到集团中等偏上水平。

工作思路——

1. 搞好顶层设计。国家重大文化基础工程板块和产业化市场化经营板块统筹兼顾,有机结合,共举并进,探索新形势下百科发展的新路径。

2. 全面展开三版工作。落实财政支持,完成整体调研设计,建成编纂平台,力争第一期内容以全新形态上线。

3. 深化"4+1"战略,"五个力保"挺拔主业。第一,力保重大出版工程实施,第二,保持整体出版规模,力保年出版品种千种以上。 第三,提高产品集中度,围绕品牌书系聚集和发散,整合产品线,力保形成规模性优势产品集群。第四,高度重视自主知识产权的积累,力保原创自主研发产品出版。第五,统筹规划百科核心资源的多维开发,力保核心竞争力不断保值增值。

需要特别强调的是,我们要着重工作的务实性、操作性,以及实际的成效。战略和目标必须落实在可操作的事项上。战略构想对我社发展具有现实的指导意义。在实践中,更重要的是把"构想"具体化为一个个规划(战略规划、选题优化规划、数字化出版规划、国际合作规划、人才培养规划等)、一个个骨干性项目(《中国大百科全书》第三版、儿百书系等)、一个个重点事项(品牌生产线、产品集中度等),使构想具象化,看得见、抓得着、可操作;同时,要组建相应的责任团队并选好领头人,把真正想干事、能干事的同志推上领军人岗位,充分发挥他们的想象力、创造力;要配套相应的政策和机制,建立适应文化规律、经济规律,同时又能激励解放生产力的评价、考核机制。

4. 重点突破,聚焦新的经济增长点。第一,市场营销要以品牌书系等重点产品为抓手,抓住馆配、网购等新机遇,从渠道、上架率、单品量、回款等方面制订明确的目标和实施方案,扩大销售规模,稳住基础,提高增量,提升市场实现率,加速资金周转。第二,探索分社在新一轮发展中的经营模式,激励分社做大做实。第三,产业结构方面,引进与百科知识品牌匹配的教育品牌,加快资源整合,把副牌知识出版社做大做实,快速提升产业规模。第四,数字化出版形成规模开发,并以重点产品带动突破,在类型上进行多点接触,在商业运营上探索适合我社的赢利模式。第五,探索跨地区、跨行业、跨所有制联合重组,优势互补,谋求发展。

5. 提高科学管理水平。第一,完善分社、中心、职能三类部门功能定位及运作机制,任务明确,专业分工,有序发展。第二,经营管理适应市场化需要,向精细化努力。战略规划、经营理念、选题、制作、出版、发行、财务、人力资源等,都要讲求效益,努力合上生产和市场的节拍,推动成本—收益的优化、效率的优化。第三,进一步改革用工制度,鼓励灵活的用工方式,要为劳务派遣等新型用工方式提供配套政策支持,如入党、参与本社各项活动、纳入本社考评体系和激励体系等。第四,进一步改革完善考评体系和薪酬制度。第五,以三版为重点,积极探索和建立特大型出版工程项目的科学管理模式。第六,积极探索和建立跨地区、跨行业、跨所有制合作管理模式。

6. 数字化转型。第一,出版资源数字化并归集入库。第二,数据整理并建设可供多维使用的知识库(知识元数据库),以及供编辑部门使用的基础工作库(图片库、人名库、地名库、机构库等)。第三,制订数字化产品开发规划和营收目标;第四,积极探索数字化出版的赢利模式。第五,以三版编纂平台建设和网络化为契机,大力推动数字化转型,以三版为抓手,进行数字出版的生产流程、生产方式、工作机制和队伍建设的全面探索。

7. 加强队伍建设。第一,加强社党委社委会成员和中层干部思想、作风建设,打造有理想、有抱负、有创新精神、有硬朗干劲。能带领全社职工往前奔的管理团队。第二,加强包括编辑、出版、发行、技术、经营等各类专业人才队伍建设,加强本社员工的培养,同时也要积极引进、招聘紧缺人才。第三,加强培训工作。完善推广导师制、举办学在当下每月开讲、产学研基地建设等。第四，加强后备队伍建设，为年青人设计、提供锻炼成长的工作平台。第五，加强分配制度改革。完善业绩考核办法和薪酬决定机制，坚持绩效导向原则，处理好效率与公平的关系，形成激励到位、保障有力的激励机制。同时关注和解决好低收入、困难员工的实际问题。第六，加强老干部工作。落实好老干部政治待遇和生活待遇，鼓励老同志献计献策。

9. 建立民主、开放、创新、奋进、和谐的企业文化。第一，本社企业文化建设的目标是，营造员工当家作主的民主氛围、勤于学习的开放心态、敢为人先的创新精神、努力拼博的奋进姿态、互相帮助互相包容的仁爱情怀，打造健康、和谐的工作环境。第二，充分发挥工会、共青团、民主党派等组织作用，保障和鼓励职工参政议政。第三，开展各种形式的争先创优活动，发挥先进模范带动作用，好人好事有人夸，加大引导，形成良好的企业风气。第四，结合实际办好各种主题活动，为职工设计举办丰富多彩的文体活动，办好社讯网等，快乐工作、快乐生活。

一社两制，两翼并举[*]

    2011年10月10日，新任中国出版集团总裁谭跃带领集团班子成员到百科社调研，与社委会及全体中层干部座谈。按照要求，我从基本社情、2006年本届社委会组建以来近5年的工作情况及效果、十二五规划、目前存在的问题及困难共4个方面作全面汇报。

    谭总对百科社给予了肯定与鼓励，并分析问题，提出要求，还介绍了他对集团发展的战略性思考。他明确指出《中国大百科全书》是中国出版集团图书出版第一号工程，百科社要建立国家层面的长效机制，同时也要研究市场机制，研究中国模式的可能性。他说，百科社事实上已裂变成了两个社。

    确实如此。1978年百科社组建时，唯一任务是编纂《中国大百科全书》，事业编制，财政拨款。上世纪末至本世纪初，逐步转制至企业身份，全面面向市场，自收自支，自负盈亏，年产品种迅速增多，经营规模不断扩大。无论时势如何变化，以中国大百科全书命名的百科社，《中国大百科全书》毋庸置疑始终是其核心的业务主线。二版时期，毫无市场经验和经济积累的百科社为了解决生存问

---

*   2012年2月中国出版集团年度工作会议发言稿。

题，绝大部分精锐主力都投向了主打市场，建立可快速出击、回收的产品线，这也是导致二版一度拖期的重要原因之一。正是基于这一特殊实践认知，从三版立项后，我们便着手开始构建"一社两制"。

组织上划分两大板块，任务、人员构成和考评体系各有特色。

市场制板块（传统部门板块）。经过数年发展和不断优化，百科社主打市场的品牌线已经比较清晰，这些产品对应的各分社、编辑部、营销部大都在市场打拼多年，有市场感，有运作经验，懂市场规则，而且，无法回避的现实问题是，目前以至今后一段时期，这部分还是出版社主要的营收来源。划为市场制板块，实行准市场主体，采用市场机制，自负盈亏，具有相当的经营、用人、分配自主支配权。出版社对其的考评体系则包括一整套经济效益指标和社会效益标准。收入和效益直接挂钩。

三版制板块（新业态孵化板块）。任务是编纂新版《中国大百科全书》，并以此为抓手，将数字化出版从编纂、技术到运营全流程跑通，并培养一批新媒体操盘手。所需周期编纂经费包括人员费用，由出版社在财政核定的框架下全额统筹配发。编制框定100至150人。设置内容、多媒体、数据、技术和运营、综合办等部门。

考虑到三版的数字化及网络版先行，需要大批在网络环境下成长起来、有网络感的年轻人，同时原有职工身处市场一线鏖战犹酣，难以成建制转岗，所以，除了抽调部分年富力强、有百科实战经历的骨干到三版各部领衔外，绝大部分人员都采用了社会公开招聘。除了教育背景、学科、学历、文化和文字基本功底等的要求，计算机技能与团队合作意识亦成为重要的考察因素。录取后采取与老员工结对的一对一导师制，以及高密度培训，培养百科意识和百科全书编辑技能，同时进入学科领域实战。

三版实行项目管理制。总体薪酬水平略高于全社平均水平，以鼓励承担重大国家任务人员潜心工作。按下达任务的进度、质量进行考核。人员聘用、定岗、职级、晋升、薪酬等多参照互联网等新兴公司架构，任务清晰，奖惩分明。

一社两制，两翼并举，成为百科社一段时期内工作部署的基点。传统板块是我们较为熟悉的，而以三版数字化网络化为主要构成的新业态板块，是我们之前未曾涉足、陌生的领域。究竟应该怎么做；还有，两大板块虽然任务不同各司其职，但从企业统筹、资源配置、持续发展看，它们之间千丝万缕的关系当如何理顺，如何发挥整体效应，给我们提出了新问题。正是在对新问题的不断思考和解决中，干部和企业才能成熟起来。

从记账型会计向管理型会计转型 *

这些年，百科财务上的努力，如果要用一句话归纳，就是由记账型会计向管理型会计转型。这个转型，让百科收获了新局面。

账本和现实对不上号

刚和财务接触，就发现了一桩奇怪的事。首先是一张单子引起了我的注意。是一笔奖金，发放对象是一位一年前已经调离百科社的原中层干部。10年前，这奖金数额不小，分年领取，所以虽然人走了，钱还领着。我让财务处以上年终时间为节点，将这个部门总产品投入产出情况做个统计，结果出来了，总效益、现金流都是负数。那么，这个奖金发放的依据是什么呢？我顺着理下去，是利润。企业以实现利润最大化为目标。所以，以利润数量测算和发放奖金，看似无可厚非，但问题是利润的计算方法。由此我发现了核算口径上存在的问题。

财务账本上的利润，是按照权责发生制和配比原则确认的，即本期营业收入配比对应的部分耗费，两相冲减剩余便为利润。出

---

* 原载《没有围墙的大学》，2018年。

版界通行的账面利润，是以单册图书的销售收入减去单册图书的平均成本为基础。举例来说：假设一种图书的总支出为10000元，印了10000册，每册图书的平均成本为1元，每册图书的定价为3元，按定价出售，总共销出去了1000册，总的收入为3000元。按照通行利润的计算方法，总利润便是（3元—1元）×1000＝2000元。也就是说，库房尚压着9000册书，7000元成本尚未回笼，账面上就已经出现了2000元的利润。

对出版社来说，这样的利润只能是一把虚火。如果以这样的利润为标准衡量经营成果，以这样的成果为基础进行分配和奖励，到一定的时候非得出大问题不可！因为这样的利润指标完全可以通过多上项目的手法去达到，用不着编辑开拓进取、苦其心力，谁追求这样的利润，谁就会走进一条慢性自杀的死胡同。平庸图书越来越多，库存积压越来越大越来越超龄，资金流转越来越慢，所筑债台越来越高……继续以这种"利润"论成败，不要说走出低谷，恐怕出版社会死在自己手上。

要想起死回生，必须跳出这个藩篱，立起另外一个规矩。

即重新定位经营成果的核算口径，实行"全流程经济核算"，建立以财务数据为核心的经营考核指标体系，在切合真实效益的基础上进行考核、评价和激励。

全流程经济核算

说来简单，"全流程经济核算"就是一个项目，从启动开始，到停销结束，以总收入减去总支出作为经济效益，简称之谓"收益"。

按照"全流程经济核算体系"来衡量，上面的那个2000元，虽然可以称之为"利润"，虽然可以写到账面上，但却不是真正的收益，不能作为劳动成果来分配和奖励。因为此时该项目的经营状况是，尚有库存9000册，尚有成本7000元未及回收，也就是说，收益状态是亏损7000元。

这样的计算很现实。我们必须面对现实。它使全社员工前所未有地清醒。我们的出路只有两条：一条是开拓市场，把库存图书销出去；一条是策划优秀项目，让它既具有文化品位又适应市场需求，不再压在仓库里。这可能很不容易。但是我们别无他途。不努力不奋斗，不要说事业，恐怕连饭都吃不上了！

破旧立新，谈何容易！有人说，这和业界规则相碰撞。这个好办，"全流程经济核算"只是内部的一种管理方法，至于原有记账方式，仍然按照通常报表要求填报就是了。又有人说，这和职工利益相冲突，从自收自支开始，吃那个"利润"多少年了，现在不让了，行得通吗？那就将企业真实的情况告知全体员工。原来的路越走越窄，已经山穷水尽了。为了走出困境，有一个美好的未来，我们得上下一心，狠下心来，舍弃这个"利润"，进取我们的"收益"，向"收益"要生存，以"收益"求发展，我们一定会开出一片新天地！这才符合全体员工长久的、根本的利益。

在一个短暂的缓冲期后，2006年底，全流程经济核算在社里全面推开。

单品种核算

再深入了解，发现财务核算使用的"成本率"，也大有可商榷之处。

以往，全社图书总成本和图书总收入比，得出一个成本率，利润等都和这个率有关系。收入扣除成本费用等就是利润，这是基本常识，看起来没什么事儿。但关键是，若以这个成本率作为测算各部门经营状况的基础，问题就来了。百科社早期，品种少，且相对单一，如只出版百科全书，这个成本率比较真实。随着发展，产品增多到上千种，且种类涉及工具书、学术、大众、少儿，平装、精装等，成本差异较大，统一的成本率，对各部门的经营成果测算显然失准。而所谓根据情况做一些人性化调整，又大都建立在经验、情感的基础上，缺失计算依据和说服力。

要解决成本率"大锅饭"的问题，必须实现单品种核算，即每个产品都能做到成本、费用、收入和利润一清二楚。这不但能够较为准确考量各个编辑部的成果，而且，从全社整体产品结构布局，在全社资金及人力等资源配置上，也可以提供效益方面的依据。例如，发现某个（类）产品成本高，或成本增加，就可分析原因，分析成本效率，分析资金的时间价值，分析对未来的影响，结果可能有几种选择：没有效益的成本高或成本增加，必须压缩；成本高一些增长一些，而收益大幅增长，应予支持；成本高且暂时没有带来相应的收益，但是用于产业调整或新业态投入，这就需要进一步分析决策。会计账户上的成本，记录了企业在过去一段时期内生产和经营过程中的实际支出，常被用于对以往经济行为的审核和评价。而企业管理者分析成本的目的在于考量企业的决策，分析资源配置的结果及效率，对成本的使用重在衡量稀缺资源配置于不同用途上的代价。这涉及对机会成本的考量。

单品种核算首先就得到了财务处的大力响应。但要真正做到，先得具备相应的基础性条件。比如，建立全社编印发财所有模块打通、对接、相连、数据流通共用的大平台；严格要求遵守合同的严肃性、规范性，以合同规范产品身份的合法性，以及规模、费用、材料、完成时间及有效时间等；标准化的数据，翻看过去的记录，发现同一本书，书名错一个字、多一个字、少一个字，就可能变成了两本书甚至三本书，等等。所以，我们组建了总编室、财务处、印务部、发行部和技术部共同参与的联合攻关小组，构建平台、补全和规范合同、整理数据、盘整库存等。经过一段时间合力攻关，以财务为核心、编印发财全线贯通的平台正式运行。

单品种核算，是更精细化的管理。在随后百科社的生产经营中发挥了应有的作用。我还记得两个事例。一个是2014年开印的大部头《中国军事百科全书》，标准高，第一次印刷仅材料、印制费用，按照市场价格在千万以上，我看这么大数目，应该有下降空间，遂找专业人士讨教、出主意、找线索，印务部主任徐继康也拟出数种方案，各方斡旋，最终，选择了同样优质且更环保的材料，而总价下降百万有余。另一个是，在单品种核算的过程中，财务处发现原有材料库的纸张囤积方式已经不合时宜，资金积压、纸张旧损现象比较严重，而这些损失，最终都要摊入"成本"，而且是不能带来收益的成本。为了解决这个问题，我们制订了"零库存"工作方案，用一段时间逐步消化、解决原有库存，同时，印务部加强计划性，加强与编辑部的协调，加强与供应商的协作，争取不再发生新的积压和浪费。这些都要和对出版部的考核挂钩。出版部的管理水平有了明显提高，成效清晰可见。

去年，听财务处同事高兴地讲，7月，中国出版集团公司组织成员单位财务核算软件调研，领导说能够像百科一样做到核算到单书到品种的并不多。我想，她们有理由自豪。要知道，改变尤其是精细化的改变，在刚开始时都是非常困难的，对于具体承办的她们，遇到过许多委曲、不理解、不配合，很多事情需要辛苦努力地坚持，需要自己去磨，需要付出更多的智慧和心力。但是，最终能为出版社经营带来福音，所有的付出都是值得的。

以财务数据为导向

百科社将庞大的组织细分为一个个核算单位，全部纳入核算体系。

分社等相关经营单位的核算。衡量分社（编辑部）经营成果，从原来的帐面"利润"转为"收益",以及实行单品核算的同时,我提出对其的经营考核,从财务核算角度给出4个维度,具体讲也就是4项指标,即大收大支、成本费用率、利润、现金流。从2007年起在全社实行。后来几年,应中国出版集团对各成员的发展要求,增加了营业收入指标。

前4项是在百科社经济最困难的时候推出的。我们希望推行财务核算新规则,以展示一个真实的经营状况,同时能够逼迫我们正视现实,引导理性回归,走出困境,再创佳绩。百科人戏称"四项基本原则"。

大收大支。百科社没有将指标分解到人,而是以部门为核算单位。一般来说,一个年度内部门总体的收支要平衡,要为正数,即收大于支。量入为出在当年困窘时是基本的要求。它也让我们的干部得到锻炼,提升了生产布局和统筹,以及节奏把控的能力。

成本费用率。核算中发现,在全社这么多编辑部中,成本、费用的水平是参差不齐的,当然,这里有品种带来的差异,但是,人为的因素也不可小觑。有的精打细算,重视控制成本费用,有的大大咧咧,成本费用居高不下。其实,成本费用和利润有着最直接的关联。前高后就低,超过一定限度,甚至出现亏损。反之亦然。这项指标,意图让每个人都认识到成本控制的重要性。我常看到那些民营企业,或者国外公司,他们决定这件事情做不做、以什么方式做,往往第一考虑要素就是成本。J.威尔士曾经讲述他2001年初创立维基百科的经历,起先,他完全按照传统百科全书的模式,组织专家撰写、专业编辑打磨,结果花了20多万美金后,得到的词条不但寥寥无几,时间也远远超出了他的预期。这样的成本完全没办法进行下去,维基才转向由各地民众参与编写、开放自由的百科全书。所以说,成本是经营成败的决定性因素,在四位一体指标体系中,是重要的组成部分。我们制定了循序渐进的成本费用率指导线,以引导不断提高对成本的管理水平。

利润。前述对帐面"利润"的清算,并不是说利润不重要。利润是企业财务报表的核心指标之一,也是集团对成员单位考核的最重要指标,业绩考核、工资总额都与它有关。只是要清醒认知从管理角度的利润是什么,这就是全流程核算后真实收益的那个利润。所以,这里设定的部门利润的定义是,归集考核部门的收入以及相应的成本费用(选题一旦投产,成本可按合同预提计入),分配一定社内费用后,计算出来的利润。利润指标还从反向督促部门降低成本率,减少费用支出。

现金流(现金流量)。指年度内现金流入流出总量,反映了当期一切业务往来的资金收支状况。进大于出,为净流入;进小于出,为净流出。现金流量比传统的利润指标更能说明企业的盈利质量。会计利润是按照权责发生制、配比原则确定的,可以通过虚假销售、提前确认销售、扩大赊销范围或者关联交易等调节利润,而现金流量是根据收付实现制确定的,上述调节利润的方法无法取得现金因而不能增加现金流量。可见,现金流量指标可以弥补利润指标在反映企业真实盈利能力上的缺陷,只有那些能迅速转化为现金的收益才是货真价实的利润。许多著名的企业家都信奉"现金为王"的企业经营信条。现金是企业极为特殊的资产,流动性最强,可以衡量企业短期偿债能力和应变能力。一般来说,企业财务状况越好,现金净流入越多。反之亦然。1975年,美国最大的商业企业之一W. T. Grant 宣告破产,而在破产前一年,其营业净利润近1000万美元,银行贷款达6亿美元。究其破产原因,就在于公司早在破产前五年的现金流量净额已经出现了负数,虽然有高额的利润,公司的现金不能支付巨额的生产性支出与债务费用,最后导致破产。我一上任就重视现金流,当时还有一个紧迫的现实问题,就是那时百科社的资金链出现了严重危机,巨额的债务,银行到期要求还款，生产、生存都离不开现金，所以，现金管理是财务管理的重中之重。我们对现金净流入的考核很严格，包括年末扣除应付账款后是否尚有余额。

在百科社制订的规章中，即便所有经营指标都为正数，都完成了下达任务，但倘若现金流是负数，即为净流出，那也不能兑现奖金。从部门员工到社委会成员，概莫能外。幸运的是，从2007年开始，我们扭转了困境，还清了债务，10年来现金年年净流入，总量逐年充盈。

重视对现金流的管理，带动了一系列生产环节管理的提升。出版企业的运营，形成一个资源转化增值的价值链，从出版物等的策划、制作、库存、销售至售后服务等整个工作流程中，所有环节都涉及资金的流入与流出。因此，财务管理已不仅仅只是事后的帐务处理、报表分析上，而要更多地在事前进行全面的资金预算、决策支持，事中进行监督与控制，事后总结与调整。因此，伴随企业整个工作流程的现金流量控制和管理就成为企业财务管理的核心任务。比如生产经营中的现金流量管理，保证生产经营资金的安全，缩短现金循环周期，提高资金使用效率。这就要求对存货周转期进行有效管理，降低库存和原材料积压等；对现金回收期进行有效管理，订单和货款定时对表、对逾期的货款有专人追踪等，加速现金的回收，缩短现金的回收期；对付款周期进行有效管理；对现金存量进行有效管理，过高的存量会造成企业损失机会成本。因此合理的现金流量是既能满足需求，又不过多积囤资金，这需要在资金流动性和收益性之间做出权衡。等等。

上述4项核算指标形成一个组合，作为部门考核、评价的经济效益依据，同时也成为提升经营能力和管理水平的抓手。各项指标有不同的权重，以问题为导向，调整权重进行调节。

营业收入。营业收入原先只作为全社经营指标，并未下达到各分社及各经营部门。大约从2013年开始，为了扩大销售规模，提升市场占有率。集团对于各成员单位销售规模及增长的考核权重加大，由此，在创收部门的经营指标中，加入了营业收入。但所占权重小于上述4项，仍然突出了前述4项在经营质量上的引领作用。随着"5重3特"产品线的构建，我们进行了进一步的细化，重大产品线和特色产品线在规模要求上是有区别的。

出版部、发行部的核算。在产品成本、收益、现金流上，出版、发行和编辑部是休戚与共的，是拴在一条线上的蚂蚱，一并纳入经营性单位。出版部的核算指标是成本；市场营销部核算指标是回款额、回款的序时进度、折扣、退货、存货周转率、应收账款、发货率及账期、费用和坏账损失等。

非创收部门，如动辄编纂数年的百科全书编纂中心，以及各职能部门、服务部门，核算的重点是成本费用，按批准的预算严格执行。

社委会。对企业预算和中国出版集团下达的指标任务值负责。集团对百科社每年下达的经济指标任务值，包括营业收入、利润总额、净资产收益率、存货周转率、成本费用率等；百科社在制订预算时，在容纳集团任务的同时，还要考虑企业的持续发展，在生产、项目、资金、节点等方面统筹计划。社委会定调后，我会同财务处定时进行统合核算，确保预算目标达成。

总之，核算无死角。百科社是一个整体，每个部门，都要为降低成本费用、提高收益效力。

百科社用了一年多时间，走出了经营困境，从2008年开始，进入秩序正常的经营轨道，发展速度开始加快，重振品牌影响力，营业收入和利润大幅增长，连续获得全国出版百佳单位、中国出版政府奖优秀单位、中国出版集团考评A级单位等。这当然是包括选题在内多方面综合努力的结果，但我始终认为，从企业经营的角度，财务的作用，真正小看不得。

美国经济学家L.加潘斯基在谈及财务管理时说："良好的财务管理对一个工商企业、一个国家乃至整个世界经济状况都至关重要。财务管理是一件较为复杂多变的事情，因此颇具刺激性，使人为之着迷和兴奋，同时也给人以挑战，令人困惑。"确实如此，百科社的巨大变化，经营步入良性发展轨道，是百科人多方努力的综合性成果，其中财务职能、机制的变化，以及企业管理以财务为中心的思路，无疑具有基础性、引导性、战略性意义。财务管理成效的好坏，将直接关系到企业经营的总体效益。

其实，现在上级机构对出版社下达的各类经济指标，归结起来就是要实现财务成果的最大化和财务状况的最优化，这就决定了财务管理在企业管理中的核心地位和作用。

务实，讲真，讲求实际效益。中层干部和许多员工都成了算账能手，学会了从全流程各环节拿捏经营尺度。在从记账型会计向管理型会计这一转型过程中，百科社财务团队的专业水准显著提高，且顺利完成了新老交替，年青一代成长起来。一些重大事项如预算、决算，资金的筹集、配置，经营风险的警示、防范，对重大国家项目数亿资金的管理等，都以专业的管理水准，得到了有关方面的嘉奖。

选题是出版社的生命线[*]

——从"4+1"到"5重3特"

发行同事的担忧

2006年下半年，我接手主持全社工作后，和营销的接触多了起来。发行的同事们不无担忧地说，现在书店和百科社的联系疏淡了。问原因，得知有两个主要方面，一是鲜见打得响的新品；二是百科社什么书都出，人家不好定位。

于是，请总编室按我给的维度做一个统计。结果显示：至2005年百科社年出版品种八九百种，其中合作书、教辅书比例惊人；而教辅之外的那个比例中，百科、小说、励志、旅行、食谱、社科、科技、美术、文艺、体育、医药、老年、少儿……什么都有。我又去库房看了看，2003年以上的库存书占46%，2004年以上的占60%。那些厚厚薄薄的教辅书，还有花花绿绿的小说、心灵鸡汤一类，有的从地面堆起，顶上了天花板，有的垂头丧气、耷拉着散落在无人问津的角落。库房的人说，不走货，等着化浆吧。

《中国大百科全书》第一版1993年出齐，之后10多年的时间，百科社从单一出版《中国大百科全书》到全品种铺陈，从企业发展

———————————

* 原载《没有围墙的大学》，2018年。

的历程，首先应该看到它积极的一面。各个编辑部进入市场、编印发一条龙，极大地激发了积极性；而编纂百科全书积累下来的资源，特色之一就是学科齐全，学者、资料、编辑，各科皆有，连编辑部的设置，都是社科、科技、文学艺术……大家各自为战，各显神通，自然就形成了无所不有的格局。这或许是一个必然会经历的阶段，也收获了人才的成长、市场经验的积累。但是，散兵作战、全线出击、自由式发展，到一定阶段就会出现问题。比如短期行为、急功近利，精品难以问世，在经销商和读者眼中，品牌定位模糊不清等。当市场回款发生困难时，编辑部转而向合作寻求出路，拣到篮子都是菜。而合作相当多是教辅，以及杂七杂八的选题，出版社可得的收入很低，如果严格按成本核算，把出版社人员各种费用计入，相当多连本也回不来。更可怕的是，大量合作，可能导致编辑的策划功能大大退化，企业的核心竞争力也就无从谈起了。

百科社在2005、2006年出现了财政危机，我觉得，除了百科全书编纂的长效机制不到位、历史问题多、负担重等客观原因外，也是经营问题积累到一定时候的大爆发。我们到了一个必须总结、反省、正视自身问题的关键节点。而出版定位、选题结构是其中核心性的一环。

"4+1"板块定位

经过一段时间调研，综合考虑了品牌、资源、目标，以及以往的经验及不足后，我集思广益，提出百科社产品战略定位及"4+1"板块思考，同社委会和中层干部、职工代表一起讨论。

定位：选题是出版社的立身之本。出版社品牌和出版物品牌建设相结合，全社统筹规划产品，加大原创开发力度，加大对中国大百科全书资源的开发力度，打造精品、打造有品牌影响力的产品集群。

"4+1"产品板块，即百科全书及工具书、学术著作、知识类大众读物、助学读物和数字化出版。具体说，"4+1"可以从如下方面展开：

百科全书。百科社就是做百科全书起家的，百科全书是根本也是特色，是大百科全书出版社最具号召力的招牌性产品。但是，大型综合性百科全书编纂周期太长，十多年才能推出一个新版，而这么长的时间中，如久无百科全书新品，百科品牌的辨识度将弱化，将淡出人们的视线。同时，综合性百科全书往往部头巨大、使用者文化水平要求相对较高，这又使得其发行量不可能很大。所以，需要加快百科全书板块建设，在百科全书系列化、多种类，尤其是少儿百科、专业专题百科上快速展开，形成产品集群，这是非常必要的。

其他工具书，主要指百科辞典类工具书。很早我就注意到，百科社出版《中国大百科全书》，出版各学科百科全书卷，而上海辞书社的同行们，他们很聪明，编纂大《辞海》，以相当大的比例收录百科知识类词条，先一个个学科出版小分册，部头小、词条短小精悍，面向普通大众，这样编纂出版进度快，发行数量大。我想，工具书的许多规则是相通的，比如专家路线、权威准确、词条形式等，况且，百科全书在工具书的最高端，沿主线从顶端下行"通吃"，应该是走得通的。辞典编纂有难度，有一定的门槛，虽然编纂时比较费劲，但有百科全书编辑经验，完全可以拿得住，且一旦成功，生命周期较长，收益较大。基于这些考虑，将工具书规划进来。

学术著作。这是百科社首次作为板块建设提出。过去，曾有零星的学术出版，如由福特基金会支持的"西方法律文库"译丛，但版权问题比较复杂，事实上后来再难以为继。有一些结项的课题，但大都不能走市场。学术出版是一家出版社有品位、有厚度的重要标志，况且，百科社有那么多领域的大专家，学术出版有条件。所以，我把它放在紧随百科全书工具书板块后的位置，以示重要。

知识类大众读物。中国大百科全书出版社有一个副牌，叫知识出版社。知识类大众读物板块的规划，是关注大众市场、强化知识品牌，同时我特别提醒大家将百科全书这一存量资源做多梯次开发，向大众读物板块延展。我曾经不止一次听外社的同行们用羡慕的口吻说，中国大百科全书是一座知识宝库，积累了多好的资源，可以做多少事啊！我明白，大众读物体裁和工具书完全不同，是全新的创作，当然有难度，不仅是思维要改变，还需要花很大气力。过去，社里基本上没人做这个打通的事情。但其实仔细想一想，百科全书费时费力费钱，编完后，发行量有限。如能将这个存量资源盘活，品牌、品质、知识产权等都有继承性、有保障，虽然编辑做起来可能会比较辛苦，但总起来看还是非常合算的。

助学读物。当时，教辅在百科社品种中占有很大比例，但基本都是与民营、工作室合作的，那个时期，教辅这一块，社会上许多方面还不够规范，社委会商议决定尽可能退出教辅，只留下一两个已形成品牌、信誉度高的。然而，教育是一个很大的市场，同时，百科社知识社许多知识类读物，就是要面向教育的，所以，助学板块规划进来也是题中之义。但是要改变思路，原创、合作并举。原创品种上，结合百科社定位，重点主攻学生工具书。

数字出版。就是"4+1"里面的那个"1"。这是一种新的产品形态或产品生产方式，并非传统意义上的产品分类。还是1993年在《百科知识》杂志社时，我们就在一台286上开始了全社首个编辑部的数字出版之旅，后来，我又分管过由总署支持建立、出版行业最早建立的数据库百科术语中心，这些经历让我比较早地对数字出版有了一种观念上的接受和倾向，意识到它的重要性、它将带来的变革。2006、2007年，在传统出版行业整体还处在观望期时，百科社将数字出版列入产品结构中，进入了规划，而且是产品规划，那就不再是坐而论道，而是要拿出产品、创造价值了。

检验"4+1"设计合理与否、是不是能成功，具体落实在选题和产品上，应该有如下5个检测维度：专业化，各板块术业有专攻，各板块产品呈现专业化水准；系列化，品牌资源深耕细作，快速形成多系列、全覆盖，做开品牌影响力；规模化，影响力、市场占有率都与规模不无关系；标志性，在文化积累和社会服务方面有重要建树，有重大影响力；文化性与市场性，既有丰富的文化含量，又能在市场如鱼得水。

要保障产品战略和"4+1"的实施，还有赖于组织结构的对应重组、生产流程的优化，以及队伍组建，考核、评价和薪酬制度等的重构。

该分的分，该统的统

大家很快达成了共识。与全社发展战略、出版方向和产品结构相对应，社委会接着进行了组织机构的整合重建。

分社制。围绕"4+1"板块成立若干分社（中心），与相应板块对口。同类内容资源向相应分社（中心）倾斜配置，各分社（中心）负责分工板块的规划、产品和效益。分工明确，定向发展。分社模拟市场主体，和市场全面接轨。各分社直接面向市场，主动参与市场竞争，向市场要效益，在市场竞争中立足和发展。

整合全社各编辑部印务、发行，全部归口集中到社印务部、发行部。编辑部在创意的源头，需要更多的灵活、灵动，而一旦进入印制、发行环节，则应该发挥集约化生产的优势，过去那样分散的弊端，不能再继续下去了。这样各司其职，各自做出专业水准，分工合作，形成最强合力。印务部和发行部划入经营部门，同各分社一样有质量、时间和经营性指标。

百科全书编纂中心。当时，《中国大百科全书》二版进入冲刺，三版已经开始酝酿。还有《中国军事百科全书》、数部地区百科、专业百科等。百科全书是百科社的当家品牌，需要保有一支长期稳定的专业性队伍，百科全书体量巨大，耗时经年。中心的主要任务是沉下心来编好高质量的百科全书，经费由社委会筹措，对其采用项目制管理，主要是进度、质量、费用等考核。

职能部门。做好服务，为全社生产经营保驾护航。

确定以上各类部门功能定位及运作机制，全社一盘棋，重点突破，专业分工，集约发展，落实"4+1"，推动成本——收益的优化、效率的优化。

让听得见炮火的人指挥战斗

出版结构、组织结构确定了，接下来中层干部、业务骨干的配备成为制胜的关键。我们推行了竞争上岗。社委会根据干部自身特点，结合工作需要，量才适岗，启用一批骨干，作为各分社（编辑部），也就是"4+1"板块产品线的领头人。

有些员工当时看起来似乎还比较稚嫩，不够成熟，但我们看其基本面，大胆使用，压担子，让他（她）放开手脚一搏。社委会对分社充分放权，人、财、物放开，责、权、利挂钩。责是指分社对分工的战略板块、对损益负有责任，完成下达的各项生产任务和经济指标；权是指人、财、物放权，选题研发和经营放权，通过授权，将决策权下沉，"让听得见炮火的人指挥战斗"；利是指在全面考核的基础上，业绩与薪酬、荣誉和晋升直接挂钩，上不封顶，下不保底，向突出贡献者倾斜。提升绩效，需要团队共同努力。对成员的评定，需要为他（她）们的苦劳鼓掌，也要为他（她）们的功劳买单。

配套支撑

"4+1"产品结构的调整，以及集约与分散相结合的生产形式，在实际操作中，经历了一个过程。还有许多配套性措施支撑，如首先，"4+1"版块之外的不出了，简单合作的不出了，教辅各编辑部都不出了，包括教育读物编辑部也是做原创，原先合作的教辅大都清退，留下一两家成规模、品牌和信誉好的，由社里集中管理。编辑部对应版块的分工，专注所分工领域的选题开发。社选题小组的审核近乎严苛，后来慢慢就板正了。又如，选题要变成产品，产品要通过市场变现回笼，才能使百科社产品定位可以持续，这个过程必须通畅，需要印务、发行、财务全方位配合。这就涉及到原有的各个编辑部编印发一条龙的生产模式的变革，既要集约化生产，提高效率，也要保持编辑部对市场的灵敏反应，这需要通盘考虑和设计。

在实际操作过程中，徐继康主持印务部进行了艰难的清理、说服工作，最后将原来各编辑部联系的200余家印厂优化到20来家，根据产品的不同种类相对集中印制，这样在质量、进度上有保障，也有了议价的主动权。还有核算、评价体系的重构，明确绩效导向原则，构建与任务目标匹配的考评体系和薪酬制度。等等。

社委会带头行动，策划、组织实施重头产品，社委成员同分管的部门一起商讨、实干，让"4+1"落地。

不长的时间里，效果便显现出来。如潮涌来的教辅们，又如潮水般退去，编辑部策划的选题多起来，发行部的单子上，新书好书原创书亮了，和书店的联系也日益活跃起来。

提高集中度

2012年，中国出版集团公司提出了"三六"构想的战略目标和发展措施，其中内容创新战略是集团"六大战略"之首。围绕内容创新战略，百科社对"4+1"板块继续优化，主要是在板块内提高集中度，重点发展核心和优势项目；强化百科全书领域产品的系列化开发和资源利用；做大以儿童百科为核心的少儿板块；做开有百科特色的教育板块，学生工具书实现产品的规模化和全覆盖，确保全国领先地位；学术板块集中将百科史学品牌做强，坚持高品位；大众读物聚焦社科人文、科技地理等几类，以市场为导向，对市场表现力优秀的产品线加大支持力度拓展，表现一般的及时调整下线；数字出版方面，以《中国大百科全书》三版网络版的建设为契机，统筹全社资源发展数字化出版。数字出版运营部负责对我社核心资源进行管理和开发，搭建手机、网络等出版平台，协助编辑部制作或发布，组织编辑部做好全社数字出版选题规划；鼓励各编辑部开发外向型选题；内容创新和营销创新相结合。加强营销创新工作。

有段时间，我发现一个现象，就是百科社及其副牌知识社的使用上，存在一定的随意性。早先，曾对使用百科版的条件制订过具体规定，但编辑部往往打擦边球，或抬出作者说事，争相使用百科版。这就造成了，一方面百科版品种可能多、杂，另一方面知识版越来越弱。其实，两个都可以做成好品牌。社会、读者对它们的认知是不同的，它们旗下的出版物定位和特色应有所不同，区分开来，并精心耕耘，可使品牌特色更加鲜明，更利于辨识。我结合两个品牌建设，以及提高集中度，2012年提出在"4+1"板块中，以百科社和知识社分属梳理重点产品线的意见。经过社委会及各编辑部讨论，就提高集中度方案达成共识。

做强百科品牌。百科品牌产品7条生产线：百科全书生产线，这是最重要的支柱性生产线，主要包括综合性百科全书、专业百科全书、专题百科全书、地区百科全书，以及上述各类的辞典。儿童百科全书生产线，是重要支柱性生产线，主要包括中国儿童百科全书系列、DK儿童百科全书系列。其他工具书生产线，是重要支柱性生产线，主要包括韦氏英语工具书系列、汉语规范字词典系列、学生工具书系列。百科全书衍生产品生产线，重要品牌生产线，主要包括中国大百科全书名家文库系列、中国大百科全书普及本系列。学术著作及学术普及读物生产线，是重要品牌生产线，主要包括自然科学、社会科学、人文科学的高质量学术著作，及其高水平学术普及读物。地图类产品生产线，主要包括纯地图类产品、地图百科类产品。医疗类产品生产线，主要包括医疗类工具书、普及读物。将知识品牌产品集中到5条生产线：生活类读物生产线，少儿读物生产线，都是知识版重点培育的品牌生产线。学生工具书生产线，主要包括与百科版学生工具书形成一定差异化的其他学生工具书。教育读物生产线。青春读物生产线。

当时总的想法是，强化百科品牌，擦亮知识品牌。12条生产线，自主、系列开发，在实战中检验、调整，集中精力发展重要支柱性生产线和独特性生产线，尽快实现品牌产品的规模化经营，支撑出版社可持续发展。

"5重3特"

2013年下半年起，从12条生产线中再进一步提高集中度，归纳为"5重3特"，以此为抓手，提升经营水平。

"5重"即5条重大产品线。百科全书产品线，包括《中国大百科全书》二版系列，结合三版纸本规划、出版学科系列，专业百科、地区百科、《不列颠百科全书》系列等；工具书产品线，包括百科辞典、专科辞典、学习型工具书（学生工具书系列、学规系列）、韦氏英语学习系列等；中国儿童百科产品线；百科版DK产品线；知识精品产品线。这5个产品线应该对百科社发展战略、品牌影响力及市场收益率、核心竞争力作出重大贡献，在经营中处于十分重要的、支柱性位置，应从人财物政策等各个方面予以重点扶持、激励，尽快做大做粗做强。

"3特"，即3条特色产品线。包括学术产品线、科技产品线、数字产品线。特色产品线与重大产品线在体量要求上有所不同，主要是做出品牌美誉度，加强社会效益贡献率，同时，经济上要求能稳步发展，至少小赚不赔，良性运营。学术线重点是百科史学、政治经管、法律经济类；科技线重点是少儿科普、医疗保健、百科地图；数字产品线重点是百科数据库、移动阅读、手机漫画、手机图片、独立APP、原生电子书和电子杂志等。

"5重3特"确立后，社委会和市场营销部商讨，对每一条产品线规划了品种数量、码洋、时间进度等，还将"5重"排了个队，希望在百科DK产品线、中国儿童百科产品线、学生工具书产品线、知识社产品线先行突破。这些指标分解，安排在接下来的各部门年度生产任务中，由相关编辑部围绕"5重3特"对口共建。

社委会成员也有分工，对口主抓产品线和重点产品。

资源优化配置，社委会主抓，编辑部和市场营销部共同发力，这些重点产品线在品种、销量、创收、影响力方面作用显著提高。

"4+1"、原创、集中度、"5重3特"，在实践中不断调整、优化，产品定位、结构有了清晰的面貌。百科全书系列化、集群化方面，从综合性百科、专业性百科、地区百科、少儿百科四维展开。综合性百科全书有《中国大百科全书》第二版，第二版简明版、精粹版；《不列颠百科全书》国际中文版、简明版、精粹版。专业百科全书有中国大百科全书单卷本，《中国军事百科全书》第一版、第二版，《中国战略导弹部队百科全书》，《中国海军百科全书》，《中印文化交流百科全书》，《中国性科学百科全书》等。地区百科全书有《广西百科全书》、《云南百科全书》、《台湾百科全书》等。儿童百科由中国儿童百科和百科版DK双线共建，《中国儿童百科全书》、《DK儿童百科全书》两个品牌各有十几个书系数百个品种全线展开。工具书方面，韦氏英语系列、彩图版学生工具书系列、学生规范字词典系列等。教育分社的彩图版学生工具书系列，有几年在市场销得很红火，后来学术分社推出学规系列，都曾在发行部的销售中占据了一定份额。学术出版方面，立起了百科史学品牌，形成口述历史、回忆录、人物传记、史学名著、史料整理五个系列。同时还出版了经济学、传播学的系列学术精品。大众读物原创方面，依托百科资源规划文图版百科知识类系列读物，推出了百科名家文库、百科全书普及版、文渊图华书系、百科地图书系，以及文明史话书系、故宫里的大怪兽书系等。数字出版方面，有中国大百科全书数据库、掌上百科、军事百科数据库等。

百科社市场占有率排名，从原来的100多位提升，2015年开卷整体排名54位（线下73，线上44）。百科版DK产品线，这两年每年翻番增长，十来个人的团队，2017年销售额突破了一个亿。

从2006年下半年到2007年末，大概一年多时间，百科社跨越了那个巨大的亏空，扭亏为盈。以后，每年经营都迈上新台阶，收获双效益，进入良性运行的轨道。这里面有经营的多方努力，在挖掘自身优势的基础上，重新确立出版定位、选题方向和结构，"4+1"、"5重3特"、原创、优势产品系列化集群化的实施，也是非常重要的因素。

为功劳埋单 *

有人说，做百科艰苦，要甘于清贫耐得住寂寞。

其实，对于百科工作者自身来讲，甘于清贫不计名利是一种高尚的人格和优秀的品质，尤其在物欲横流的年代更加难能可贵，但作为百科社领导人，有责任在引领企业为社会发展做贡献的同时，追求全体员工物质与精神两方面的幸福，让这个长期默默奉献的群体有尊严、体面地生活。

为此，连续多年，社委会制订新一年工作计划和各项数值指标时，都会将员工收入增长目标列为重要一项，力求实现。

收入增长目标的实现，有赖于生产的良性发展、效益的大幅提升。

评价体系、薪酬制度、激励机制成为关键性因素。不但要为员工们的优秀表现竖起大拇指，还应该为他（她）们的功劳埋单。

分类考核。百科社有20多个部门，任务不同，情况各异。绩效考核分类量身定制。考核的核心落点是"双效益"。考核指标体系分为社会效益指标和经济效益指标。

---

* 写于2014年。

社会效益指标包括各类获奖、评介、评优、重点工程特殊贡献、公益等。

经济指标由若干项组成：编辑部门为利润、成本费用率、大收大支、现金流（偿债能力）、销售收入5项指标。承担国家大项目的部门实行项目管理，在项目实施过程中对各阶段成效（进度、质量、费用、阶段性成果等）进行考核评价。印务部主要考核成本控制、印制质量、纸张材料、工作进度、服务质量5项指标。市场营销部主要考核指标为回款额、回款序时进度、市场排名、折扣、退货、存货周转率、应收账款、发货率及账期、费用和坏账损失10项指标。职能部门主要考核"保驾护航"的服务质量、工作实绩，年底述职时进行360度考核。

考核办法、指标，相关评价标准、规则等，在岗位竞聘前便都以相关文件公布。考核节点分为季度、年度。季度主要是对表、提醒，年度算总帐。

薪酬与效益挂钩。生产经营部门薪酬与"双效益"业绩挂钩。职能部门与为生产经营部门的服务质量挂钩。讲求真实效益，加大激励力度。薪酬固定部分与浮动部分之间比例为3∶7；奖金上不封顶，业绩突出的部门，收入高于社委会成员，这很正常；每年根据企业目标效益实现的情况，调整、浮动全体员工工资，及时共享企业发展成果。

特殊津贴。主要有5类：首席专家绩效考核和薪酬挂钩，建立长效机制，在岗位工资序列予以特殊津贴设置；实行导师制"导师津贴"政策，凡是担任新职工导师的人员，在指导期内，每月安排导师津贴；科技人员津贴；《中国大百科全书》三版复合型人才、特殊人才津贴；设立与社龄相关的薪酬福利待遇，将社龄因素纳入薪酬福利待遇制度，例如工资中的基本工资、自愿参加的企业年金等。

　　《中国大百科全书》三版宽带薪酬体系。三版一上马就奔着新业态而来，有别于传统出版，三版薪酬制度必定也有别于传统出版。经过对相关互联网企业进行多次调研，综合社会、社内各方面情况，百科社决定突破传统思维，借鉴互联网企业经验，启用宽带型薪酬设计来制定三版的薪酬体系。和传统相比，这一薪酬体系有3个特点：以市场调查数据和企业工资定位来确定；需根据市场情况定期进行核对和调整；与员工的能力和绩效紧密结合。这是传统出版进入融合发展，在薪酬管理、成本控制、培育积极的团队绩效文化方面的新探索。

　　在全社薪酬体系总体设计中，还列入了共享类子项。让全体员工及时共享发展成果。

"导师制"助力成长 *

（一）

百科社1978年组建时，构成业务队伍主体的是落实政策、恢复工作的老同志，以致形成了一道举"逸民"、编百科的独特景观。1981年、1982年，七七、七八级研究生、大学生大批量集中进入。《中国大百科全书》第一版编纂历经15年，于1993年出版。然后，员工队伍逐渐发生了变化，大批到龄或已超役的老同志离休退休了，同时，一批中青年骨干陆续调往上级机构和其他出版社任职。时而听到圈内人讲，百科社是出版的"黄埔军校"，这当然有客气的因素、有戏说的成份，但是百科社向行业输送了不少干部确也是事实，仅成为各社社长、总编辑、集团副总裁、总署司长，总局副局长的重量级人物就有十几位之多。

新面孔越来越多。进入21世纪后，有些部门，甚至基本都由新员工组成了。尤其是《中国大百科全书》第三版一上马，声势浩

* 原载《"培养和争做新时代优秀编辑"优秀论文集》，2018年。

大，招兵买马，整个三版板块中的几个部门，百余号人，除了几位头儿，其余都是新人。新时期，新环境，事业越做越大，而人才匮乏成了最大的问题。有段时间，落实工作时，社委成员们习惯看案头的社内电话本，意欲从中寻找可以担当任务之人，时而叹道，没有人，这个事怎么做得成！

一般来说，在出版业，老人缺乏创意，新人缺少骨干的现象比较突出。即便是有经验的老人，随着退休的到来也越来越少，新入职的员工逐渐成为人员主体。针对这一现实而紧迫的情境，2008年秋，百科社开始全面推行"一对一"新职工导师指导制度。

师傅带徒弟，是中国许多行业绵延经年的传统做法，精湛技艺得以传承的同时，工匠精神、职业操守也一代代植入传承者的心中。而书业，正如陆费逵先生所说："我们书业虽然是较小的行业，但是与国家社会的关系却比任何行业为大。"所以，与其他行业比，对出版从业人员有更高的要求。这些要求，包括素养和技能各个方面。老员工的身传言教、贴近指导，是快速帮助新员工提升的有效途径。

本着德才兼备的原则，从本社员工中选拔一批优秀品牌的创始人、掌门人、出版专家、首席编辑等作为导师，学生则是所有新入职的员工。导师在思想素养、企业文化、出版业务等方面对学生进行全面指导。

导师制内具体内容包括：

帮助新员工认识所从事的职业。"人类最伟大的思想在哪里？在书里"。编辑出版人员担负着把思想、学术、科技和文化各方面的成果进行组织、汇集、整理、公布、推广的责任。他们既是书稿的规划者，又是书稿的组织者，既是书稿的鉴定者，又是书稿的加工者、推广者。编辑出版工作，不仅仅是保存和积累人类文明成果，它还通过对某些成果的选择、编选、推送，体现某种文化倾向、文化推崇。编辑出版在文化创造中具有无可取代的价值，而文化，正是人类、民族、国家的灵魂和根基。职业的神圣感、责任感、使命感，是出版从业者应该具备的第一素养。

传授"大百科精神"，践行百科企业文化。1993年9月，全国26000多名专家学者、500多名编辑出版人员历经15年、艰辛备尝编纂的《中国大百科全书》出版了。10月人民日报发表题为"铸就中华文化的丰碑"的长篇专文，文前加一按语评论："大百科精神，是一种执著的爱国主义精神，是一种高尚的集体主义精神，是一种主动开拓的创业精神，是一种实事求是的科学精神，是一种无私的奉献精神。"大百科精神，成为百科社企业文化的核心和精髓。企业文化，是基业长青、事业荣耀的"定海神针"。企业的凝聚力、战斗力，首先来自员工对企业的组织认同、文化认同、价值观认同。企业文化的教育和传承是入职员工的必修课。企业文化并非空洞的口号和臆想，选题策划、书稿编加、工作氛围、同事关系、职业规划……其中都闪烁着企业文化的要义，每一个员工可感知、可融入、可奉献。同时，导师还要带领新员工尽快熟悉工作环境，送温暖，帮助他（她）们解除困惑，解决实际困难，尽快平稳地走好从校园跨入社会、进入百科职场这一关。

带领新员工全流程做一个出版项目。编辑出版工作具有实务性、操作性很强的特点。欧美一些著名大学开设出版硕士课程，毕业作品往往就是要求学生自己亲手做出一本书来。我就时而收到远在他国求学的编辑小友的信，请求后方支援，为其提供各种参数、样本、建议。我觉得这是一种特别有针对性的教学方法，重视实操，学了就能干活，起步就是正路子。以前，出版社进新编辑时，往往先去校对、发行等岗位见习几个月，起码泛泛了解一下相关流程，后来，市场经济一来，追求速度和规模，什么都是快快快，人一进社干脆就直接在编辑部上岗，结果可能问题多多，欲速则不达。

带领新员工全流程做一个出版项目，是百科社导师制的核心内容，导师对学生从选题、开题到联系专家、组稿、编辑、审校、印制、营销等进行全流程指导，从整体设计、统筹，到每一个具体环节的操作、细节的打磨，手把手培养"百科意识"，掌握"百科标准"，提升"百科技能"。由于导师、学员、岗位、选题、媒介、技术等各种情况皆有不同，这"一对一"的教学过程"各显神通"，花絮多多，乐趣多多。用现如今时髦的话来讲，实质上也可以理解为一种个性化、定制化的教学，以期更精准、更有效、更快速培养新人。

指导新员工完成一篇出版论文。一个优秀的出版从业人员，要想策划、编辑、出版、推广好有份量的精品书籍，必须具备能与学术界平行对话、交流的能力，具备洞察社会变化并快速做出反应的能力。这就首先要求从业者要做一个有学术有专业追求的人，有一定分析能力研究能力的人。而这里所讲专业，除了在大学所学专业外，还有一个，就是所从事工作的编辑出版专业。编辑出版历史悠久，在科技革命媒体融合的当下，更是持续爆发着新的生命活力。编辑出版是一门古老而年青的专业，编辑出版成"学"是客观存在的。随着科学技术的发展和人类社会的进步，书籍的载体、形态发生了巨大变化，形成了种类众多、各领域全面覆盖、枝繁叶茂的大家族。进入数字化信息化时代，人们的阅读方式逐渐多样化，书籍的编辑方式、呈现样态、推广渠道都在多样化，甚至书籍物质形体也有可能会逐渐消融在比特数码中，但书籍的本体不会消失，反而会有更迫切的需求和更大的扩展空间。书籍的本体即内容、即知识。书籍可以理解为知识的代入词，或者同义词。从这一意义上书籍不但不会消逝，且将乘上技术的翅膀，借助网络的神力，化形飞向世界各个角落。人类进入了一个知识无处不有、阅读无时不能的时代。与此相对应，编辑出版工作领域也不断拓展，新的工序、工种、岗位不断涌现、分化、重组，它是人类文明长期积累的必然结果。这一过程中，编辑出版人员面对的挑战和机遇很多、学问很多，需要树立起以问题为导向的学风，培养不断求索、研有所得的习惯和能力。导师制的另一项任务就是，指导新员工完成一篇出版论文。论文主题均与所在岗位工作相关。在开题、调研及写作过程中，勤交流，多启发，充分鼓励学员在尊重规律的前提下"奇思异想"，发挥学员思考问题、创新性解决问题的主动性。每届毕业时，出版社组织专门的专家评委，对所有论文进行评选，在毕业暨开学典礼上，对优秀论文进行点评。

下面对近两年优秀论文题目列举若干，虽然貌似五花八门，但对此项制度的用意仍可管窥一二：《关于外国历史（三版）框架设计的调研和思考》、《基于百科数据构建知识图谱的思考》、《综合性百科全书交叉重复条目处理工作的探讨》、《浅议影视学科的多媒体资源运用》、《科普绘本：童书市场的"潜力股"》、《学术畅销书是如何炼成的》、《产品经理在当下出版营销工作中的实践和思考》、《传统电商还是社群营销？——线上图书销售新模式初探》。

（二）

从2008年至2017年，已有近200名新员工参加了导师制体系学习，其中160余人已经毕业。一批又一批年青人，毕业后在工作磨砺中迅速成长起来，年轻人已然成为今天百科的主力军。

一些著名品牌有了新的传人，焕发出新的活力。以《中国儿童百科全书》为例，这一项目的导师是程力华，她是大百科的资深编审，也是《中国儿童百科全书》创始人之一。北京师范大学教育学硕士毕业生刘小蕊是她带的学生。程老师将《中国儿童百科全书》整套编纂理念、技艺传授给小蕊，从插图、文字、编排，手把手地教，对开页的设计一张一张地讨论，经过两三年的磨砺，小蕊挑起了儿童百科全书3～6岁版责任编辑的大梁。接下来的0～3岁版儿童百科全书也由小蕊担纲。后来，她还担任了儿百分社的副社长，和分社社长刘金双搭档。中国儿童百科创业时期的老人几乎都已退休，现在的金双团队几乎清一色年轻人，继承、创新，佳绩连连。这个品牌有了新的传承。

《中国西藏》系列画册，资料弥足珍贵，是百科社原创、中国出版集团圈定的重点品牌书系。在百科美术设计中心（后更名百科视觉分社）主任武丹导师的指导下，2011年学员应世澄、李征就将该系列做成了《中国西藏·布达拉宫殿堂导游》iPad中英文多媒体版，尝试从语料选取到交互方式设计，完全不同于纸制出版模式，获得了广泛关注。如今，她曾经指导的学员杨振接过了接力棒，带领一支年轻的团队，坚持高品质，持续探索媒体融合、网络营销，品牌在年轻人手中再放光华。视觉分社一年收入过亿，成为全社第一大创收户，原创新媒体项目"中国故事IP运营"甫一推出，就得到国际出版公司的高度赞扬，洽谈版权合作。

在激烈的市场竞争中，经营型新人崭露头角。曾获全国新华系统先进人物称号的张金龙，调入百科任发行部主任，他带的第一个学员是陈义望。义望毕业于武汉大学出版发行专业，毕业前到百科社发行部实习，社里相中给要了来。那些年，他主要负责农家书屋，在他的努力下，百科社农家书屋总量进入了全国前五名。这可是下了苦功夫的。他曾经在一年之内外出240天，跑遍了全国24个省份40多个城市，一个地方一个地方攻关。但他苦干而不傻干，他能写会画，以文会友，在他的诚意感召下，许多客户与之建立起了良好的友谊。后来，陈义望担任了市场营销部副主任、主任，挑起了经营大梁。

"双导师制"和新媒体复合型人才。《中国大百科全书》第三版于2011年正式立项，很快展开了全面的工作，包括组建编制为150人的编辑出版人员队伍。社里抽调了几名有经验的中青年骨干，其余全部招聘新人。由于三版是网络版先行，对这一个特殊人群，在导师制内容设计上，专门为他们加设"双导师"、"导师团"指导制度。"导师团"指导遵循"集体指导，差异培养"的原则，根据新职工的发展方向因材施教；"双导师"指导采用聘请外部新媒体专家与我社百科全书专家共同教学的方式进行指导。这是在出版业数字化背景下进行的新尝试。一支既懂百科，又熟知网络环境、技术应用的新型编辑队伍已具规模。

使命感、合作意识和团队精神增强。在"导师制"学员毕业仪式上，一位学员代表发言。题目是"我们是大雁团队"。她说：通过编百科全书了解到大雁的习性，大雁南飞时组成V字队形，因为头雁扇动双翅掀起的强大气流能够为后面队友提供上升动力，减少阻力，节省体力；而头雁又是不断频繁地变换的，因为这个位置比较辛苦。这样做可以使大雁增加70%以上的飞行距离。在大雁团队中，若有大雁生病或受伤，就会有两只大雁自动留下来照顾它，直至它痊愈或者死去，这两只大雁才会重新出发追赶自己的队伍。她从中领悟到团队精神有三点：一是有共同方向和群体意识的人们更容易取得成功；二是留在团队里面能够更快、更好地成长；三是对理想不放弃，对伙伴不抛弃。我在听她演讲时很有感触，现在的年轻人大多数是独生子女，通过导师制的指导学习和锻炼，让他们领会了团队、合作、协作的意义，而这一点对他（她）们日后经营好职业生涯、人生道路是很有助益的。

通过导师制指导，新员工加深了对百科企业文化的认同，增强了使命感、质量意识、精品意识，也提升了各项业务技能，他们活跃在编辑出版工作一线，传承、创新，成为企业发展的生力军。不少学员已经走上管理岗位或成为部门业务骨干。

导师制的作用日益凸显，成为百科社人才培养的重要方式，同时，导师们也纷纷表示大有收获，称赞年轻人思维敏捷、视野开阔、充满活力、知道得多、学东西快，在教学的过程中亦向年轻人学了不少。互为借鉴、教学相长，我想这也是导师制的题中之义吧。

"首席专家"制度与出版品质 *

坚持出版的格调健康、质量优良，不仅是国家建设、社会进步的需要，同时是出版企业最重要的文化担当，也是在激烈的市场竞争中出版社求生存谋发展的根本大计。

出版品质的塑造和保障，人是决定性因素。和相当多高度依赖机械化的行业相比，以内容生产为主业的出版社，人是最主要的依存因素，人力资源在各资源要素中占据首要位置，是最重要的资产。

人才强企，是出版企业的核心战略、基础战略。根据人才的不同特点，综合考虑人才培养、开发、配置和使用，是创新人才培养机制的重要方面。

"首席专家"制度的缘由

从2007年以来，百科社建立了"首席专家"制度，先后有多位专业人才被任命为首席编辑、首席印制、首席工程师等，长期活跃在出版社的关键岗位上。

---

* 　原载《中国编辑》2016年第3期。

这一制度的设计并实施，主要基于以下思考：

首先，出版社的性质和所处时代环境。大百科全书出版社成立于1978年，一度全部任务是出版《中国大百科全书》。大型综合性百科全书全面反映所在国家最高科学文化发展水平，代表国家最高的出版水准。国务院确立中国大百科全书启动之时，便将之作为国家基础性、标志性文化工程。为确保高质量完成，当时通过各个渠道，包括落实平反政策，以及从全国各地选优抽调等，组建起一支社会科学和自然科学各学科齐全的专家型编辑队伍。他们才华横溢、专业过硬、治学严谨、业务精湛，在历时15年的第一版编纂中，发挥了巨大的作用。《中国大百科全书》的出版，为提高国民文化素养，为国家四个现代化建设和改革开放，提供了及时的智力支持；推动了众多学科的研究发展，促进了民族知识体系的建立和完善；推动制订了一大批标准和规范，在社会和行业得以推广。一版完成后，出版社进入新的发展周期。一方面，继续《中国大百科全书》第二版的编纂、修订，同时适应形势需要，面向市场，开发相关出版选题，出版种类逐年增多；另一方面，老编辑大量离休退休，大批年青员工入职，编辑队伍的构成和特点发生了很大变化。百科社是文化出版企业，文化使命，与生俱来，而市场经济优胜劣汰的严酷考验也在所难免。在这种情势下，要继续保证出版物的高标准、好品质，如何发现、培养专业人才，发挥他们的领头、示范作用，具有重要的战略意义和现实意义。

其次，组织的高效运转需要各类适用人才。"首席制"以期在干部职务晋升之外，为专业人员探索一条较为合理、有吸引力的成长通道，拓宽专业人员的发展空间。长期以来，出版社人员晋升主要是两条通道，一是职称系列如编辑、编审等，一是管理系列如编辑部副主任、主任，出版社副总编辑、总编辑等。而前述管理人员岗位毕竟有限，同时，有些专业人才，可能并无管理兴趣或能力，但职称已经到头。而实施"首席制"，培养专业领域的特殊人才，挖掘、调动他们的潜能，充分发挥他们的领军作用，凸显高层次专业人才在我社崇高地位，可以正确引导专业人才的发展方向，带动人才队伍建设，为实施精品战略，确保出版品质，为企业发展提供强有力的人才支持。

"首席专家"制度的主要内容

选拔程序：社委会根据发展战略和工作重点，设计"首席"配置的领域、主要目标和任务等。"首席"候选人采取推荐、自荐，再评聘、公示后上岗。"首席"的任职条件、职责、权限、评聘及考核公开透明。

任职资质：高级职称；扎实的学术素养、丰富的出版专业经验、较强的策划、实施能力；和学术界良好的沟通能力；企业核心价值、文化理念的认同和契合。

职责职权：参与重要发展规划、重大项目、重要选题出版的咨询、论证，为决策提出建议；在相应的专业领域发挥领军作用，制定发展目标和工作计划，自主研发、策划并组织实施有显著效益的品牌出版物、重点项目等；担任导师，培养新入职员工；研究思考，撰写发表出版专业论文。

考核评价：每年度对其履行职责、任务完成情况进行考核。在政治待遇、经济待遇、荣誉表彰上和其劳动业绩成果充分挂钩，政治上有地位、舆论上受尊重、经济上得实惠。不仅要让优秀专业人才有位子，还要让他们有"票子"、有"面子"。

首席专家制度的特点

首先，个人和组织的追求一致，目标相同，利益契合。出版社是一个有机运转的组织，是活跃的社会细胞，而每个员工生活在这个组织中，并从事相应的职业活动。个人的工作和组织的需要相结合，个人的努力满足组织的发展，个人的职业生涯才能得到提升。同时，组织也应该以人为本，关注个人的工作和生活环境、工作绩效、心理需求，重视个人潜能的挖掘、能力的发挥、素质的提高，为个人创造条件、搭建平台、提供发展机会。首席专家制度力求将个人和组织两者的追求、目标、利益紧密结合，同步发展，这是出版社人才规划、人才机制的重要原则，也符合个人职业生涯发展的愿望。其结果是相得益彰、互惠双赢。

其次，首席制人员专业水准和职业化程度更高。他们不但学有所长，术有专攻，而且在知识、技能、观念、思维、心理等方面，即素养、行为和技能方面更符合职业规范和标准，具有强烈的职业道德意识，自律，做事有章法，胜任工作。一个职业化程度高的员工，必是一个非常优秀的员工，一个团队职业化程度高的出版社，必将成为一个不断推出精品、刷新佳绩、创造卓越、基业长青的企业。

再次，关注个人需求与心理动机，最大限度地调动积极性，激发创造力。心理学家马斯洛曾将人类需求按层次分为五种，分别为生理需求、安全需求、社交需求，即情感和归属需求、尊重需求和自我实现需求。一方面，个人为了满足生存的需要，需要不断创造和收获物质财富；另一方面，人还有实现自我价值的心理和精神需求，渴望得到社会认可和尊重，期盼不断更新自我、超越平凡、创造卓越，攀上事业的巅峰。首席专家制度观照个人的需求和心理动机，进一步明确了发展目标和机会，促使和激励员工积极进取，努力工作和学习，激发潜能，积极性和创造力大大提升。

首席专家制度提升出版品质

多年来，"首席专家"在岗位上发挥所长，潜心钻研，为实现百科社"4+1"战略,打造核心品牌和重点项目,提升出版品质,作出了重大贡献。他们也得到了全面的锻炼和提升,业务不断精进,影响日益扩展。品牌和人才相得益彰,提升了企业的核心竞争力。

1. 内容精益求精。百科社在产品上的"4+1"战略,主要围绕"5重3特"产品线展开。"5重"即中国大百科全书和其他相关工具书、中国儿童百科全书、DK百科全书、学生工具书、知识读物;"三特"即学术著作、科普、数字读物。"重"指做开规模和影响,"特"指做出特色和亮点。从整体布局看,核心还在百科全书等工具书。百科全书的特质就是权威、准确、标准、规范,号称知识的衡器。这一方面要依靠"合适的人写合适的条",找权威专家撰稿,另一方面编辑的作用不可小觑,从总体设计、组织学术力量、宣读体例、试写样条,到编辑加工、观点权衡、学科交叉、资料核对、相互参见……大大小小上百道工序,都要由编辑完成,编辑的工作质量直接关系到百科全书的品质。过茜燕是中国大百科全书编纂中心的首席编辑,她毕业于北京大学化学专业,已入职百科31年,是具有冷思维、冷眼光、坐得住冷板凳的"三冷"编辑。她平时不苟言笑,可工作中却是有名的较真儿,业务能力一流。她先后领衔完成多项百科全书编纂任务,一丝不苟、精益求精,在《中国大百科全书》的品牌维护、品牌系列开发等方面发挥了重要的学术带头作用。过茜燕获得了全国"三八红旗手"、"巾帼英雄"等荣誉称号。这些年来,《中国大百科全书》第二版、《不列颠百科全书》、《中国儿童百科全书》、《导弹百科全书》等先后获得国家出版奖项,"DK系列"、"学生工具书"、"百科史学"、"中华文明史话"等一大批精品力作问世,在社会上获得了广泛好评,屡创销售佳绩,出版物的品质说明了一切。

2. 选题原创发力。经过多年快速发展,我国已经成为出版大国,现如今,据媒体报道年出书已达40万种以上,但究其成色,却存在大量重复出版、拼凑出版，甚至抄袭出版，出版物品质良莠不齐，情势堪忧。坚持原创，坚持高品质，是出版社应有的追求。然而，原创，需要资金投入，需要艰辛努力，同时，更需要相应的人才。《中国儿童百科全书》是百科社坚持原创、坚持适才用人的一个成功典范，曾经长期主持、领衔此工作的首席编辑程力华功不可没。程力华是《中国儿童百科全书》创始人之一。她带领的团队，创新编辑理念，培养孩子们了解知识的兴趣、学习知识的习惯、寻找知识的方法，确立以儿童为本，蹲下为孩子们编书。她潜心研究儿童认知规律和阅读行为，有针对性设计框架、制作样张，带领编辑走出社门，活跃在孩子们中，是孩子和家长心中亲切可信赖的"百科妈妈"。经过十多年的持续努力，《儿百》目前已拥有十几个系列上百个品种，成为社里的创收大户。《中国儿童百科全书》获第六届国家图书奖、第五届国家辞书奖、国家科技进步二等奖等多项大奖。程力华获得"全国优秀中青年编辑"及全国"三八红旗手"荣誉称号。百科社近年来有《中国儿童百科全书》、《上学就看》、《幼儿百科全书》、《儿童安全百科全书》、《分子共和国》等多部出版物入选新闻出版广电总局"三个一百"原创书目。

学术出版，是百科社这些年来开辟的新领域。我们认为，百科社应该在理论和学术上对时代、对社会有所贡献，同时，从出版资源的储备和配置考虑，我们自身也需要这方面的积累。这一领域，我们亦着重原创。在人力配备上，由全国新闻出版系统劳动模范、专业素养突出的郭银星博士主持，以及两名首席编辑于淑敏、李玉莲博士坐镇。这些年，她们大显神通、开疆拓土。"百科史学"一炮打响，声名鹊起，"新闻传播学"系列、"中国发展道路"系列、《阿米巴经营》、《黄慕兰自传》、《丁玲传》、《我们三代人》等精品迭出，品质优良，影响巨大，去年多种图书入选各种好书榜50多次。

3. 科技创新融合。出版品质保障是系统工程，需要整个出版流程各环节的紧密配合、积极参与。在信息化、数字化技术飞速发展的今天，内容创新与科技创新相融合，已经成为打造精品的必要途径和有力支撑。尤其是《中国大百科全书》第三版的上马，按照总体设计，首先要建立编纂平台、存储平台、发布平台和运营平台，建立若干综合和专题性数据库集群，为编纂工作提供强大的技术支持，以提高编纂效率和提升出版品质；其次要尽快推出由专家和编辑把关、代表国家主流文化的网络百科；另外，纸质版也要考虑尽可能多地采用新媒体技术。目前百科社主要在标准制订、自然语言处理、互联网、媒体融合等方向建立了与高校、研究院所等的深度合作。我社鼓励技术人员参加与大百科业务发展相关的学术组织、技术研讨会，为技术人员的成长提供条件。在技术人员中选拔的首席工程师田野，成为新闻出版总署首批入选的领军人才。在他的带领下，我社陆续开发百科术语数据库、百科术语数据库跨介质出版系统、通用文本处理系统、知识元数据库、问答式百科系统、中国大百科全书网络版等，完成了《中国大百科全书》第三版编纂平台设计，承担了新闻出版总署重大科技项目版权保护系统的应用示范。百科社的百科术语数据库项目，获新闻出版总署科技进步一等奖、中华人民共和国科技部科技进步三等奖；百科在线项目获第一届中国出版政府奖网络出版物奖提名奖。百科社入选全国首批数字出版转型示范单位。

4. 导师助力青年成长，品质保障后继有人。于出版社，出版品质保障是根本大计，是一项全面、系统、长期的工作。优良的出版品质需要德艺双馨的领军人物，还需要在全体员工中形成良好的品质意识和工作氛围。编辑出版具有操作性很强的特点，实践证明，对于新入职员工来讲，老员工的言传身教、贴近示范是行之有效的办法。百科社首席制专家还担负这样一项重要职责，即导师，学生则是所有新入职员工。导师具体职责有三：首先，帮助熟悉工作环境，宣讲"百科精神"，介绍百科传统、企业文化，使新入职员工能尽快、平稳地走好从校园跨入社会、进入职场这一关。第二，带领新员工做一个出版项目，从选题、开题到联系专家、组稿、编辑、审校等全流程指导，培养"百科意识"，掌握"百科标准"，提升"百科技能"，尽快成长为合格的职业人、百科人。第三，指导员工完成一篇出版论文。从2008年迄今，已有80多位学员进入百科社导师制学习体系，其中近50位已成功毕业，新媒体复合型人才团队正在形成。他们的使命感、质量意识、精品意识大大增强，同时，各项百科业务技能也大大提升。新员工迅速成长起来，成为内容创新、质量保障的生力军。

第五编：跨界重组，生机勃发
——融合发展与传统出版

数字化大潮汹涌澎湃，互联网无远弗届。科技进步逼迫出版业洗牌，传统出版路在何方？

忧思与狂想交叠，危机和机遇并存。搏击、图强，融合发展已是大势所趋，红日露头。

谁对网络经济理解更深一些，谁就能在这场竞争里取得先手。理解力也是生产力，甚至是决定性的生产力。

融合发展，有可能在细胞甚至分子层面上互换 DNA，重置出版行业。

洪堡是一位难以匹敌的信件写作者。过去的数世纪里，私人信件一直是科学交流最普遍的方式，下图右上角一封讨论 DNA 双螺旋构造的信函，是由华生在 1953 年写给同僚分子生物学家狄尔布鲁克的。

在数字化、网络化高度发达的当今，人们书写和交流的方式已经彻底改变。

■《洪堡坐在他柏林公寓的图书馆里》　德国画家希尔德布兰特创作，19 世纪中期

电子出版浪潮中的传统出版社 *

　　随着数字化技术迅速用于出版业，传统的"出版"概念正在发生巨大变化，这种变化突出地反映在出版物的媒介上。以纸为媒介的图书、报纸、期刊等传统印刷出版物，今天迎来了出版物家族中一个现代化的新成员——电子出版物。随着多媒体计算机的日益普及和电子信息网络的迅速发展，电子出版物作为一种新兴的大众文化传媒，显示了强大生命力。据有关资料，到1996年底，世界光盘读物总量将超过80亿张，光盘出版产业的生产总值将超过传统出版产业；同时将有700多种报纸杂志进入电子信息网络发行。电子出版物对传统出版业提出了严峻的挑战，在西方某些国家，电子出版物、音像制品、传统图书"三分天下"的格局初步形成，而电子出版物所占比例将越来越大。

　　我国电子出版业在进入90年代后也迅速兴起，目前已经出版光盘出版物200多种，并呈方兴未艾之势。各国电子出版产业在发展中有一个共同的规律，即计算机产业公司先行一步，成为这个新兴产业的倡导者和带头人；传统出版社紧随其后，在衡量自己的资

* 　1996年中日出版研讨会论文。

源、经验和能力之后，紧急采取措施，积极投入到电子出版物日益高涨的开发热潮之中。我国的情况也是如此，开始时只是少数几家计算机公司开发这种新型出版物，但从1987年起就有一批出版社积极开发计算机软件，出版以磁盘为媒介的电子出版物。到1994年，40余家出版社共出版6000种，销售额超过1000万元。近两年，随着光盘出版物的崛起，又有一批出版社与计算机公司或软件公司一道，开展了以光盘为载体的电子出版物的设计开发，并已经正式出版一批作品，其中，还包括一些大型的出版工程，如《中国大百科全书》、《中国美术全集》、《汉语大词典》等，都已开始出版光盘版。这说明中国的传统出版社正在迎头跟上电子出版的新浪潮。当然，出版社目前在这方面的力量还显得薄弱，一般估计，在我国现有从事电子出版业务的技术骨干中，只有20%工作在出版单位；在已经出版的电子出版物中，大约也只有30%左右是由出版社自己开发制作的产品。

传统出版社在未来电子出版格局中的地位和作用，是不应当怀疑的。我们可以把电子出版看作计算机信息技术的必然扩展，同样也有理由认为它是传统出版业的自然延伸。出版社绝不会站在电子出版新浪潮的岸边袖手旁观，也不会仅仅成为从事电子出版物开发的计算机软件制作企业的一种补充，相反，它应该是我国发展电子出版的主要力量，在未来电子出版产业中占有主体地位。

在电子出版中，传统出版社具有明显的优势。

这主要表现在：一、出版社在长期的图书出版实践中，已经熟悉并能够较好地把握和贯彻国家有关出版、有关著作权保护的方针政策，正确处理出版的社会效益和经济效益，正确处理国家、读者、作者及出版者的关系。二、出版社已经建立了一套规范的出版和版权管理制度，如严格的"三审"发稿制度、图书质量检查制度、约稿和出版合同制度等，并在这些制度的基础上形成了有效的保障机制。三、出版社在多年的出版中已经实现了丰富的文化积累，掌握着雄厚的图文和声像信息资源，许多优秀图书本身就可以成为电子出版物的重要选题。四、出版社已经培养出了一支文化素质较高、具有丰富经验的编辑队伍，有些编辑在电子出版中也是不可缺少的人才；同时，出版社还联系着广泛的作者队伍。五、出版社多年形成的图书发行渠道，也为电子出版的发行提供了便利条件。

正因为如此，目前全国经过正式批准的36家电子出版单位，都是在传统图书出版社的基础上建立的。由于拥有国家赋予的出版权力，传统出版社在电子出版方面的优势就更加突出。但是，传统出版社在电子出版上也有明显的劣势。这主要表现在：一、电子出版物与高新技术紧密相连，其发展需要随时跟踪、引进、消化、吸收国内外最新的科技成果并及时运用，而在这方面，传统出版社相对落后，还跟不上数字化技术发展的步伐。二、电子出版是知识密集型和技术密集型产业，需要能融语言、文字、艺术、编导技能和电子、通讯、计算机技术于一体的复合型人才，而目前出版社既缺乏计算机技术专才，也缺乏复合型人才，至于兼具管理能力的人才就更少了。三、电子出版是一种高投入的产业，其开发成本远远高于普通出版物，短期内很难收回投资或盈利，因此又是一个高风险的产业。而目前大多数出版社没有足够的经济实力，很难有较大的经济投入。四、最重要的问题是，传统出版社多年来形成的印刷出版物管理体制，还不能与电子出版的特点相适应，缺乏一套能够符合电子出版规律的新的出版运行机制。传统出版社在电子出版中的优势和劣势，是相对的，将会在一定条件下互相转化。对我们的优势，如果估计过高，如果不能发挥，它就很可能成为一种沉重的包袱；而目前的劣势，只要我们努力去改变，积极去争取，将会成为一种使出版社在信息化条件下获得新生的发展动力。

在美国大学出版协会一次会议上，谈到出版界应该怎样对待电子出版时，一位教授说了这样一句话："如果你不是压路机的一部分，那你就是路的一部分。"这句话真是意味深长。如果传统出版社不积极投入到这场新技术浪潮的潮头去弄潮，就会被汹涌的潮水所淹没。

随着我国信息化进程的加快，传统出版社正面临着前所未有的发展机遇，同时也面临着来自内部或外部的挑战。今天，我们每个人已经自觉或不自觉地置身于数字化信息环境之中。作为出版工作者，对这种变化应当比其他人更敏感，更主动。努力走出一条有中国特色的电子出版之路，这对出版工作者来说，既是一项使命，也是奋斗目标。

当前，摆在传统出版社面前的一个重要问题，是如何在电子出版物的发展过程中十分珍惜、有效保护并充分利用自己的出版资源。这些宝贵的资源，是出版社在电子出版中的立身之本，也是获得发展的基础。已有的书本出版物，是人类文化精华的沉积，其选题对于电子出版具有非常重要的参考价值，并可直接用于多媒体改造。在电子出版的起步阶段，这样做已被证明是事半功倍的。

早期的电子出版物，有许多都是以这种形式出版的，如《莎士比亚全集》、《福尔摩斯探案全集》等。这类电子出版物主要利用了CD-ROM容量大、检索快的优点，有利于作品的收藏和查询。当然，它只适用于大部头的经典作品。问题是，简单地把书本出版物搬到光盘上，不能充分地发挥计算机及光盘的人机交互和多媒体功能。传统出版社绝不能仅仅满足于把现成的书本搬上光盘。没有技术艺术水准的电子出版物，是占领不了市场、满足不了消费者需求的。出版社要想使自己在电子出版物市场上占有一席之地，并获得长足发展，必须逐步具备独立的制作能力。这就需要有资金的投入、设备的添置、技术的培训，特别是人才的培养，否则就谈不上发挥自己的优势，也就无法改变目前过份依赖于计算机软件制作公司的状况。对传统出版社来说，发展电子出版物遇到的最大难点是如何建立一套适应电子出版规律、灵活、高效的经营管理机制。电子出版物不同于书本出版物，它的经营方式也不同于传统的出版经营，从其研制、出版、复制一直到销售，都有特殊的要求，简单地将图书出版管理的办法照搬过来，已经被证明是不行的。一些出版社正在建立独立经营的或与软件企业合作经营的电子出版公司，在公司里采取企业化管理，这不失为一种有益的探索。

　　传统出版社在电子出版新浪潮面前，还应该保持自信。有人曾经预言，电子出版物不久将会取代传统出版物。如果这一预言成立，传统出版社将会在未来的格局中被淘汰。事实上，这种预言是武断的。电子出版物只是出版界的一个充满希望的新成员，它丰富了社会信息的传播方式，却不可能完全取代已有的传播媒介。以纸介质为媒体的传统出版物肯定会受到它的冲击，但绝不会因之而消亡。电子出版物与传统出版物并存的局面将会持续相当长的历史时期，经过反复较量，最终形成互相补充、相得益彰的局面。在出版社内部，也会出现这样的情况，即一部分选题为图书出版，另一部分选题是电子出版，还有一些选题以两种形式同时出版。充分保持传统出版物的优势，又积极发挥电子出版物的作用，两个轮子一起转，是传统出版社在新技术浪潮中立于不败之地的可用之策。

数字化资产与出版业发展 *

数字化资产及其特性

数字化资产即经数字技术处理、以数字方式存在的资产。任何可以数字化,或存在于数字形式,或由数字化方式生成的产品,都可以列入数字化资产的范围。随着数字革命和数字化时代的到来,数字资产逐渐成为企业最具战略意义的资产。国外一位知名企业家这样描述它:数字资产是21世纪的货币。

与以往任何形式的资产不同,数字资产具有自身鲜明的特征。首先,数字资产是一种无形资产,是非物质的东西。它不是以原子形式,而是以比特形式存在。数字资产虽然不是实物形态,但具有资产的一般特性:具有商业实用价值,能长期给拥有者带来收益。数字资产是资产的有机组成部分。

其次,数字资产的形成与数字技术、数字革命的发展密切相关。20世纪人类最伟大的发明无疑是计算机,它引发数字化革命,

---

* 原载《出版发行研究》2002年第9期,入选第五届全国出版科学研究优秀论文奖。

根本改变了人们通信和获取信息的手段。几乎是一夜之间，企业和个人借助电脑和互联网享受到即时交换电子邮件、数据乃至思想的便利。

进入21世纪后，个人电脑以及不断发展的智能设备通过更迅速、更低价、更可靠的网络相互结合，人们将需要更多数字化的产品和服务。

第三，数字资产有利于资源的优化配置。经过数字化技术的处理，文字、图片、声音和影像都可以被简化为同样的1和0。比特非常容易相互混合，可以同时或分别地被重复使用。因此数字资产开创了无穷的可能性，前所未有的产品将从全新的资源组合中，如梦幻般脱颖而出。

第四，数字资产可以更有效率的方式运行。数字化最明显的好处就是压缩数据和纠正错误。比特没有颜色、尺寸或重量，可以方便地进行压缩。今天的一片光盘（双层四面）存储容量已经达到2600兆，即260亿比特。可装2600本世界名著，一个人即使每周能读两本书，也得读上26年。现在，互联网上正在流行一种音乐格式即MP3，这是一种由活动图像专家组开发的数据压缩标准。它能够以非常小的文件存储大量信息，而且质量损失非常小。一张碟甚至可装2000多首音乐。比特还能以光速传播，在非常昂贵和杂音充斥的信道上传递信息，如此电视广播业就能省下一大笔钱，而观众也可以收到高品质的声音和图像。

数字化革命和数字资产的出现具有深远的意义。专家预言：数字资产的出现将改变市场经济模式。实际上，成本的降低实现了这种改变。数字化产品比那些固化的产品要便宜很多。首先，它只需生产一次。与此同时，效率的提高和"虚拟"分销网络的建立也使库存费用大大减少。同虚拟分销一起发展的还包括在线计费和在线支付。根据 Jupiter Research咨询公司的报告，仅在美国，每年花在准备和传递纸张上的费用就有180亿美元。而据该公司估计，在线支付可以使该项费用减少80%。数字资产的出现，对许多行业生产、经营和管理的巨大影响是不可估量的，势必逐渐形成一个以"数字资产"为思考基础的新格局。

数字资产对21世纪中国出版业具有重要的战略意义

数字资产对21世纪中国出版业发展至关重要，这是由中国出版业所处的时代背景以及数字资产的基本特性所决定的。高新技术迅猛发展，经济全球化大浪涌起，中国加入世贸组织等，使中国出版进入21世纪后，处于群雄逐鹿、竞争异常激烈的环境，必须选择一种更有效率的资产形式和运作方式，才能进入快速发展的轨道。

中国加入世界贸易组织，一方面为中国出版业带来了新的活力，另一方面也使中国出版业面临更强大的竞争对手。世界贸易组织三根支柱：商品贸易《关税及贸易总协定》、服务贸易《服务贸易总协定》、知识产权《与贸易有关的知识产权协议书》，均有涉及出版业的内容，与出版业有密切关系。《关税及贸易总协定》涉及的主要是出版物的市场准入问题，其实质是出版物关税的减让及取消出版物进口方面的贸易壁垒。入世前，中国书报刊进口税为0，音像制品进口税为9%～14%，与世界贸易组织成员的关税基本一致。除了色情出版物、政治性出版物、宗教类出版物等外，一般出版物的进口是没有限制的。所以入世后在出版物市场准入方面没有什么压力。《服务贸易总协定》涉及的主要是出版业（包括印刷、出版、发行及与出版有关的服务）的市场准入问题。其实质是出版业对外开放的承诺。世贸组织对开放出版业目前尚没有具体的要求，但总的来说是要求逐步扩大开放。出版业的开放是通过承诺实现的。因此，承诺开放出版业的国家还较少，承诺开放的领域和条件也各不相同。在世贸组织的130多个成员中，承诺开放出版业的成员只有27个，欧盟的15个国家，此外还有美国、日本、科威特、泰国等。我国对编辑出版方面没有承诺。在市场准入方面有承诺。即"多哈协议"（2001年11月10日）正式生效（2001年12月10日）起，用3年时间逐步放开市场。发行方面有书报刊电子音像国内批发零售权，包括设立外资独资公司。具体时间表：加入后一年内，2001年11月11日～2002年11月11日，外资零售书报刊，但有数量、股权、地域限制，限经济特区和一些大城市（5+8）；第二年即2002年11月11日～2003年11月11日，允许外资控股，并开放所有省会城市；第三年即2003年11月11日～2004年11月11日，允许外资从事书刊业批发业务，允许外资控股，消除所有数量、地域限制，取消股权等限制。总之，3年内从零售到批发全面开放。音像制品和娱乐软件租赁、零售等，外资还在制作上和中方合作，中方对音像制品和娱乐软件掌握控股权，外资比例不超过49%，中方在不影响内容情况下，保持审查权。

出版方面没有承诺，还保持原来的审批制度。但发行影响出版，出版很大程度上受发行影响甚至制约。出版是基础，发行是关键、是龙头。发行的影响渗透到出版的每一个环节。外资进入中国，出版有两个对策：一是本土化，即"把亚洲人的天空还给亚洲人"；二是用强大的资金和技术优势开发、包装中国的东西。例如，据香港报纸报道：2001年12月中旬，TOM.COM公司5月继购并 PC HOME和成邦集团后，又以165亿新台币购并了台湾商周集团，外来资本先后控制了商周、城邦、尖端及 PC HOME等四个集团，并购了40种杂志、上万种图书，控制了台湾35%的杂志图书出版市场，成为最具规模的相关企业。评论者认为：TOM.COM在台湾的一连串购并，绝不是为了台湾市场而进驻台湾，其目的，主要是为了进驻大陆。它试图以大陆幅员辽阔的出版市场网络为钢筋、以台湾长期积累的国际出版经验为砖块、以香港充裕丰盈的资金为水泥，构筑巨大强势的媒体工程。这类媒体工程一旦搭成，可能对两岸三地的出版景貌产生深远影响。

中国出版业面临的另一大挑战是，当今高新技术主要是信息技术发展，推动出版业从传统出版向现代出版转变。出版凝结着人类的思想和智慧，集聚了科学技术的发明创造和实践活动的经验与成果。科学技术的发展是出版发展的基础。随着科学技术的不断进步，人类的出版活动在经历了简牍与帛书并行时期，造纸术的发明传播与纸写本时期，印刷术的发明、发展与印本书时期后，从20世纪末始，随着科学技术，主要是信息技术水平的迅速提高，新的文字语言载体和传播工具发生革命性的变化。国际出版正在跨入数字化、无纸化出版时期。计算机的开发与使用开启了一个崭新的数字时代。人们在许多领域中都感受到了从原子到数字字节的变化，全世界各种形式的产品正从实物状态转化为虚拟状态。以音乐为例，由于现在能以数字化字节的形式存在，人们可以随时随地通过任何一个对比特流进行解码的智能设备享受到音乐。数字产品已在我们身边无处不在，像电脑、手机、摄像机PDA、数码相机等。数字技术的发展，恐怕不仅仅是要将许多人类世世代代使用的物品放进博物馆，连同我们观察和刻画这个世界的方式也因此发生深刻变化。

数字技术创造了新的出版消费需求，开拓了巨大的新市场。每一次新技术的成熟与实用化，如果同时能契合用户需求，就会碰撞出一个巨大的商机，把市场规模提高一个或若干个数量级。如家用PC机，汉字技术的成熟，满足了人们文字处理的基本要求，电脑走入家庭，从无到有；而后，多媒体技术的成熟又改变了原来意义上的家用电脑，满足了人们家庭生活中对电脑娱乐功能的需求，家用电脑迅速普及到一、二级城市；而从1998、1999年开始，中国网络设施建设迅速发展、因特网技术的不断成熟（宽带技术等），推动着中国人进入了因特网时代，PC机已经成为大中型城市家庭的必需品，市场规模与简单PC时代不可同日而语。据有关资料统计，中国市场个人电脑总销量2001年比1990年增长6倍，年平均增长率达45%，是世界年平均增长速度的3倍。2000年，中国电脑销售在1000万台左右，已成为全球第二大电脑市场。据中国互联网络信息中心（CNNIC）于2002年1月公布的统计数字：我国至2001年12月止已有上网计算机1254万台（上网计算机定义：指至少有一人通过该台计算机进入互联网），比1997年的30万台增长了差不多42倍；网民370万人（网民定义：每周平均至少上网一小时的中国公民），比1997年的62万人增长54倍多。这些变化必然使数字化产品呈直线上升趋势。例如在美国，电子出版物已经占出版总额的28%。久负盛名的不列颠百科全书出版公司，纸书销售萎缩，前几年就宣告关闭北美的直销网点，而网络版一经开通，就产生了挤爆现象。

新技术的发明和应用，给出版业带来了大力拓展的良好机遇，同时，也给传统出版业带来了前所未有的严峻挑战。在信息时代，普遍认为数字媒体的出现将极大地冲击传统印刷（纸介质）媒体业。甚至一些专家认为，数字媒体的急速增加，将大大地威胁印刷媒体的生存。有人已经断言，21世纪将进入"无纸书包、无纸办公、无纸阅读、无纸信息传递"的时代，从我们目前仍然手不离纸书，甚至世界印刷用纸量正日益飙升的现状看，这种结论似乎有些危言耸听、杞人忧天，但事实上新媒体强劲发展的趋势却是明显而必然的。

世界著名的不列颠百科全书，已有230多年历史，世界许多杰出人物是读着这本书成长的。1990年该公司在商业上达到营业额6.5亿美元，盈利4000万美元，同年将该书光盘版权以5700万美元出售给芝加哥TRI-BUNE公司，1991年光盘版畅销，而不列颠百科全书出版公司亏损1200万美元，从此后，该公司连年大幅亏损。从该公司营业收入比较看，1995年，纸本收入占88%、无纸收入占12%；1997年则分别为35%和65%。

德国KBA公司的数据表明，2000年全球各种媒体产品的销售额约有1万亿美元，其中约一半收入来自传统印刷品，另外一些收入来自"数字媒体"。随着因特网的飞速发展，估计到2005年，各种"数字媒体"的收入将增长到9000亿美元，而传统印刷出版业的收入仅为4720亿美元左右。这意味着，新世纪初始，印刷品在所有媒体销售额中所占的比例将持续下降。为顺应世界高科技发展，适应中国入世后面临的激烈国际竞争，数字化生存已不仅仅是一句口号，它现实地关乎出版业的生存和发展。数字资产可以快捷创造新的生产力，形成新的经济增长点。对于中国出版业提高核心竞争力，进入快速发展、可持续发展的轨道，具有极其重要的战略意义，因而成为出版业新时代的必然选择。

数字资产的经营与管理

1.观念创新。时代在前进，人们的观念也应与时俱进。在当今信息化时代，从出版社领导到全体职工都存在观念更新的客观要求。比如在资产的认知上，长期以来人们习惯于直观地认识资产，毫不怀疑设备、厂房、原材料、土地、股票等有形的物质财富是资产，却很难接受将那些非物化的东西称为资产。数字资产以比特的形式存在，其特性是无形的，其存在和意义往往被忽略。出版社领导和员工对它的认知程度，决定着对数字资产的经营和管理水平，同时在很大程度上也决定了该出版社在信息化时代的发展位置。

2. 加强信息化建设。数字资产的形成与信息化建设紧密相关。信息化建设是数字资产形成的基础性条件。目前，我国出版社信息化建设总体水平还不高。一些出版社领导对信息化建设的认识不清，重视不够，在信息化建设上难以做到组织落实、资金落实和技术人员落实；一些出版社在设备上盲目求新、求全，设备更新速度颇能追赶世界潮流，但应用水平低下，导致大量设备闲置、浪费。计算机往往只作为打字机或游戏机，上网也只是收发邮件、浏览，还谈不上普遍利用网络进行选题策划，与作者和读者实现网上交流，电子商务也没有大的进展。信息化建设需要综合规划，需要提高技术布局的质量，提高人们应用技术的水平。

3. 数字资产必须集中管理，形成规模效应。由于传统工作方式的深刻影响，以及目前信息技术应用水平的普遍滞后，相当多的出版社数字化的各种资讯、信息、文稿、图片、装帧设计、作者资料、发行网络、客户需求等还散落在各个工作部门，排版文档则留在印厂。在数字化时代，这些都是非常宝贵的，都可能为我们带来收益。但这种资源分散的状况，很难达到规模效应，而且极易散失。所以，出版社应该尽快解决数字化资源分散的状况，将之整合到数据库中。目前，数据库出版技术日臻成熟，在数字库出版技术中，文字、图片、图像、动画、声音等各种信息均以数字化的形式存在于数据库中，它们可以组合成不同的出版物，根据出版物的需要在一定的数字化工艺流程中传递，它可以以传统印刷的方式输出于纸、软片或板材上，也可以以光盘的形式输出，还可通过因特网在网上传播。不但可满足网络对海量信息的需求，而且也可以满足市

585

场对各关读物日益翻新的需要。

值得一提的是，作为数字资产存储、加工、集散、再生的重地，数据库采用的标准和结构必须符合国际规范，这是数据库能够高效率进行交流、运转的决定性因素。

4. 新型的编辑出版和管理人才。在高新技术迅猛发展和市场经济体制下，现代人面临着激烈的竞争压力，"终身教育"、"终身学习"的理念，已经为越来越多的人们所接受。百科全书、辞书等工具书，号称"没有围墙的大学"，过去通常是人们案头必备之物。但现在传统的工具书，一般内容单一，信息陈旧落后，形式呆板，对于"终身老师"这样的重任已经很难胜任。而数字化产品，如多媒体辞书，将以其学科内容的多样性、蕴涵知识信息的新颖性、表现手法的灵活性，取而代之，担当起"老师"的角色。在美国，电子出版物已占到出版总额的28%，而且需求还在呈直线上升趋势。数字化产品具有巨大的市场需求。

数字资产的出现和经营，带来了出版社工作手段和管理方式的变革。正向数字化迈进的出版社，拥有现代信息技术技能的新一代编辑、出版、发行与管理人员将占有绝对的优势，是构成现代化出版社最活跃、最有价值、最核心和关键的成分。

数字化产品和传统出版物已经有了根本不同。比如，考虑"多媒体"因素，不能照搬现有辞书的编写模式，或者将现有的辞书配上词目和字头读音，配上几幅插图就行了。所谓"多媒体读物"，是把多种媒体信息，如文本、图像、动画、音频、视频等，在一定的创意指导下，经过精心组织、编辑、综合集成的。编辑在处理其内容的可读性、画面的完整性和连续性，造型、景物的审美趣味，音乐的节奏和时段等时，需要统筹兼顾、全盘考虑，颇有影视创作中的"编导"之风。编导统筹考虑、调度和指挥。他的作用，有如交响乐队的指挥，编导在数字化产品制作中居于灵魂人物的地位。随着数字技术的日臻成熟、数字制品制作软件的日益丰富，技术开发的难度越来越低，而优秀的"编导"型人才却很稀缺。又如，辞书的基本功能"释疑解惑"不会变，但由于海量信息的需要，数字化辞书要求有强大的资料性功能。现在国外多媒体辞书的做法，是设置网络链接。如微软Bookself2000年版的网络链接，提供了6000多个国际互联网站，"引导读者进入网络中最优秀、最有价值的网站，覆盖从文学到体育、从科学到娱乐的14个主题"。有效地拓宽了工具书的应用面，极大地提高了使用价值。这都需要适应数字化形势的新型编辑人才。

数字化资产的积累和运营，急需与之匹配的人才。出版社应适时加大职业培训的力度，使在岗的员工加快从传统工作方式向应用数字技术的现代出版转化；同时，以各种可能的条件吸引有志、有才者加盟。

大众图书创新盈利模式分析 *

大众图书历来是图书市场最为活跃的种类。大众图书是众多出版社的首选或必选，是出版社经营的重要组成部分。

今天，随着高新技术在出版业的应用、传播载体的变化，以及图书市场从卖方市场转向买方市场，大众图书的市场竞争日趋激烈，几近白热化，创新盈利模式已经成为现实而迫切的问题。

一、大众图书出版现状

1. 近年大众图书呈现出版新高与增长滞胀并存的发展态势。

一方面，越来越多的力量介入大众出版，专业社、教育社纷纷介入大众出版，且投入越来越大；大众出版社互相进入对方市场；民营资本进军出版，大多选择大众出版；各省出版集团设置驻京机

* 2008年北京国际图书博览会出版论坛论文；收入《科学发展与出版产业创新》，2009年。

构，主要从事少儿、文学和社科等大众出版。传统出版业几乎是全行业向大众出版发力，新媒体也开始大举向大众出版进军。

另一方面，品种虽然上升很快，但同质化现象突出，结构性过剩凸显，市场增长趋缓，库存明显增多，总量逐渐呈现滞胀发展状态。纸价上涨进一步压缩了已然微利的空间。相当一批出版机构已陷入资金告急、运转难以为继的窘境，不得不进行压缩和调整。

2. 这种状况是由大众图书本身的特性，以及当今市场环境的变化导致的。

与学术图书和教育图书相比，大众图书具有以下特点：

趣味性、可读性和普适性，品牌效应显著，社会影响广泛；主题非专一、离散性，读者即兴阅读和购买，具有更突出的个人化、随机性和或然性；门槛最低，风险最小，回报最快，中小投资者均可进入；和专业、教育等主导产品相结合，开发相对容易。

当今市场环境的变化：

为抗衡原有领域增长乏力或政策因素影响，专业社、中小出版社、社会资本积极谋求开拓新领域，分解风险，扩大生存和发展空间；出版集团和新媒体企业渴望迅速做大做强，凭借资源、资金整合等优势，进行多元化、规模化拓展；随着计算机技术和网络技术的发展，人们的阅读习惯和消费行为发生了巨大变化。与传统出版和传统销售形成鲜明对照的是，数字出版、数字阅读、书业电子商务日益活跃，大行其道，从增长比对可以展望其必然趋势。

二、目前我国大众图书的商业模式

1. 传统运营、传统商务。是当下相当一部分传统出版社的现实状况。出版社盈利主要还是来自传统运营、传统商务的贡献。应该看到，即使在新媒体新技术快速发展的今天，传统媒体、传统模式还在不断创造新的盈利点，包括近期业界热议的"第三方支付"，但总的来说，内容产业的生产、内容资源的运营、产品的营销不曾改变原有方式和形态，由于前述因素影响，市场拓展和利润空间已日趋挤压。

2. 传统运营、传统商务＋电子商务。内容产业的生产和营销仍沿袭传统方式，同时，加入电子商务，进行网络营销，网络成为用以增加市场扩容的工具。虽然目前无论国外还是国内，在电子商务方面大众出版的营收增值并未占据主要地位，但其强劲的增长势头已吸引业内高度关注和踊跃加入。当今快速增长的品种与实体书店有限卖场的矛盾，图书较长生命周期与实体书店短暂展卖时间的矛盾越来越突出，而现代信息技术和网络等媒体构建的虚拟空间，可无限量永久展示所有图书并找到读者。目前，大众图书以此模式居多。如哈泼柯林斯3年前开始建立图书数字仓库，并将图书分割成不同页面，提供给谷歌、雅虎和亚马逊等进行搜索，同时还提供给读者在哈泼柯林斯网站上进行有限浏览。读者在网上浏览图书信息，带动了图书销售量的上升。在国内，辅以网络销售最多的是少儿、社科、经管类等大众图书。2007年二十一世纪出版社与当当签订战略合作协议，之后，又有数十家出版社与当当签订战略合作协议。2010年，二十一世纪出版社在当当网上的销售码洋已过千万元。

3. 网络运营＋电子商务。内容产业的生产、内容资源的经营、产品的营销均在网络平台上进行，网络既是内容产业的生产经营平台，也是营销的工具。其起步即为数字化出版、电子化商务。力求创造一种运营最优化、成本最小化、收益最大化、可持续盈利的商业模式。书业中已经取得成功的是专业期刊、专业图书和大型工具

590

书出版公司,如约翰·威利、不列颠百科全书、爱思唯尔,中国的同方期刊等。在约翰·威利的营收中,大约有70%的期刊收入来自于在线期刊,不列颠百科全书在线等数字化产品占营收75%以上。大众出版方面,主要为进军出版的网络企业。2008年7月4日,上海盛大网络发展有限公司宣布成立盛大文学有限公司,三家著名原创文学网站——起点中文网、晋江原创网、红袖添香网成为其下属的全资公司和投资公司,专家评为国内原创文学界的标志性事件,使文学更为普及、更走向大众。可以展望,内容的整合,结合强大的技术平台,成功的电子商务经验,发展前景非常广阔。网络运营和电子商务能最充分、最快捷满足多样化个性化需求,因此营收确定,且增值幅度大,成长性喜人。是目前最为诱人的商业类型。

4. 传统运营、传统商务+网络运营、电子商务。无论内容的生产、经营还是产品的营销,同时运用传统和网络方式。主要是正在积极加速向数字化转型的大型出版发行集团。他们凭借资源、资金、规模等优势,在传统领域继续保持强势的基础上,大力加快数字化出版和电子商务进程。中国出版集团已经启动中国出版产业网建设,上海世纪出版集团在数字化出版和电子商务方面较早进行了探索,并取得了一定的经验。

三、盈利模式创新的基本构件和要素探索

笔者认为,由于自身的资源、资本、产业基础和战略选择等各异,不同的出版主体对大众图书的商业实践形式也存在差异,但是要在激烈的市场真正获利,也就是说要构建一个成功的盈利模式,不管其形式如何,都应该在以下构件和要素方面进行探索:

1. 电子商务。电子商务是一种由新技术催生的新的商业交易形态。它利用互相联接的网络（有线、无线）执行商品、服务、资讯或货币等的传送、交易。它实现了商业交易及工作流程自动化，有效连接供应商、物流业者及最终消费者，加速产品传递速度，大大降低交易、服务成本；它灵敏且四通八达的触角，迅速且轻易将市场扩展至全球每个角落，涵盖至全世界上下游的供应商和客户，且能在任何时间为任何地点的任何需要者提供服务；电子商务以多媒体形式声情并茂展示产品资讯，并透过具有亲和力的互动式界面，方便使用者查询、游览、传输、交易。它改变了传统市场竞争模式及企业经营方式，拓展了交易的广度、深度，创造了一种新型的成本收益模型。

随着网络技术的不断发展、网上支付和物流等难题的逐步解决，电子商务在出版产业中发挥的作用日益重要. 在出版产业价值链的各个环节，电子商务都可能做出贡献。

2. 数字化出版。电子商务依托四通八达、伸向世界各个角落的网络，丰富了市场细分并有可能将其发挥到极致——一个客户一个市场，从而提出了大规模多样化个性化产品定制需求，而数字化出版为实现这一定制需求提供了现实的可能。数字产品在线、互动、大储存量，特别是能使大规模产品定制成为可能，从而能大规模满足个性化需求。其核心是产品品种多样化、定制化急剧增加，但成本并不相应增加。大力推进电子商务和数字化出版，更加精准地细分市场，多样化个性化定制并规模化，在盈利模式的设计上具有重要意义。

3. 多元组合。传统运营、传统商务和网络运营、电子商务的多元组合及匹配，形成传统和网络组合拳，优势互补，应对多元化的市场需求，延展产业价值链，拓展产业获利空间。数字化出版和电子商务作为新的业态，具有传统出版、传统营销无法比拟的优点，显示了强劲的成长性，代表了出版产业的发展方向，必须坚定信念和信心，加大投入和开发。同时，人们处在一个阅读习惯、消费行为多元化时代，传统出版和传统商务仍有相当大的发挥之地。传统出版、传统商务和网络出版、电子商务的叠加、组合和融合，拓展了盈利的空间。

4. 出版内容的管理和创新。无论是传统出版还是数字化出版，无论出版发生什么样的业态变化，出版的核心功能始终还是提供内容。所以，任何时候关键是内容。对内容的管理和创新处于什么样的水准，成为决定盈利水平的关键。归集更多的内容资源并使之数字化、集成化、数据库化，依托全新的创作理念和工艺内涵，加强对内容的创新和管理，提供更多的更个性化的增值产品和增值服务，可以极大拓展盈利空间。

5. 内容供应商和技术供应商合作共赢。许多传统出版社在推进出版转型的进程中，选择了与具有强大信息技术力量的IT企业合作的方式，国际许多知名老牌出版集团与谷歌、微软等在网络运营和电子商务方面开展合作，盈利大幅增长。而IT企业也借助传统出版丰富的内容资源拓展商机，如谷歌通过其"图书搜索"项目介入数字出版，建立了可持续盈利的商业模式。内容提供商和技术供应商进行合作，优势互补，共同推动，双方都可以创造更多新的创利空间，谋求更大的发展。

出版数字化转型及所需准备 *

我国数字出版产业发展态势

我国传统出版产业经过多年努力，在音像电子、网络、手机等以数字内容信息为主体的数字出版领域取得长足进步，数字出版向着产业化、专业化方向稳健发展，出版新业态正在形成。

数字阅读人口快速增长，年龄跨度进一步增加，在线阅读渐成主流。据2008年1月中国互联网信息中心统计，中国网民数已达2.1亿，年增长率为53.3%；网民数量的快速增长进一步促进了数字内容产业的发展。此外，我国在线阅读年龄段的下限已从16岁延伸到5岁，上限已从50岁延伸到75岁，由于数字阅读人口的年龄泛化趋势日益明显，数字阅读人口增长速度远远高于平面媒体，在线阅读成为21世纪国民科学文化知识获取的主要方式已为不争之事实。

离线阅读引领时尚，手机阅读成为趋势。截至2007年年底，中国通过手机上网的网民人数为5040万人，占网民总数的24%，随着手机上网资费的降低和用户规模化，手机作为上网终端，与笔记本

---

* 2008年3月新闻出版总署传统出版社数字化转型研讨会发言稿。

和PC机将开始分庭抗礼，手机以其便捷和时尚的特征将成为信息服务的"第五媒体"。

电子纸技术发展日趋成熟。电子纸是具有移动通讯功能，能够手持、能够随身携带、能够显示多种数据格式的柔性数字阅读设备。读者可以把定制、定购的内容信息通过有线或者无线的方式下载、查阅和浏览。2006年4月解放日报报业集团率先在硬质电子纸上展现和发布了全球第一份基于数据库技术支撑的电子报纸。2008年神七搭载我国自主研发的电子纸升空，说明电子纸技术已日趋成熟，为数字出版产业实现"内容产品定制化、广告投放精准化、用户服务个性化"提供了新的发展思路。

内容资源数据库日益普及。内容资源数据库，将经过编辑出版各个工艺环节制作的各种数字资源进行有机整合，从而形成一套完整的数字资源采集链，通过对其数字资源的不断深度挖掘、深度标引，开发出包括原版式显示、网页、多媒体体验、离线阅读、定制服务等。增值数据库产品，将目标读者群扩充到新的客户群体，如社会图书馆，高校、中小学、职业教育的局域网，政府、企事业单位、科研院所等机构，并通过为不同行业和不同专业的机构和读者群提供具有特色的行业性和专业性的内容信息，开展增值服务。

广告增值成为数字出版新的盈利模式。网络广告投入最重要指标是内容指向、独立IP数以及数据流量，因此数字内容定向、定制的有效提供就大大增强了网络环境下这三个专项指标的精确性，而内容指向会极大地提高广告投放的精准度并带来显著的广告收益。

内容信息的深度服务将成为发展方向。在出版进入现代信息服务业的大背景下，如何利用产业优势，提高内容信息的供给能力，提高内容信息的专业水平，拓展内容信息的服务范围，提高内容信息的服务水平，增加产品形态的服务形式，是产业实力整体提升的发展方向。

数字出版将对传统出版的现有业务流程、数据结构、内容组织方式、工作管理体制、经营模式和产品交易方式的变革产生积极影响，从而促进传统出版产业商业模式的转变和产业重构，加速并进一步促进产业的数字化转型。

中国大百科全书出版社的数字化之路

中国大百科全书出版社从90年代中期开始关注数字出版，在技术跟踪、产品研发、运营模式、资源积累、人才培育、市场拓展等方面开展了一系列的工作。按不同时期的工作情况大体可以分为起步探讨、基础建设、自主开发、推广应用四个方面。

起步探讨。1995年我社在《中国烹饪百科全书》的基础上率先与北大方正公司联手，合作开发了我国第一张多媒体光盘《中国烹饪》，对传统铅排出版资源的开发利用作了有益的探讨；1997年完成《中华百科全书》光盘版的编辑制作任务，对数字化出版资源的利用作了有益的探讨。

基础建设。1998年成立百科术语中心，建立了百科数据库。后又组建网络出版编辑部、北京百科在线网络出版有限公司，开展数字化资源的开发与利用；1998年我社"建立开发中国百科术语数据库"项目并获新闻出版总署科技进步奖一等奖，1999年获国家科技进步奖三等奖；2000年起我社大型工具书的数字资源陆续进入数据库。

基础建设。2001年起陆续开发了《中国大百科全书》系列光盘（国家电子出版物奖）、《新世纪百科全书》光盘（国家电子出版物奖）、《中国大百科全书》局域网版（国内版、国际版、欧洲版）、《奥林匹克运动百科全书》等，并推出了百科在线（获首届政府奖）。还积极探索新形式数字出版方式，与中国联通合作推出"百科时讯"手机WAP服务。在生产基于不同技术、不同数据格式及形态的数字化产品的同时，培养既懂传统编辑出版业务又懂数字出版技术的编辑人员。

自主研发。2003年起《中国大百科全书》第二版的成书工作全面展开，现有IT公司所研发的数字出版技术，在大规模内容处理及知识管理方面已不能满足编辑业务的需要，为解决成书工作中所面临的大量内容处理问题，我社开始走上自主研发的道路，建立了基于国际标准制标系统的综合性工具书编辑平台和专用编辑工具，利用数据库技术对基于无标识内容的知识识别、知识管理、内容规范、内容排歧等编辑工作重要生产环节开展了数字编辑实践，并取得较好的成果，对提高大型综合性工具书的编辑质量，发挥了积极作用。

推广应用。2006年在二版数字化编辑取得一定经验的基础上，我社还接受总署委托，为《中华大典》出版工程开发了基于超大字符集的《中华大典》数字出版系统，该系统创造性地提出了大型工具书异地、异步、多任务的同步工作模式，并建立了古籍整理流程规范和编辑规范，为在线编纂/编辑/出版的质量控制和管理，以及数字产品的跨媒体发布提供了强有力的支持。

数字出版方向的进一步探讨

目前主要在以下方面展开：数字资源的基础建设；基于内容或主题的在线出版研究；专业化定制出版。

数字资源的基础建设。加强数字资源的深加工，使其成为社内编辑工作的基础性支撑。我们在这方面开展的工作主要有基于国际标准的数据规范化标引工作、数据内容属性的定义工作、非标数据的置换工作、格式数据的结构化处理工作等，这些基础性工作的开展与研究,将为大百科的数字化转型提供有力支撑。

基于内容或主题的在线出版研究。针对数字出版环境下碎片化阅读、主题阅读的发展趋势,借助百科全书条目编辑的技术优势,积极开展基于知识内容的非线性组织和基于知识主题的在线出版业务等新型编辑业务的研究,在加大传统出版单位从内容出版商向内容提供商转型力度的同时,拟进一步向内容服务商发展定为我社数字出版的业务发展方向。

专业化定制出版。中国大百科全书出版社在各学科领域拥有一流的专业作者和一流的专业编辑队伍。在传统出版向泛出版领域拓展过程中,在为相关领域、相关行业提供基于专业知识内容和提供专业化的内容信息服务时,我们将依托专业化的作者队伍和专门化的数字编辑人才,发挥我社的智力优势,在专业化定制出版方面寻找突破。

传统出版单位数字化转型准备

传统出版单位要抓住发展机遇,充分发挥内容产业自身的优势,从观念、角色、制度、组织、技术、人才等方面完成转变,才能更好地迎接全新的数字业态的挑战。

传统出版单位数字化转型准备要抓住如下关键词:角色转换;观念更新;资源储备;流程再造;技术对接;人才培养;市场培育;经营模式。

观念更新。数字出版环境下的读者群、阅读需求、阅读方式、消费模式、产品运维方式以及产业链构成、上下游的行业对接、技术对接、资金运作方式、企业运行方式、市场运作方式、产业盈利模式都与传统出版截然不同,甚至数字环境下的碎片化出版、微内容出版理念也与传统出版背道而驰。作为传统出版的从业人员如何在观察、学习、模仿、适应、实践的过程中,完成出版观念的更新，是至关重要的问题，也是产业是否可持续发展的根本问题。

角色转换。从内容出版商到数字内容制作商，从数字内容制作商到数字内容生产商，从数字内容生产商到数字内容提供商，从数字内容提供商到数字内容服务商，这一系列转变是传统出版数字化转型的合理发展轨迹。这首先要求出版从业人员，尤其是企业负责人员尽快完成从角色到职能的转变，才能真正进入数字出版产业链的前端。

资源储备。内容生产单位，特别是传统出版单位已经非常重视电子出版资源的保存和应用，许多传统出版社都加大了图书排版文档的回收工作力度，有的出版单位还与排版企业达成协议，排版厂在提供排版电子文档的同时还一并提交一份PDF格式的电子书文件，可提供给用户实现在线预览和下载阅览服务。

资源储备。出版单位如果没有自主知识产权的数字资源，就只能在权利人有限授权的情况下行使网络传播权，而由于网络传播的便捷性，大多数作者基本不需要借助传统出版单位的技术支持和行业门槛就可实现内容的传播和盈利，这就是传统出版单位在数字时代被边缘化的危机所在。要获得可持续发展的产业势能，必须完成出版资源的战略储备。而目前阻碍产业完成资源储备最大的问题是版权和技术问题。大多数出版单位只拥有纸媒体的专有出版权，数字形态产品授权不明确不充分，无法作为资源充分再利用。另一个问题是出版单位所拥有的数字资源大多是非标数据和非结构化数据，这类未经处理加工基本无利用价值可言。因此，建立可支撑产业持续发展的内容资源储备，还有大量的基础性和技术性的工作要做。

流程再造。由于传统的线性编辑出版流程及生产工艺不可能适应数字环境下的内容生产需求，因此，传统出版单位要下大力气开发和研究符合数字出版模式的编辑出版流程及生产工艺。特别是基于内容质量的控制和保障系统，对传统出版产业的从业者来说，这是一个全新的基础性课题，应高度关注。

技术对接。数字出版的基本特征是基于计算机技术和数据库技术的底层支撑环境，而这个环境是集现代信息技术、通讯技术、网络技术、移动技术、图形图像技术、语音识别技术以及信息定位和推送技术于一身的，如果我们没有足够的技术储备，则很难取得较好的应用，也难以实质性地进入数字内容的制作、出版、复制、发行、传播领域，难以实现角色的转换。也可以说，如果我们不能实质性地进入和融入到产业链中去，就必然受制于人，不能使所拥有的数字资源发挥应有的效益。

人才培养。在数字内容出版领域中最终能否胜出的竞争是人才的竞争，尤其是基于数字环境下掌握数据编辑技术并能对内容信息进行有效处理的人才竞争，这正是困扰我国数字内容产业发展的真正瓶颈。不论是IT出身的网络媒体，还是传统出版出身的平面媒体，都极度缺乏这类复合型人才。大力加强人才培训和培养，为传统出版产业全面进入数字出版领域提供足够的人才储备是我们必须解决的问题。

市场培育。数字环境下的出版工作，不论是业态、产品形态还是服务对象都远远超出传统出版范畴。各行各业对高端内容产品的需求十分旺盛，其潜在的市场需求巨大，但如何了解并满足读者的需求，特别是如何利用数据资源和数字技术，为国民经济和科学技术发展提供快速、实时、专业化的内容服务，是我们今后一段时期需要长期认真研究和解决的一个重大问题。

经营模式。数字出版产业的显著特点之一是越来越传媒化，这就需要我们在现代信息服务业这个大框架下，审视传统出版产业数字化转型过程中的产业秩序，调整产业定位，而这一切都围绕重构产业经营模式展开，如果不能尽快完成产业经营模式的转型，则产业新的业态就不能有效形成，产业的可持续发展就无从言起了。

上述8个问题，仅仅是传统出版单位在数字化转型时期，从微观的企业层面需要解决的部分问题，在中观和宏观层面，以及数字化出版的发展过程中，还有大量更深层次的产业问题和技术问题需要我们去思考和解决。

应对数字化传统出版如何定位？[*]

关于数字出版的巨大财富效用，已经是不争的事实。现在各行业都在争先恐后地涌入数字出版这个领域，实质是由于社会财富的推动，对财富的追求没有错，这样的追求才使对数字出版的热情持续高涨。

关于出版社在数字出版中的务实的定位思考。我想有三个定位：

第一个是在整个数字出版格局中的定位思考，数字出版在给社会带来巨大财富的同时，给传统出版带来的是挤出效应。

第二个是传统出版社在数字出版产业链中的定位，在产业链中现在有两种倾向：一种是从内容、平台到终端是专业的分工发展，还有一种是沿着产业链上下游垂直延伸进行整合。主要是由于亚马逊整合的成功，推动了这种趋势。面临当前产业链分工混战阶段，我觉得作为单体出版社，我们应该定位在内容专业的环节，同时寻求一种协作。

第三个定位就是在数字出版热中节奏应该如何掌控，我想应

---

* 原载 2010 年 11 月 26 日《中国图书商报》。

该是循序渐进的，盈利模式还在探索，大举推进的基础和条件还要抓紧培育；另外，传统出版社虽然有很多资源，但一方面数字资源基础比较差，过去采取的各种排版系统进行的数字资源积累，面临着艰难繁琐的转换问题；另一方面，知识产权有待进一步明晰。

在数字化出版中要高度关注技术的适用性和资本的流动性。尤其是技术的适用性，我们曾采用过某大公司比较先进的排版系统，但到了今天，这样不兼容的排版系统给我们带来了非常大的困扰。数字出版还需要资本的支持，可考虑国内外相关机构的战略投资、上市融资，还有国家的政策性资金支持。国内外的成功经验，都是由国家先期投入，或者国家作为一种政策导入金融资本来扶持这些技术创新。应该借助于成熟的资本市场。中国证监委现在正在制订资本市场"十二五"规划，会从扩大市场边界、提高市场效率等方面进行突破，到那时候资本会对这个产业的成功起到非常大的推动作用。

传统出版人在做数字出版时最重要的是探讨盈利模式，经过较长时间的"拔河"，现在已经出现了新的生机，也许只要我们坚持，当拐点出现的时候我们就能冲上去。

融合发展与传统出版 [*]

　　媒体融合,作为一个词汇,近年来在出版业从上至下使用频率相当之高,每工作报告、会议,言必谈融合。这正是现实的映照。融合,是当今遍及全球的潮流,是社会发展的内生需要。长期以来作为思想营造、学术积累、知识生产和传播的基地,几可代言先进文化的中国传统出版业,今时如何认知?在融入的大潮中何去何从、如何定位?选择什么样的路径?已成为无可回避、现实而紧迫的问题。

一 融合发展及新态势

融合发展

　　融合发展,是在时间上先后产生、结构上处于不同层次的行业在同一个产业、产业链、产业网中相互渗透、相互包含、融合发展

---

* 　2017 ~ 2018年编辑出版人员培训班讲稿摘要。

的产业形态与经济增长方式,是实现产业升级的知识运营增长方式、发展模式与企业经营模式。

融合,既是一种状态,也是一个过程。随着技术、市场、产业三大动因的逐步成熟,媒体融合的实践进程呈现快速推进趋势。

1979年,N.尼葛洛庞帝开始了他的巡回演讲,所到之处,座无虚席。尼葛洛庞帝是美国麻省理工学院教授,计算机科学家。数码人士热血追捧的《连线》杂志专栏作家。此外,他还以客座教授身份奔波于耶鲁大学、密西根大学,以及加州大学伯克莱分校。此次演讲,实质是游说,为筹建麻省理工大学媒介实验室筹集基金。他用三个相互交叠的圆圈分别代表广播业和动画业、电脑业、印刷业和出版业。他认为,这三种行业正在走向融合,三个圆圈的交叉处将成为成长最快、创新最多的领域。美国马塞诸塞州理工大学教授I·浦尔也提出了"传播形态聚合",认为各种媒介呈现出多功能一体化的发展趋势。

西方国家媒体融合启动早、行动快、成果显著。大型国际出版集团如爱思维尔、汤森·路透,数字出版已占总收入的50%以上。创刊于1986年的《独立报》是英国最有影响力的全国性日报之一,鼎盛时期,每日发行40万份,但到2010年左右,这个数字已经萎缩到4万多份,成为英国读者最少的全国性报纸,而与此同时,截至2011年12月,《独立报》的网络版用户达到7000万,网络版也已经实现盈利。2012年3月26日《独立报》出版最后一份印刷版报纸,之后全力转型为数字媒体。2012年3月,已经连续出版240多年、世界最权威的百科全书《不列颠百科全书》宣布停止纸本印刷,全面转向网络百科全书,以及K12学校教育课程,至2016年,在美国学校市场份额已达75%。发达国家学术期刊数字化探索较早。2007年,数字期刊已经成为国际学术期刊主要出版、传播形态。一些大型出版集团完成了数字化转型。如励德爱思维尔集团,2015年改名励讯集团，2015年财报中，数字化业务从2000年的22%上升至超过70%，纸质业务仅15%，学术期刊不再提供纸质版。公司的发展定位不再是传统出版商，转而成为新型信息解决方案的提供商，通过知识和信息服务，旨在为用户提供更好的决策服务。J. 尼尔森在《传统媒体的终结》一书中预言，未来五到十年间，大多数现行媒体样式将寿终正寝。它们将被以综合为特征的网络媒体所取代。这虽然有些耸人听闻，但发展的趋势确实是显而易见的。

国内融合加速

国内媒体融合上世纪90年代起步。数字技术应用于如创作、编辑加工、印刷复制等某些环节；后又陆续试水录音带、录像带、CD光碟、VCD光碟、DVD光碟、电子图书、数字杂志等新型数字出版物，以及互联网、计算机、MP3播放器、MP4播放器、手机等承载出版内容的新型载体。当今，开始应用信息技术改变编辑模式和经营模式。数字生产技术和装备水平显著提升；垂直领域行业级分销平台开始建设；两批170家数字出版转型示范单位取得阶段性成果；2017年1月3日，20家出版融合发展重点实验室确定。紧盯新技术前沿和发展趋势，创新理念观念、管理体制、经营机制和生产方式，创新技术、产品和业态，形成一批可复制、可推广的新技术、新成果，为传统出版和新兴出版融合发展提供智力支撑、技术保障和示范经验，把实验室建设成为高水平科技创新、高质量人才培养和高层次学术交流的基地。融合发展形成普遍共识；内容、渠道、平台、经营和管理等方面的融合从初现端倪（2016）到稳步推进。

但从总体水平看，从经营成果看，传统出版的融合还要做出相当艰巨的努力。近年来，我国数字出版收入强劲增长，然而，传统出版的数字化营收比重偏小。据2016年7月19日中国数字出版年会发布的《2015～2016中国数字出版产业年度报告》，2015年国内数字出版产业整体收入规模为4403.85亿元，比2014年增长30%，数字出版产业收入在新闻出版产业收入的总比由2014年的17.1%提升至20.5%。其中互联网广告2093.7亿元。移动出版和网络游戏的收入分别为1055.9亿元和888.8亿元，两者合计占比44.16%，接近全年总收入规模的一半。2015年互联网期刊、电子图书、数字报纸的总收入为74.45亿元，比2014年增长了6.66%，在数字出版总收入中所占比例为1.69%，仍然比较低。据2017年7月11日第七届中国数字出版博览会发布《2016至2017中国数字出版产业年度报告》，2016年我国数字出版产业总收入5720.85亿元，比2015年增长29.9%。互联网广告收入约2902亿元。整体构成当中，互联网广告收入已经占到数字出版收入的50%以上。据《2018—2019中国数字出版产业年度报告》，2018年国内数字出版产业整体收入规模为8330.78亿元，比上年增长17.8%。移动出版和网络游戏的收入分别为2007.4亿元和791.1亿元，在数字出版总收入中所占比例分别为24.10%和9.50%，两者合计占比33.6%，超过全年总收入规模的三分之一，虽然在全年总收入中占比有所下降（低于2017年的40%），但移动出版和网络游戏仍然是数字出版产业收入的重要支柱。2018年互联网期刊、电子图书、数字报纸的总收入为85.68亿元，相比2017年的82.7亿元，增长幅度为3.6%，低于2017年5.35%的增长幅度，在数字出版总收入中所占比例为1.03%，相较于2017年的1.17%和2016年的1.54%来说，继续处于下降态势。表明在全媒体发展已成为必然趋势的当下，传统书报刊数字化业务的日渐式微，已是不可逆转的趋势。

总的说来，传统出版行政保护和垄断特权的体制坚冰已破；立体多样的现代传播体系正在形成；新老媒体竞争者蜂拥而至，渠道、市场正被拓展、瓜分、挤压；资金前所未有的丰沛和短缺。这些都是伴随融合出现的新状况。

融合发展新态势

以融合为特征的新经济蓬勃发展。如今，在全球包括中国，互联网已经无处不有，无时不在。互联网向各行各业渗透。2017年12月4日，《世界互联网发展报告2017》、《中国互联网发展报告2017》两本蓝皮书在第四届世界互联网大会上发布。截至2017年6月，全球网民总数达38.9亿，普及率为51.7%，其中，中国网民规模达7.51亿，居全球第一。中国31省区市互联网发展指数得分，广东北京浙江江苏和上海分列前5。2016年，中国数字经济规模总量达22.58万亿元，跃居全球第2，占GDP比重达30.3%。以数字经济为代表的新经济蓬勃发展。2017年度世界互联网发展指数指标体系选取了涵盖5大洲的38个国家。从总体指数来看，美国得分57.66，中国得分41.80，韩国得分38.86，日本得分38.11，英国得分37.85，排在前5位。基础设施方面，新加坡、芬兰、瑞典排名前3，在产业发展方面，美国、中国和英国分列前3位。

2018年6月，有"互联网女王"之称的玛丽-米克尔（Mary Meeker）在加利福尼亚州帕洛斯韦尔德大会上发布《2018互联网趋势》，共有294张幻灯片，内容涵盖从美国智能手机用户的行为，到中国科技公司的竞争等方方面面。主要亮点：2017年是智能手机出货量首次未能实现增长的一年。随着全球智能手机用户数量越来越多，用户增长也变得越来越困难。互联网用户的增长也面临着相同的趋势，2017年增长率为7%，低于上年的12%。随着全球网络用户已超过全球人口的一半以上，尚未接入互联网的人口变得越来越少。人们仍然在增加他们在网上花费的时间。2017年，美国成年人每天在数字媒体上花费5.9小时，高于前一年的5.6小时。其中约3.3小时用于手机，这是数字媒体消费全面增长的原因。全球20大互联网公司，中国公司占据9席，当中的独角兽公司有蚂蚁金服（9）、小米（14）、滴滴（16）、美团（19）、今日头条（20），互联网女皇给其的估值：蚂蚁金服1500亿美元，小米750亿美元，滴滴560亿美元，美团300亿美元，今日头条300亿美元。尽管售价达1000美元的iphone和三星电子Galaxy Note等高端机型上市，全球智能手机的平均销售价格仍在不断下滑。手机售价的降低，帮助欠发达市场的智能手机普及率得到了提升。移动支付变得越来越容易完成。在移动支付的普及率上中国继续引领全球，2017年移动支付用户超过5亿人。亚马逊Echo等语音控制产品正在蓬勃发展。Echo在美国的安装基数已从2017年第三季度的2000万人，增长至2017年第四季度末的3000万人以上。

综观以上数据及分析，互联网发展进入新阶段，融合经济出现增长新热点：全球移动互联网爆发式扩张正在接近尾声，互联网发展正进入从"人人互联"向"万物互联"转变跨越的新阶段，人工智能、区块链、量子通信等新技术蓄势待发，物联网、云计算、大数据领域发展迅猛，5G时代在全球渐行渐近，数字红利仍将持续释放。我国互联网发展将从加速普及转向质量提升，人工智能将成为网络信息技术发展的新"蓝海"，内容付费将成为互联网媒体盈利增长新热点，数字经济发展方兴未艾。出版业应抓住新一轮经济趋势进一步拓宽发展空间。

"互联网+"

2012年11月易观国际董事长兼首席执行官于扬首次提出"互联网+"理念。2014年11月，李克强总理出席首届世界互联网大会时指出，互联网是大众创业、万众创新的新工具。大众创业、万众创新，被称作中国经济增效升级的"新引擎"。2015年3月，全国人大代表马化腾提交《关于以"互联网+"为驱动，推进我国经济社会创新发展的建议》的议案。2015年3月5日十二届全国人大三次会议上，李总理在政府工作报告中首次提出"互联网+"行动计划。

2015年7月4日国务院日前印发《关于积极推进"互联网+"行动的指导意见》(以下简称《指导意见》)。2015年12月16日,第二届世界互联网大会举行"互联网+"论坛,中国互联网发展基金会联合百度、阿里巴巴、腾讯共同发起倡议,成立"中国互联网+联盟"。

"互联网+"的基本含义。通俗来说,"互联网+"就是"互联网+各个传统行业"。不是简单的两者相加,而是利用信息通信技术以及互联网平台,让互联网与传统行业进行深度融合,创造新的发展生态。当今数字时代已进入"互联网+"的发展新阶段。互联网+的基本特征是跨界融合;创新驱动;开放生态;广泛连接;法制经济。"互联网+"不仅仅使互联网移动了、泛在了、应用于某个传统行业了,而且还有无所不在的计算、数据、知识等,造就了无所不在的创新。"互联网+"的提出,加快了融合新经济发展的步伐。"互联网+"代表一种新的经济形态。将互联网的创新成果深度融合于经济社会各领域之中,提升实体经济的创新力和生产力,形成更广泛的以互联网为基础设施和实现工具的经济发展新形态。"互联网+行动计划"将重点促进以云计算、物联网、大数据为代表的新一代信息技术与现代制造业、生产性服务业等的融合创新,壮大新兴业态,打造新产业增长点,为大众创业、万众创新提供环境,为产业智能化提供支撑,增强新的经济发展动力,促进国民经济提质增效升级。

二、"互联网+"时代的新机遇

人类社会生产方式和生活方式发生了巨大变革
我国电商交易额占全球四成多。2017年12月12日,全球知名咨询公司麦肯锡11日发布报告认为，中国数字经济蓬勃发展，前景可期。报告指出，当前中国拥有全球最大电子商务市场，2016年中国电商交易额占全球电商交易总额比重超过40%；中国已成为全球最大移动支付市场，2016年移动支付交易额相当于美国的11倍；在全球260多家估值超过10亿美元的初创企业中，中国企业约占三分之一。市场体量庞大、数字化生态圈丰富、政府持开放态度等三方面主要因素成就了今天中国数字经济的繁荣。2017年天猫双11成交1682亿元，8年增长了超过3000倍。移动支付5年用户增10倍。交易金额世界第一。业内人士认为移动支付可以让金融更普惠、商业更智能、社会更高效、信用体系更完善，未来一部手机走遍世界极有可能成为现实。

2018年上半年我国快递业务量超2015年全年。国家邮政局召开2018年第三季度例行新闻发布会。据介绍，2018年上半年，中国累积完成快递业务量220.8亿件，超过2015年全年快递业务量；上半年净增量47.6亿件，超过日本2016年全年快递业务量40.2亿件。6月份，快递业务量42.3亿件，同比增长24.2%；支撑网络零售额超过6000亿元，同比增长1200亿元。上半年，快递服务质量指数比上年同期提高70.3%，快递服务质量大幅改善。快递72小时准时率为71.2%，同比提高2.5个百分点。

支付宝发布"五一"小长假出境游移动支付数据报告，中国人把移动支付带到全球。中国游客已连续五年蝉联出境游第一大客源国，单看2018年国庆黄金周，出境游人数就高达700万人次。各年龄层都展现了强劲的境外消费趋势。其中，"60后"境外游消费人数暴增了9成，位列增速首位，这意味着越来越多的中国大妈、中国大爷在出境时选择了手机付款。而"70后"、"80后"境外出游人均消费的增幅最大，皆达到了35%。

图书电商市场持续增长。前瞻数据库显示，线上电商是增速最快的销售渠道。2014～2016年，线上销售渠道码洋规模为 210、280和365亿元，同比增长24%、33%和 30%，2017年依然实现了25.82%的增长，以当当、京东和天猫等为代表的电商图书销售规模快速增长。2017年网店市场规模同比增长25.82%。

人类知识学习模式、阅读方式发生变化

已经存世近200年的传统教育是每个人都花一段固定时间去学校学习和分科学习。然而，当今无论怎样博闻强识的人，也无法通晓世间一切知识。人们每天碰到的问题、需要了解的知识越来越多，随着知识总量迅猛扩张、知识更新速度的加快，一个大学本科毕业生在校期间所学的知识仅占一生中所需知识的10%左右，而其余90%的知识都要在工作中不断学习和获取。时间具有刚性，而在网络化环境下，外界的诱惑越来越多，人们的兴趣越来越广，时间被瓜分得越来越少，越来越零碎。什么都可以扩张，唯独"国民总时间"这个资源是绝对刚性的。现在所有行业，如电影、游戏、旅游、健康、度假、茶馆咖啡厅等，实际上都在瓜分这个固定时间存量。随着这些变化，知识学习和知识传承的新模式逐渐形成：终身学习、跨界学习、去中心化学习、碎片化学习、快速学习。去中心化，即从以传统纸媒为中心向网络、终端扩散转移；从以文字为中心向图像、音频、视频、多媒体扩散转移；从以出版社为中心向"两微一端"、自媒体扩散转移。碎片化，则指时间、资源、终端、知识都经历着碎片化过程。斯坦福以"开环大学"规划、芬兰赫尔辛基以"现象教学法"率先改革教育体制，以适应上述变化。从"学会"转向"会学"，用现代信息和传播技术学习，从形式到内容都会发生改变。

教育家、民进中央副主席朱永新提出：未来的学校是由一个个网络学习中心和一个个实体学习中心构成的学习社区。学校是一

个开放的体系。从以教师的"教"为中心，转向真正以学生的"学"为中心。仍然会有国家课程，但学术和专业方面的要求会更加人性化，个性化、定制化课程内容，学习时间更加弹性化，混合学习与合作学习将成为未来学习中心的主要学习方式。新教育实验、未来课程体系。主张教给学生一生有用的东西。利用网络学习成为未来学习的重要特征。在国家开放大学的基础上，建立一个真正意义上的国家网络教育资源平台，集纳中国和世界最好的学习资源，免费为所有学习者提供。各个学习中心可研发自己独立的课程，作为国家课程资源的重要补充。未来的教育将进入"能者为师"的新时代。未来会诞生很多新型课程公司，学习中心将打通学校与社会教育机构之间的壁垒。会出现许多"自由教师"，以个人授业的方式提供课程。

今年召开的世界教育创新峰会的调查显示，未来教师讲授知识的时间只占19%左右，检查学生的在线作业等占8%，其余73%的时间是学生自主学习的指导者。未来的课程公司与自由教师，可能成为教育的常态。

谁会为教育买单？将会是政府买单和个人付费相结合的方式，政府毫无疑问会继续提供教育的基本公共服务，而且应该努力为学校、为每个公民提供最好的教育服务。世界教育创新峰会近期的调查发现，在教育经费投入中，家庭占43%，政府占30%，企业占27%，承担教育费用最多的是家庭。这个投入结构和互联网时代的教育个性化方向是一致的。也就是说，随着人们闲暇时间的增加和教育与学习时间的增加，教育总经费会有很大增量，未来的政府可能提供基本的教育公共服务，家庭为孩子的个性化发展付费。当然，政府会建立补助机制，帮助社会的弱势人群及其子女支付其个性化学习费用，保证教育的公平性与均衡性。

根据《2017中国数字出版产业年度报告》，2016年我国数字出版产业继续保持强劲增长势头，整体收入规模超过5700亿元，比2015年增长29.9%。作为数字出版的核心部分，在线教育、翻转课堂、MOOCs、SPOCs、数字教材、电子书包、微客等服务模式与产品不断涌现。网络动漫经过多年的探索与坚持，特别是在IP运营的情况下，已经进入了发展快车道。2016年中国有声读物市场增长48%，达到了29.1亿元。短视频成为最大的流量入口。我国网络视频用户规模达5.65亿。

人工智能给予编辑的挑战与机遇

《2016—2017中国数字出版产业年度报告》指出，人工智能将为新闻出版业的转型融合带来更多可能性，人工智能技术将重塑出版流程，让出版流程实现智能化。可以预见的是，在计算机时代作为汉字激光照排技术的最大受益者，在大数据时代作为数字出版技术的直接受益者——图书出版业，必将伴随人工智能的发展实现革命性突破，开辟崭新的以智能编辑为主要内涵的智能出版时代。图书出版流程中的编辑任务，亦可能从此由人工编辑和智能编辑分别承担。"人工智能在人类智能动作过程中只是分担了部分记忆任务，现在已经可以通过承担部分逻辑运算任务来参与人们的思维过程"，"智能的本质，是大脑的信息处理和计算能力"[1]。

智能出版给予编辑的挑战与机遇。写作环节。人工智能已经从撰写简单的新闻稿件做起，正在尝试写作深度稿件，甚至理论文章。在一些媒体中，语音录入、机器校对、机器写作等已经成为常态。中文校对软件已在国内众多出版机构中投入应用多年，其中黑马软件号称拥有5000万词汇量；多国新闻通讯社已开始采用

---

[1] 鞠天相.智能编辑时代的机遇与挑战.人民网，2017–11–19.

人工智能记者编写体育和财经新闻；耶鲁大学和牛津大学等高校研究机构的报告称，10年内人工智能有望在翻译、高中水平的写作等领域超越人类；在美国，人工智能协助作家进行资料分析与用户研究的软件已经问世，协助作者进行创作，甚至进行机器创作；2016年，日本举行了一次小说创作比赛，机器人创作的小说通过了评委的初选。编辑环节。图书信息、作者信息、销量信息、评价信息、读者信息等，已经通过大数据帮助编辑进行选题决策。国外出版机构已经根据重大事件、热点人物、热门话题等在互联网上的传播频度和热度，对图书选题进行智能分析；《纽约时报》向外界披露，该报有一位主编其实是聊天机器人，每天工作24小时，这位机器主编挑选的文章平均阅读量是普通文章的38倍。

关于人工智能编辑可能先行进入的出版种类，鞠天相等研究者认为：发挥普及科学功能的图书如基础教育中的数学、物理、化学、生物等教材及相应教辅，高等教育中的理工科教材，科普类的少儿读物和应用工程技术类图书，因其编辑业务中对记忆能力和信息处理、逻辑运算能力的需求相对直接，所以由人工智能部分替代或完成相关编辑业务的条件已经具备。2016年全国出版图书近50万种，其中课本近9万种（重版重印6万种），印数近33亿册。可以预见，近33亿册的课本中，至少有20多亿册具有普及科学功能的课本，面临着由人工智能接管编辑业务的机遇与挑战。同样承担普及科学功能的数理科学、化学类、天文学、地球科学类、工业技术类等图书，也将逐步实现智能编辑。辞典类的工具书、古诗词赏析、典故释义、部分历史类教科书等，因其所列史实翔实可信，所持观点鲜有争议，而且久经检验，已然形成权威版本，重版重印时除必要的修订工作外，其他则可以由"对于感官和人脑的模拟仍处于机械化阶段，思维能力还无法比肩人类"的人工智能完成编辑；再如内容相对简单，只是传统文化、现代文明的传播，如幼儿启蒙教育书、以图片图注为主要内容的书法、绘画、摄影作品集等艺术类图书，因为编辑内涵比较清晰简洁，编辑任务主要体现在技术层面，所以基本上可以由人工智能完成编辑。2016年，全国出版艺术类图书近2.8万种，近2000万册（张）；出版少儿读物4万余种，近8000万册（张）。按既往比例测算，仅这两类图书中，至少有3.5万种约5000万册（张）图书可以由人工智能承担部分编辑工作。人工智能将给予主题出版类图书以大数据视野下的"技术支持"。出版是一门人的学问，具有鲜明的社会意识属性。而"人工智能可以代替甚至超过人脑的部分思维能力。但是，人工智能绝不会取代、超越人的意识"。比如人在价值判断和伦理审视方面的作用，就是人工智能所不能替代的。作为围绕党和国家重点工作和重大会议、重大活动、重大事件、重大节庆日等集中开展的重大出版活动，主题出版中图书的政治性、思想性、理论性、准确性与时效性，不但对人工编辑的政治信念、思想觉悟、理论水平和责任意识等有较高要求，还需要充分调动人工智能知识，使智能编辑的记忆、计算、辨识等功能充分发挥作用，重点在人物、观点、事件、时间、地点等要素的核查上，给予大数据视野下的"技术支持"。似乎可以认为，以主题出版为代表的记录历史、宣传真理、资政育人出版功能，是需要人工编辑长期坚守的最后阵地。

"内容+"的时代已经来临

这是最坏的时代，信息爆炸式增长，媒介触点无限蔓延，用户注意力碎片化，内容引爆越来越难实现。这是最好的时代，互联网内容产业风起云涌，无论是基于内容产业的创业潮，还是各大平台对优质内容的争夺，都再一次印证：这是内容为王的时代。内容从未像今天这样重要，也从未像今天这样具备便捷变现的渠道。

《2017中国网络视听发展研究报告》显示，截至2017年6月，我国网络视频用户规模达5.65亿，占网民总数的75.2%，保持网络娱乐类应用首位。网络视听已成为网民信息获取与文化消费的主要形态之一。2016年底至2017年6月，网络视频用户规模增长了2026万人，相当于每天大约有11万新增视频用户。随着监管政策的完善与加强，网络视听行业趋于规范化。报告还显示，网络视听节目进入"精品化"阶段。无论是网络剧、网络电影还是网络综艺都"从粗放的数量增长变为追求精品的质量增长"。付费会员超1.7亿人。网络动漫泛二次元用户突破2亿人，核心用户群体近7000万。

"知识分享经济"的时代已经到来。免费的知识分享遵循知识免费、广告变现这种互联网非常典型的商业模式。2011年到2015年，知识分享开始小范围付费，尤其2014年文字自媒体打赏模式推出，知识分享开始变得有价。知识分享经济下，知识变现通路缩短，知识可以作为商品在市场上直接交易，主要包括付费打赏及收费模式。

网络文学作品成为互联网内容产业重要的IP来源。网络文学作品逐渐成为影视题材、游戏题材的重要构成，成为跨界泛娱乐化运作的源头以及IP生态的核心。网络文学的IP化发展趋势，直接开拓了跨界授权以及合作营销的新领域，变现模式由单纯用户付费阅读走向多样化。

三、出版融合及路径选择

主动拥抱融合。媒体融合发展有其内在的逻辑，技术和市场主导要素配置和生产方式升级优化；企业需要新型作业模式、新型业态、新型发展理念；国家需要经济可持续发展，需要在信息时代牢牢掌握思想主阵地、提升舆论引导能力和水平、国际话语权。技术、市场和产业三大动因均已成熟，国家引导和支持，企业发展内在需要。大规模媒体融合变革势在必然，过程加快。

媒介融合与媒体融合。媒介融合更多是指技术层面而言，即将原先属于不同类型的媒介结合在一起。美国马塞诸塞州理工大学教授I·浦尔认为，媒介融合就是指各种媒介呈现出多功能一体化的发展趋势。喻国明教授在《传媒经济学》中认为，媒介融合是指报刊、广播电视、互联网所依赖的技术越来越趋同，以信息技术为中介，以卫星、电缆、计算机技术等为传输手段，数字技术改变了获得数据、现象和语言三种基本信息的时间、空间及成本，各种信息在同一个平台上得到了整合，不同形式的媒介彼此之间的互换性与互联性得到了加强。不同的媒介形态"融合"在一起，随之产生"质变"，形成新的媒介形态，如电子杂志、博客新闻等。而媒体融合，则包括不同媒介形态，以及内容、技术、功能、传播手段、所有权、组织结构等要素融合。资源共享，集中处理，衍生形式各异的信息产品，通过不同的平台传播。传统媒体和新兴媒体在技术、内容、渠道、平台、经营、管理等方面深度（有效）融合。

新闻出版业融合发展存在的主要问题。支撑经济社会发展、服务中心工作的作用表现不充分；精品少，优质资源的产品转换率不高；数字出版营收比例严重失衡；产业结构不合理；内容资源网络传播权缺失致出版企业对优质资源掌控力不足；传统新闻出版领域仍然存在部分体制障碍，机制上创新不够；面向未来数字出版业务的人才建设步伐相对滞后；法律法规有待完善，侵权盗版现象屡禁不绝。

融合进程中传统媒体面临三种路径选择

1. 转型为新媒介。美国《基督教科学箴言报》，是美国面向全国的颇有影响的日报。1908年11月由科学基督教创始人M．B．埃迪夫人在美国的马萨诸塞州的波士顿创刊，由基督教科学出版社出版。2009年4月起停止出版纸质日报，专注于自己的网络版报纸。《基督教科学箴言报》网站的声明说："2009年，本报成为美国首家以网络版替代纸质版日报的全国发行报纸。"

2．维持传统媒介身份，参与新媒介实践进程。如美国《纽约时报》、上海报业集团、中国大百科全书出版社等。《纽约时报》（*The New York Times*）1851年9月18日创办，是一份在美国纽约出版的日报，在全世界发行，具有很大的影响力。2010年，为了维持盈利，《纽约时报》在保持传统纸介方式的同时，探索线上订阅等经营模式。2014年3月26日，《纽约时报》公司公布了两个新的数字订阅模式，提供给消费者新低价和溢价方式选择。上海报业集团成立于2013年，拥有《解放日报》、《新闻晨报》、《新闻晚报》、《报刊文摘》、《申江服务导报》、《人才市场报》、《房地产时报》、《I时代》、《上海学生英文报》、《上海法治报》、《上海支部生活》、《上海小说》、《新沪商》、《晨刊》、《社区晨报》等报刊的同时，2014年创办了澎湃新闻。澎湃新闻是一个新闻平台，是"专注时政与思想的互联网平台"，主打时政新闻与思想分析，生产并聚合中文互联网世界中优质的时政思想类内容，有网页、WAP、APP客户端等一系列新媒体平台。有影响力的栏目有中国政库、中南海、打虎记、人事风向、一号专案、舆论场、知识分子等。澎湃新闻的创收能力早已超《东方早报》，《东方早报》2016年停刊后由澎湃新闻接盘。中国大百科全书出版社成立于1978年，连续编纂和出版《中国大百科全书》是主线业务。1993年推出了第一版，2009年第二版，2011年第三版立项，明确新一代百科全书以网络版先行，百科社开始构建"一社两制"，即传统出版和数字出版并举。传统产品线和板块继续运营，同时，围绕三版网络版，从队伍组建、机制设置、运营管理，都按新媒体运作要示进行。

3. 强化特有优势，打造独具特色的传统媒介与新媒介竞争。西湖之声电台。成立于1992年，是全国第一家以娱乐定位的电台，在华东地区率先实现全天24小时直播。西湖之声的开播，曾引起杭城"随声听"一度脱销，"声声有情，心心相印"的口号传遍杭城的大街小巷。西湖之声从1996年创办互联网站开始使用在线实时收听技术，是国内较早在网络上使用在线实时直播的传统电台。它后来成功定位的汽车电台西湖之声，再次焕发出新的活力。

强化特有优势与新媒介竞争的最有力例证是电影。这些年，尽管网络很发达，但传统电影院的票房年增速持续走高。中国电影票房收入增长2014年和2015年分别是36.2%和48.7%，2016年达457.12亿。2018年全国电影总票房为609.76亿元，如愿冲破600亿的"小目标"；其中国产影片票房378.97亿元，占比超过六成；全国新增银幕9303块，总数达60079块，已居世界首位；而这一年，仅在城市院线看过电影的就有17.16亿人次。2019年比2018年提前24天突破600亿元。电影胜出的致用秘笈就是做足电影院传统优势，比如私密性、无干扰、小零食和VIP各种贴心服务等，同时，在放映、影音方面大量应用数字化技术，高保真、高清晰，提高影片的艺术和可观赏水平，综合发力，将电影做到极致。新媒介通常会将旧媒介推到它们所具有相对优势的领域，相对优势即独特优势，契合经济学"稀缺价值"原理。

对传统媒介的独特优势进行挖掘和强化，扬长补短，将这些特有优势运用包括新传媒技术在内的传媒资源加以强化，进行部分创新或者全新融合，形成自身的核心竞争力。这是一条符合大多数传统出版社的融合之路。已在这方面积极探索、并卓有成效的出版社有外语教学与研究出版社、人民卫生出版社（人卫慕课）、人民交通出版社（车学堂）、人民法院出版社（法信）、建筑工业出版社（建工微课程）等。

这三种融合途径，传统媒体业都在积极探索。关键是要根据自身资源、条件、优势、愿景，制订适合自身发展的规划和路径。融合中的出版定位及出版的根本功能是内容提供和知识服务。从出版走向市场，内容走出书本，观照全介质全通道；从市场走向服务，走进大众（终身教育）、生活（智能伴随推送）、心灵（深度解读）。

"小而美"

和新兴的媒体机构不同，传统出版社有着自身的历史和现实的境况，总体来说，融合不是短时期能够全面完成的。更现实的是从一个个具体项目、从一个具体项目的某个点入手，从"小"抓起，抓出"小而美"。小，不一定市场小；小，是市场细分，是可以满足某个群体特定的需求；美，指产品独特和精美，在产品细节之处赋予情感交流和捆绑，使客户享受产品、服务等多维度最佳体验。数字技术电子商务参与，带给出版社小微企业更便捷的商业操作空间；针对消费者需求的变化做出局部创新，可持续发展。马云早在2009年9月举行的APEC中小企业峰会上，就发表了《未来世界，因小而美》，认为众多小而美将构成未来商业发展的根基。

2017年，政府主导方向、政策支持力度加大，资金投放、人才培养，都有许多新举措。从业者思维方式（方法论）发生变化，适应"互联网+"、融合的思维方式，和人本能的思维、传统的思维完全不同。各社基于自身情况大胆探索的各种创新不断涌现，大手笔、小而美，越来越多的出版社融合发展走上了征途。

垂直领域的知识服务平台和知识资源数据库：中华经典古籍库（中华书局）；法信（人民法院出版社）；数字水知识服务（水利水电出版社）；中国激光移动知识服务平台（中国激光杂志社）；

化工知识服务平台（化工出版社）等。

传统出版机构转型成功产品：杂志《大众软件》、《瞭望东方周刊》、《汽车之友》；《三体》有声版；"悦读中医"新媒体矩阵；面向外国人的汉语阅读互动（北语社）；"一书一码看世界"——RAYS年度报告；人卫社"富媒体电子书"；法律专业知识服务平台（法信）等。

以上产品取得商业成功，印证了知识变现的逻辑：刚性的知识需求，高效的知识服务。

学术期刊数字化探索

平台化发展成为趋势。数字化改变了人们获取学术资源的方式。从传统的"期刊—论文"向"数据库—论文"变化，学术成果的呈现越来越依赖于可检索、可见，促使期刊加入到各种大型数据库平台。同时，为了使数据更为全面，使自身更具有竞争力，国际上大型出版集团纷纷通过并购等方式，扩大自身数据资源，将重要的学术期刊尽量大范围地搜罗在自己的数据库中。如爱思唯尔收购帕加蒙出版社、北荷兰出版社、美国学术出版社，施普林格收购博思软件等。

从知识传播到知识服务。数字化环境下，知识的传播和获取越来越容易。学术期刊在知识传播上的功能受到冲击，转型也成为必然。国际大型的出版集团，逐渐由数据库功能（即聚集学术成果）转变为利用自身拥有的大型数据库，进行深度挖掘，提供数据服务和知识服务。这种服务需要学术期刊在成果提供的形式和结构上适应数字化的特点：一方面，挖掘数字化立体多维、空间无限等特点，使论文在呈现形式上不断丰富；另一方面，论文的要素被"分解"，便于检索关联的同时，作者可以向读者更全面地展示研究的过程、方法、数据，读者对论文的科学性有更全面的了解、分析和验证。信息提供得越准确、越全面，期刊越易被检索获得，同时由于数字化可以实现时间延续，有利于期刊稳定核心作者，将学术成果分阶段发表，稳定高质量的稿源。

论文呈现形态更为丰富。与传统期刊中图像、图表局限于篇幅并且固化相比，数字化期刊的图像、音视频可以动态播放，论文的表现形式得到了极大的丰富。《科学》（Science）和《自然》（Nature）都推出了多媒体出版模块，以图片、音频、视频等形式，再现论文的研究背景和过程。数据的提供也不再受纸张与篇幅的限制。同时，目前出现了完全采用视频形式出版的期刊，如可视化实验杂志（JoVE）。在论文发表的传统形式下，生命科学研究领域的实验一直存在透明度低、实验细节与技巧难以获得、可复制性差等问题，JoVE可视化实验杂志以视频等形式呈现论文，生动细致地呈现整个实验过程、细节和技巧，相关研究者可以直观地看到细节与技巧，实验变得可重复、可验证。数字化期刊丰富的呈现形式为读者获取相关内容提供便利，数字化的论文可以提供不同类型的文件，方便读者的再使用。

论文附加资料的提供成为数字期刊的重要功能。传统纸质期刊由于篇幅的局限，一些研究的研究方法、过程、计算方式等没有在论文的主体部分出现。而这些资料往往对论文的科学判断有着关键性意义，因为支持论文结论的研究过程是读者理解、判断、使用此研究成果的重要组成部分。随着期刊数字化的发展，论文附加资料（Supplemental Materials）的组织和发布越发重要，使论文在网上的可检索性更加提高的同时，更有利于期刊稳固自己的作者群，有利于期刊由单纯的信息传播者转变为学术服务终端数据提供者。

新的学术期刊使用和影响力评价机制形成。在传统学术期刊出版环境下，主要通过引用量和引用率来计量期刊和论文的使用和影响，以影响因子为主要评价方式，主要以刊评文。数字化环境下，用户参与度与互动的加强，与传统期刊主要以引用为衡量标准不同，下载、收藏、转发、评论等诸如此类的可计量的使用形式越来越多，跟踪和统计的途径和维度越来越丰富，与读者本身的数据相结合进行分析，就能形成新的学术期刊和学术论文的评价机制。

美国公共科学图书馆从2009年开始实施的"论文级计量分析"服务，就是数字化环境下针对单篇论文的多维度评价。谷歌在2012年推出"谷歌学术计量"。

国际开放存取（OA）数字学术期刊。提倡读者免费获取、无障碍传播。全球OA学术期刊发表的论文每年以双倍的速度增长，目前，全球公开发表的学术论文，有1/3是以OA的形式发表的。有预测认为传统的审稿发表模式还将继续。国际大型的出版集团仍然将OA作为重要的战略发展方向。励讯集团旗下的爱思唯尔为了满足顾客和研究者的需要，近年来一直投资于替代性的商业模式，对超过1700种的爱思维尔期刊提供资助出版和通过论文赞助费出版。除此之外，爱思维尔现有170种完全独立的由作者付费的开放存取期刊。

我国学术期刊界对开放存取的探索。如"中国科技论文在线"的实践和探索。但由于我国科研评价体系与期刊评价体系等种种因素，认可度仍然有限。

四、编辑的作用越来越大

传统出版社角色转换，升级专注于选题的独到、内容的深度分析、深度加工，以及知识的多样化、个性化、柔性化服务，其余一些低端、初级、重复性、数值性工作将由机器人、软件完成。机器人、软件等将成编辑的高级助手和工具，具有相应能力的编辑仍然处于主导、不可替代的位置。

无论时代环境发生什么变化，编辑的基本职能即评价（去伪存真、慧眼识珠）、选择（遴选择优）、优化（化腐朽为神奇）、推介（精准服务）不会改变。在媒体高度发达、信息泛滥的当下，选题质量成为竞争胜出的关键。而选题质量的决定性因素是出版社的编辑。但是，编辑所具备的功夫、能力，随着时代变化提出新要求，需要不断增新、加强。

美国十大新兴新闻岗位：岗位一：受众分析员。职责是挖掘、记录和分析量化数据信息；提供信息分析和策划参考。目前《今日美国》（*USA Today*）新闻网的The Journal News开设此岗位。岗位二：参与编辑。新闻编辑团队和受众之间的联络员，其职责是确定能引发受众共鸣的新闻故事、发现最佳传播策略并向多个媒体平台推送。目前美国有线电视新闻网（CNN）开设此岗位。岗位三：应用技术创新引领员。主要从事虚拟现实项目的设计工作，借助于一个设想创造概念艺术，撰写新闻故事版，建立原型，进行虚拟现实佩戴设备（VR 耳机）的测试，然后与设计和编辑团队合作开发一个受众浸入式新闻体验项目。目前《今日美国》开设此岗位。岗位四：社交媒体和社区编辑。社交媒体和社区编辑身兼多职，需要24小时不间断把新文章、图片和视频发布到流行的社交媒体上，例如Facebook，YouTube，Twitter，Instagram和Snapchat等，满足社交平台上的受众需求。目前Msnbc.com开设此岗位。岗位五：社会发现总监。有些媒体（例如Buzzfeed 和CNN）提供社交媒体平台，供受众上传个人拍摄的照片、视频和新闻资讯。社会发现总监率领团队评估这些受众上传的素材，发现现场目击者，挑选最好的用户生产内容并将其发展为热点新闻故事，在突发事件发生时及时采编新闻并进行评论。目前CNN和Buzzfeed开设此岗位。岗位六：移动项目经理。移动项目经理的职责在于协调并改进程序应用开发人员和编辑团队的日常合作。移动项目经理需要时刻考虑如何增强应用程序功能，并开发新的编辑策略——前端修复漏洞，后端改善工作流程，增强媒体发布广告的技巧，为用户投诉提供解决方案。通过权衡各种工作任务，移动项目经理力图实现程序开发人员工作效率的最大化。目前《华尔街日报》（*The Wall Street Journal*）开设此岗位。岗位七：消费体验总监。消费体验总监的工作是借助分析软件帮助媒体了解受众的兴趣所在，并在创作和发布新闻产品时首先考虑新闻信息消费者的需求和体验。目前《沙漠太阳报》（*The Desert Sun*）开设此岗位。岗位八：直播编辑。直播编辑负责为社交媒体平台提供视频编辑和发布服务，并吸引受众参与直播。目前《华盛顿邮报》（*Washington Post*）等媒体平台开设此岗位。岗位九：创新实验室主任。创新实验室主任率领团队开发提高新闻媒体与受众互动性的解决方案，例如投放一个移动在线应用程序或提供交互式视频（例如Facebook的Messenger）通过与新闻记者和编辑交换想法来策划新方案，并运用或开发新技术进行新闻报道，同时与合作伙伴和技术供应商保持沟通，从商业效应和技术创新的角度来评估和执行各种设想，确保合作项目顺利开展。目前美国国家广播公司新闻网（NBC News）的Today Digital 开设此岗位。每一个创新项目被视为一个实验。岗位十：虚拟现实编辑和拼接员。虚拟现实编辑和拼接员运用虚拟现实技术把观众带入虚拟现实新闻和纪录片中。他们为社交媒体创作短视频新闻，确保虚拟现实新闻报道与现实情境无缝对接。目前《赫芬顿邮报》开设此岗位。

图书编辑亟须学习人工智能。据世界经济论坛最新报告，到2020年，受人工智能与机器人等科技发展影响，超过500万份工作将会消失，淘汰的700万个岗位中，至少三分之二是白领岗位。同时判断"职业中可以自动化、计算机化的任务越多，就越有可能被交给机器完成"。在实现出版智能化的过程中，所有从业人员都面临着艰巨的学习任务。作为出版业第一生产力，图书编辑必须长期坚持学习、跟踪的内容极为丰富，对提升学习力的要求亦更为迫切。国务院印发的《新一代人工智能发展规划》，描绘了2030年之前人工智能的发展蓝图。图书编辑要有当年努力学习汉字输入方法、学习图文排版技术等计算机知识的勇气和毅力，积极学习人工智能知识。对智能出版、智能编辑的发展动向及相关理念、技术等，有所了解，有所把握，为己所用。时间将证明，充分掌握出版业内人工智能知识的图书编辑，一定能够抓住机遇，迎接挑战，在智能编辑时代有所作为。

永远不变的是不断地变化，永远不变的是未来比预测更精彩。

传统出版与互联网的融合 [*]

多类别、多途径融合

纵观百科社目前产品形态、传播方式,可以通过如下划分窥见传统出版与互联网融合的大致路径及走向。

1. 数据库。基于百科社核心的数据库策划、设计、加工、标引、检索技术,基于稳定成熟的平台。典型项目有《中国大百科全书数据库》(先后有一版光盘版、一版局域网版、一版在线版、1+2局域网版、1+2在线版)、《百科人物·共产党员》(光盘版和移动版)、《奥林匹克运动百科全书》(光盘版和移动版)、《中国农业百科数据库》、《新世纪百科全书》、《少儿百科图文资源库》等。

2. 独立APP。2009年下半年开始,随着ipad和iphone进入中国,以及智能手机的普及,百科社在国内最早开始了出版类APP的研发。之后,陆续推出android及iOS版的APP应用20多种。典型项目有《美丽西藏》、《掌上百科》、《中国美景》、《中国历史百科地图》、《文明史话》、《昆虫记》、《认识中国》、《中国古典器乐》、《野生动物宝宝》等。其中《美丽西藏》为"国家新闻出版行业

---

* 2015年9月新闻出版广电总局传统出版转型研讨会发言稿。

十二五规划项目",并被北京市新闻出版局列为"北京出版工程"。《认识中国》为中国出版集团重点科技和数字出版项目,中英双语,上线以后,全球各洲100多个国家均有下载。《中国历史百科地图》为2014年新闻出版广电总局"社会主义核心价值观主题出版"选题,以及北京市文资办支持项目。

APP类产品的研发,一般分两种模式:第一种是由百科社发起,先行调研、策划、设计并提供脚本和素材,委托技术商进行技术开发,第二种是完全由百科社独立开发。两种模式,最终的发布、运营,均由百科社完成。

3.电子书。近几年开发制作的电子书累计共3700多种产品,包括本版约200种,外版约1000种,原创约2000种,漫画500多集。主要与第三方平台合作,包括中国移动、中国联通、中国电信、京东、亚马逊、淘宝等。此项业务线,一度是百科社数字出版收益主要来源,尤其是与中国移动的合作。百科社是最早与中国移动签约的10家合作伙伴之一,上线作品数量和收益曾经长期占据出版类排行前三位置。随着版权到期,和集团公司的统一集约化运营战略实施,此项业务已经萎缩。

4.定制开发产品。此类主要为通过招投标,或邀标谈判,根据用户需求,整合各方的资源,为用户建设数字图书馆、电子阅览室、科研辅助信息系统、素材库等。主要客户有孔子学院、中国联通、人民教育出版社、中国社科院、华西村等。其中孔子学院总部项目,连续中标3期,替用户整合了多家出版社及光明日报、新华社、中央电视台、外文局的内容资源,均按期按量完成。

5.网络游戏。近几年合作出版的网络游戏有自由幻想、寻仙、QQ飞车、QQ炫舞、侠客行、红色警戒等10多款。

6.传统出版物加网络化元素形成新型产品。

(1)植入视频:《中国少年儿童百科全书》、《中国儿童动物百科》、《中国儿童地图百科全书》、《中国儿童数学百科全书》、《中国儿童视听百科·飞向太空》等图书中植入了大量二维码视频；如：《中国儿童动物百科全书》，这是一部会动的动物百科，它采用科学权威的知识体系，严谨生动的文字阐释，并配合生动精美、富有视觉震撼力的图片，全景式展示了动物世界的生命百态。在形式方面，该书独树一帜地植入了大量二维码，只要扫描页面上植入的二维码，就可以立刻播放主题动物的节目精选视频片断。书中的二维码视频，全部精选自北京大陆桥文化传媒热播20余年的国外引进纪录片钻石品牌栏目《传奇》。《传奇》精选全球上乘的纪录片，经本土化的专业译制，以其独特的构思、国际化的视野、引人入胜的故事，创造了纪录片的收视奇迹。二维码视频撷取其中最精彩的片断，每一个片断都是一个完整的小故事，每一个故事里又蕴含一个小知识，延伸了图书的内容，为小读者奉上一部严谨与活泼同在、静美与灵动共存的动物百科，从而摆脱纸质书的局限，满足小读者深度阅读的需求，获得立体式情境阅读的神奇体验。

（2）点读发声：《中国幼儿百科全书·在家也上幼儿园》将采用点读发声技术，全文点读，实现内容增值。我社正在编辑出版Ting笔点读版《中国幼儿百科全书·在家也上幼儿园》（8册）。Ting笔是由德国兴码公司设计研发，2009年在欧洲上市，目前已经成为欧洲三大点读笔之首，现已在德国、中国、奥地利、瑞士、西班牙、加拿大、美国、英国、新加坡、土耳其等十三个国家和地区上市。在中国，已有近200本Ting书上市，并且在很多学校、培训机构得到广泛应用。《中国幼儿百科全书·在家也上幼儿园》Ting书全书每页文字都可以点读发声，点击图片还能听到动物的叫声、孩子们可以用耳朵听，和书本玩。该书将于2016年4月出版。

（3）AR增强现实：计划于2016年1月出版的《中国儿童视听百科·飞向太空》除了植入大量的二维码视频，还将采用新一代AR

增强现实技术，多个页面实现3D立体呈像。页面1——太阳系，立体形象：太阳、水星、金星、地球、火星、木星、土星、天王星、海王星、冥王星；立体动画：九行星围绕太阳运转；配音：音乐+解说。页面2——太空生活，立体形象：宇航员；立体动画：宇航员走出宇宙飞船，在太空中漫步；配音：音乐+解说。

7. 传统出版物加网络化元素形成新的销售模式。

图书销售平台和自媒体平台组合营销创造销售佳绩。《中国儿童百科全书》普及版于2015年6月创造了天猫2日销售3万套的图书单日最高销售纪录；《幼儿启蒙美绘百科》也于2015年7月创造了天猫2日销售17171套的喜人成绩。这除了归功于天猫聚划算这个大的销售平台外，还归功于百科社配合天猫所作的各种自媒体营销、邀请著名节目支持人鞠萍录制视频推荐、网络大V著名儿科医师张思莱微博微信推荐等。

中国大百科全书出版社与英国著名的出版公司——多林金德斯利公司共同打造的经典百科系列图书，目前已经出版了DK儿童百科全书系列、DK儿童视觉百科全书爱好者系列、DK儿童目击者系列、DK幼儿百科全书系列、DK孕育系列、DK儿童能力培养百科系列、DK家庭健康等系列。其中销售最好的《DK儿童百科全书》已经重印了24次，现在总的印数已经超过了32万，总的销售已经超过了4485万人民币。该系列的其他品种销售也都超过10万册。之所以取得这样的成果，和两方面的努力是分不开的，一个是在内容本身下了很大的功夫，另外一个是在市场营销推广方面也下了很大的功夫。当当、亚马逊、京东是DK图书销售的三个主要渠道，DK系列图书的网络推广主要集中在这三家电商平台，其中包括每年重要节日（例如六一儿童节、618、双11、年终大促等）的促销专题、单品图书展示的专题，另外在电商自有微信、微博推送图书信息，都是常用的网络推广模式。

融合是一个过程

首先，最大的问题是人才不足，队伍的培养至关重要；如编辑需要掌握视频剪辑技术，才能保证内容质量；编辑需要学会撰写音频脚本；转型网络编辑等。其次，商业模式尚处于探索之中；成本高，投入不足，难以扩大规模。第三，产业链方面，地位不平等，出版社受制于运营商和平台商，定价不合理，各种促销、免费等。第四，知识产权保护的挑战。一般来说，出版社掌握网络传播权的内容较少，在网络融合上主动性受挫。

然而，网络融合是大势所趋。要清醒地认识到，互联网是一种生产资源、生产资料，应积极引入提升企业效能。同时要循序渐进，融合是一个过程，战略上做好顶层设计、整体布局后，战术上则要一个点一个点地突破，在过程中不断积累经验、人才、资源，探索发展路径和规律。还有非常重要的一点，就是需要引入互联网思维，开放、合作、创新，是融合能够走向成功的关键。

数字资源建设提案 *

数字资源现状

中国大百科全书建社以来，编辑出版了一系列具有较高价值的工具书，并对其电子数据进行了初始保存，为进一步利用和开发这些数据提供了条件。

在这些数据中有很大一部分基础性数据，如各类百科全书中的人物条、事件条、概念条，在各类百科全书或工具书中是可以共享并反复使用的，如何提高这些资源的复用率，是在数字出版时代有效提高我社的生产力，降低生产成本，提高市场竞争力的关键问题。

但目前存在的问题是，这些已保存或部分保存下来的数据都是非标准的数据，要使其能成为可供复用的有效资源，还需要下大力气进行二次加工整理。

可复用需要解决的问题

1. 非标数据的三同处理。目前我社出版资源来自不同时期、

---

*　写于2010年11月23日。

不同编辑部委托不同的排版公司,用不同的版本的不同排版软件,生成的不同格式,并带有不同排版指令和不同造字包的电子文件。这些电子数据如不能整理成为书同文(造字统一)、文同码(编码相同)、符同码(公式符号统一)的三同资源,则根本无法脱离原有的排版环境使用,更不可能在网络环境下或手机环境下复用。

2. 样式数据脱符置标。经过三同处理后的文件,其数据已成为标准并支持不同环境下能流转和输出的样式数据,要使其成为可复用的数据,还需要滤去样式数据所附带的各种排版指令,并将其中各种可显示的版式指令转换或标注成为统一规范的,基于语言的对象描述系统,从而将不同格式下排版生成的样式描述文件转换成为对象描述文件。

对象数据结构标注

对象数据进入数据库后,就具有了可分解性,即不论如何分解,都可通过对象描述,确定其唯一来源和身份,为数据校验和数据分析提供准确的量化分析依据。然而,要想进一步提高资源的有效利用率和复用率,还需要对其中的有效内容进一步利用计算机技术进行识别和提取,使其成为具有学科对位逻辑的结构数据,这主要涉及知识挖掘和知识管理,只有经过有效挖掘和整理的知识库,才能真正形成生产力,真正达到资源的复用与共享。

数据校验

工具书的生命力在于其内容的科学性、权威性和准确性。前两者来源于组织,即通过权威的出版机构,委托权威的作者,经过科学严谨的组织方式得以实现,而准确性则来源于编辑加工环节中工艺流程的严格把握和对稿件中成千上万的资料的核实与校验,以保证其在一个知识系统中互为表里，互为支撑，互不矛盾。然而在百科三十年的编辑经历中，几代人为此付出了毕生的心血，仍不可能达到一个较为理想的境界，究其原因，就是在人力的情况下，一是不能可穷尽和遍历所有的问题，二是不可能校验所有的资料，三是不可能追踪和更新所有的数据。因此，总是在经过漫长的编辑过程后，留下不少遗憾。

为了更好地解决这些问题，就要有效提高数据资源自身的准确性和自恰性，这就需要对经过结构化并提取出来的知识点和有效数据进行比对和验证。只有经过比对和验证并适时（一段时期中尚不可能实时）更新的数据，才能为出版社图书出版质量提供可靠的资源保障，才能真正提高我社的出版竞争力。

资源库硬软件建设

数据的二次深度加工整理，是出版产业数字化进程中的一项最为核心的基本建设，而各类标准资源库的建设，则是基本建设工程中最为核心的建设项目，所有工作，都要围绕这个核心工作来展开。根据这个要求，应建立数据单向流动机制下，具备数据安全存储机制的，可支持社内大容量数据并访问的资源数据库。

在此环境下，要通过对数据的分期分批处理，建成各类别出版资源库，以支撑我社的数字出版。需要建立的资源库有：样式资源库、对象资源库、结构数据库、专项数据库、产品数据库等。

工作条件需办公室一间、服务器一部、终端机四部以及内部网络环境。目前数据提供方式以光盘方式提交给数据库，供社内工作网使用。

为保障数据安全，数据中心本身不设数据输出接口，所有人员只能在线工作。

组建百科数字资源中心构想

随着我国传统出版产业数字化进程的加快和数字环境下出版，出版产业将呈现新的发展趋势，如来稿的编辑加工向内容自主生产转移、内容为王向产品为王转移、内容出版向内容服务转移，特别是随着数字阅读人群的快速增长，单一媒介的传统出版模式开始向数字传媒模式转型。而决定这一新的出版模式下企业生存的核心动力，就是可复用、可再生且拥有自主知识产权的结构化数字资源的积累。为此，我国各大出版集团和出版机构，都开始将注意力从生产过程的数字化转向资源结构的数字化，将产业转型的重心，从传统的约稿、投稿、编辑、出版、发行等传统生产模式转移到以自主版权资源的规模化积累，以及为提高资源可复用度为目标的可再生内容资源的深度加工上来。其中，北京地区有同方知网、高教、外研、化工、邮电、电子工业等传统出版机构，十分重视企业可持续发展的核心资源，纷纷建立了自己的数字化资源专门机构，并在这方面投入了大量的人力物力并做了大量的基础性工作。目前这些单位的出版成果40%以上来自数字化资源中心提供的标准化资源，极大地加快了生产速度，提高了生产效率和质量、降低了生产成本，取得了较好的经济效益和社会效益。

而我社目前虽然对出版资源已经进行了集中化管理，但从对资源的技术保全、数据标准化清洗以及二次加工等方面还未开展实质性工作，还不能对我社出版工作提供较强的资源支撑，还不能将我社的特色资源优势转化成产业优势，为适应出版产业转型的新形式，建议社委会从发展战略的角度考虑，尽快组建百科数字资源中心，以进一步加强我社出版资源的数字化建设工作。

该中心作为我社可持续发展的基础性建设，其核心工作就是协助社委会做好我社出版资源的原始积累和标准化资源建设工作，该中心所形成的数字化资源供全社各创收部门合理使用，特别是要优先为百科全书的编纂提供优质高效的数据服务,由于建设期间这个部门的工作性质是非盈利的,因此不对社外机构提供服务。

为了适应出版产业的深刻变革,加快我社出版资源的数字化建设,该中心的工作任务有两个:一是对全社的出版资源进行集中化管理并开展资源的保真保全工作,为我社的可持续发展提供基础性的技术支持;二是优先强化我社百科资源的数字化建设,建设百科全书基础语料库,对各类百科全书的条目进行数据清洗和结构化置标,并在此基础上,开展库内数据的代码清洗、数据信源的保真保全、内容的消歧排异、时效数据的动态更新、结构数据的深度标注等专门化工作。

鉴于出版资源的规范化、数据格式标准化以及内容二次标注的专业化工作,需要经过专门培训的复合型人才以及不同工种间的密切配合才能适应,因此,需要从社内外具有一定资质和数字出版基础的人员中,择优组建工作团队,初期工作需要具有百科全书专项成书工作经验的文理编辑各一名、软件编程员及数据库维护员一名、项目负责人一名。这个团队要在较短的时间内,通过外部的业务考察、内部的需求调研,并针对我社的资源情况,尽快建立符合我社数字出版需求的数据处理流程规范和数据质量建设标准,形成一套有效的工作机制,通过服务外包和软件开发相结合的模式,以期达到快速启动、快速工作、快速见效的目的。

本机构主要负责社内出版资源的整合、加工和资源提供,并在具有一定条件时,开展对外数据加工任务。主要工作如下:1. 付印数据的资源保护和回收;2. 付印数据的规范及标注;3. 原有资源的回收和整理;4. 原有资源的规范和标注;5. 出版资源数据库的建设和维护;6. 社内出版单位的出版数据的提供与服务。

经过整合和磨合,数字资源中心将来要逐步扩大业务能力,并开展对外服务工作，并逐渐通过扩大对社内外出版单位的服务能力和服务水平，实现创收。

与术语数据库和网络公司的分工

百科术语数据库与百科网络公司是经营性机构，其产品是以盈利为目的，而数字资源中心功能对内应界定为职能部门，其职能主要是资源的建设与服务，在具备一定条件时，可开展对外有偿数据加工服务。由于百科数字资源中心的建设离不开术语数据库的环境支撑，因此，要与百科术语数据库建立较为紧密且互为支撑的合作关系。从分工合作的角度考虑，百科数字资源中心应重点负责数据的整理和深度加工任务，建设好的资源应交由百科术语数据库去管理、应用和推广，以期产生更大的经济效益和社会效益。

内容资产数字化 *

2009年末，我写了一个关于尽快组建百科数据部的书面意见，请各社委传阅。

那时，有了盘活存量资源的规划，但在《百科名家文库》等的实际操作中，发现原有资源的使用上困难很大。就说这过去长期积累的工具书吧，相当多没有电子数据，而那些有电子数据的大都只完成了初始保存，是非标准数据。使用效率很低。同时，《中国大百科全书》二版结束，三版前期工作已经开始，而纵观出版业大势，数字出版的潮流已日渐逼近。

百科社要在以上方面抓住机会，必须尽快做一个十分重要的、基础性的工作，就是内容数字化，并作为资产运营。具体说包括：将百科全书内容资源集中起来，全部数据化、标准化、结构化，建立基于知识管理和知识服务的大型数据库（数据库集群），制订数字资源使用规则、流程、机制，向全社各编辑部门，以及数字化产品运营部门提供规范化的数据服务和知识库服务，并为《中国大百科全书》第三版的编纂出版工作提供数据支持。

---

* 写于2017年10月。

可以说，没有这一环节，核心资源的复用效率很低，而全社的数字出版、三版的编纂就更谈不上了。如此重要的事情，需要成立专门的机构、团队主攻。

关于非标准数据的麻烦及怎么办，当时在百科术语中心工作的王勤给我做过一番描述。王勤毕业于数学专业，是老百科，较早钻研数字出版，后来总署抽调做过数字出版管理，对百科全书和数字出版都有了解。他语速很快，技术内容、技术术语较多，他说是汇报工作，其实等于给我上了一堂课。我认真做笔记，事后还进行了整理。如下：

首先是非标数据的"三同"处理。我社出版资源是来自不同时期、不同编辑部委托不同的排版公司，用不同的版本的不同排版软件，生成的不同格式，并带有不同排版指令和不同造字包的电子文件。这些电子数据如不能整理成为书同文（造字统一）、文同码（编码相同）、符同码（公式符号统一）的三同资源，则根本无法脱离原有的排版环境使用，更不可能在网络环境下或手机环境下复用。

其次是样式数据脱符置标。经过三同处理后的文件，其数据已成为支持不同环境下能流转和输出的样式数据，但要使其成为可复用的数据，还需要滤去样式数据所附带的各种排版指令，并将其中各种可显示的版式指令转换或标注成为统一规范的、基于语言的对象描述系统，从而将不同格式下排版生成的样式描述文件转换成为对象描述文件。

再者是对象数据结构标注。对象数据进入数据库后，就具有了可分解性，即不论如何分解，都可通过对象描述，确定其唯一来源和身份，为数据校验和数据分析提供准确的量化分析依据。然而，要想进一步提高资源的有效利用率和复用率，还需要对其中的有效内容进一步利用计算机技术进行识别和提取，使其成为具有学科对位逻辑的结构数据，这主要涉及知识挖掘和知识管理，只有经过有效挖掘和整理的知识库，才能真正形成生产力，真正达到资源的复用与共享。

最后是数据校验。工具书的生命力在于其内容的科学性、权威性和准确性。前两者来源于组织，即通过权威的出版机构，委托权威的作者，经过科学严谨的组织方式得以实现，而准确性则来源于编辑加工环节中工艺流程的严格把握、对稿件中资料的核实与校验，以保证其在一个知识系统中互为表里，互为支撑，互不矛盾。然而在百科三十年的编辑经历中，几代人为此付出了毕生的心血，仍不可能达到一个较为理想的境界，究其原因，就是在人力的情况下，一是不可能穷尽和遍历所有的问题，二是不可能校验所有的资料，三是不可能追踪和更新所有的数据。因此，总是在经过漫长的编辑过程后，留下不少遗憾。为了更好地解决这些问题，就要有效提高数据资源自身的准确性和自恰性，这就需要对经过结构化并提取出来的知识点和有效数据进行比对和验证。只有经过比对和验证并适时（不可能实时）更新的数据，才能为出版社图书出版质量提供可靠的资源保障，才能真正提高我社的出版竞争力。

我听明白了。要使百科核心资源能成为可供复用的有效资源，还需要下大力气进行数据化、标准化、结构化，进行二次加工整理。当时，三版的调研、立项工作也已经启动，三版的数字化出版、对原有资源的利用也在通盘考虑之中。所以，百科成立专门的数据部，是题中之义，应该尽快落实。

2010年，社委会讨论，决定建立百科社数字出版中心，统辖技术部、数据部、数字出版运营部。数据部前期的筹备，以及初期规划由王勤牵头。2011年8月，郭继艳调入数据部，次年1月起任数据部主任。小郭是河南人，四川大学考古研究生毕业，学术功底比较扎实。进社就参加《中国大百科全书》二版工作，除了学科编辑，还承担了专项（人名、地名、组织机构、事件、作品等）和附录工作。对百科全书的要素、内部结构比较了解。所以，在挑选数据部领头人时，她就中了。

经过数年努力，百科社的内容资源数字化目前形成了如下格局：

厘清百科内容资源家底，完成历史资源数字化工作。完成多部纸版百科全书、词典的数字化，将HTML、PDF、TXT、不同类型的XML等数据统一为标准的XML数据。完成结构化的百科类条目近60万条，词典类工具书130多万条，文本资源总字数5亿多字，图片24万多幅。

建立百科新资源数据库。这主要是围绕《中国大百科全书》三版的编纂，以及资源全社共享构建的。现今，可供社内编辑查询文图数据120多万条（幅），包括多部百科全书、外国人名和世界地名翻译词典等。

百科综合术语数据库。"中国大百科全书综合术语数据库"被列入"十三五"国家重点电子出版物出版项目规划。数据库由人名库、地名库、组织机构名库、事件库、术语库等组成，凭借丰富、准确的内容，为读者日常学习、工作提供准确的知识，并经过计算机技术的合理运用，对编辑加工审稿提供内容比对与校验，提高出版物质量。经数年积累，人名库、地名库、事件库已初具规模。有17个专项库不同程度地有了成果。

百科智能知识库与智能校验系统。对百科条目的内容进行校验，是百科编辑在审稿过程中必须要做的工作之一，而校验的速度和准确率，则直接影响编辑的工作效率。利用计算机技术实现百科条目的智能校验，将大大节省百科编辑的校验时间，提高校验准确率。"百科智能知识库"与"百科条目智能校验系统"，是通过文本分析、语义分析、机器学习等技术，结合"百科全书专业词库"，对海量百科数据进行较为精准的切分与分析，进而对百科条目实现在线校验，有助于提升审稿的速度和质量；对于同名异称名词的处理，有助于三版网络版条目的组织与呈现；通过构建百科社自己的专业门类词表，形成独有的学科知识体系，有助于构建百科知识库和知识图谱等，从而实现"一次投入，多种利用"的效果。

全社数字出版资源的安全管理。由数据部管理全社数字出版资源，集中统一，安全规范。对数据的接收、检查、核对、存储、备份、调用，乃至文件名命名等细节，均制定或借用了相关规范，数据管理员严格按照规范操作。自此，没有发生数据丢失、损坏或外泄的事故。倒是数据部常会遇到编辑人员在本部门遍寻早先的排版文件无果后来求助的情况。当完好取得数据时编辑深感幸运，随后将按规定不需要上交的数据也请求放数据部保管。

一系列数据规范与标准。包括《百科全书元数据标准》、《提交数字出版资源的具体要求》、《数字资源的使用管理规定》、《用Indesign进行百科全书排版的注意事项》、《对出版物电子文件的要求》（用于资源采购）、《百科全书PDF、XML数据加工要求》《检查OCR扫描识别生成的PDF、XML的注意事项》、《结合黑马软件检查稿件的注意事项》等。

以上数字资源在全社运营中已应用于多个方面，如编辑部从历史资源中提取出版工作所需文图数据，以及参见反查、编校查验等；为新媒体中心提供了大量百科历史资源数据，制作各类产品；为《中国大百科全书》第三版、《社科词条库》等提供所需历史资源，用于条目撰写、修订，已为三版完成近800轮中文条目名称比对，帮助编辑部从全局发现重条问题等。数字化资产的聚合、优化、管理及应用，在加强出版物质量、提高全社生产效能上发挥的作用，已经可见，随着数字化融合出版的发展，这一作用的重要性将更加凸显。

出版社数字编辑系统管见 *

　　尽管当下国内大部分出版社的主要营收仍来自传统纸本，但面对已然来临的数字化时代，出版业态变革已经拉开大幕。数字化出版，从战略部署到战术操作，已成为各出版社最具活力、也最富挑战性的工作。

　　数字化出版提高了内容的生产效率，丰富了内容的表现力，拓展了内容的传播广度和深度。数字化出版，首要任务是对内容的数字化处理。建构数字编辑系统，是出版社数字化发展的基础性工作。

　　优质，是出版社所提供内容的最大亮点，显著区别于现有网络信息。作为内容生产的技术支撑平台，出版社数字编辑系统在理念上有自身的定位，架构及功能上有一定的特征。总体来说，在顶层设计上要考虑支撑"八性"，并在总架构、子系统和核心技术构成上加以具象展开。

---

* 第十七届国际出版学术研讨会论文；原载《科技与出版》2016年第11期。

一、"八性"

"八性"即权威性、专业性、丰富性、时效性、便利性、互动性、协同性、扩展性。出版社数字编辑系统在架构和功能上要支撑以上"八性",这是内容创新与科技创新相融合的逻辑结果,也是数字化环境下出版社参与竞争、持续发展的必然要求。

权威性。如今,网络写作发布平台、网络信息服务公司如雨后春笋,比比皆是,网络内容铺天盖地。相比于互联网上以自助编写、问答、大数据挖掘推送等方式提供的信息和知识服务,出版社提供的数字化内容应该具有更高的权威性。权威性是出版社在数字化时代的致胜法宝。权威性的内涵是内容的准确性,以及作者和出版者的水准、知名度、美誉度等。为此,数字编辑系统需要构建相应的技术、功能、标准,对内容的来源、生成,进行严格的监控、监管;遴选权威专家,并对应邀专家的专业、资历、学术成果、所撰知识内容及其参考文献、来源、出处等,进行记录、备案、查询和管理。同时,编辑加工和各层级审核的流程、工具、监控等,都是编辑系统应着重考虑的。

专业性。专业性有两层含义。首先,专业水准。目前网络大量提供的是信息服务,出版社以知识提供和服务为主,读者具有相应的文化程度,两者在内容上有很大区别。人类古往今来的知识,涵盖了哲学、社会科学、文学艺术、文化教育、自然科学、工程技术等学科领域,无论是综合性出版社还是某一领域的出版社,数字化出版所提供内容应具有专业水准,这是题中之义。其次,专业领域。这也是出版社进入网络竞争的必然选择。目前网络信息已成汪洋大海，新的技术还在以惊人的速度每天催生大量新信息，内容几乎无所不包，几乎没有查不到的东西。出版社不可能拼数量，也不可能涉及所有领域。走专业化道路，在专业领域深耕细作，做到极致，做出特色，是明智的选择。出版社的编辑系统，针对自身的专业领域，在架构、基础库、标准、工具集等方面，都应有相对应的设计。

丰富性。过去的年代，内容以文字为主，后来，随着摄影、计算机，以及人们视线的扩展，社会进入读图时代。而当今，随着技术迅猛发展，不仅文字、图片，音频、视频也成为重要的元素，成为阅读和学习的有机组成部分，2016年VR元年，随着VR、AR的切入，可以想象，随之大量涌入的虚拟现实和增强现实所带来的观感冲击将是前所未有的，也势必在阅读、学习领域掀起新的追捧。总之，当今时代，网民的阅读趣味、对知识的学习和解读，已进入了多维、立体、要素多元、形式新颖的时代。出版社编辑系统要充分考虑这一时代特点，跟踪技术发展，在富媒体的采集、制作、合作、集成、适配、管理等方面有所规划和设计。

便利性。便利性当然是针对用户而言的。首先，对编辑人员要具有便利性。编辑系统的使用者首先是编辑，设计时首先考虑的问题并不单纯是技术，而是要考虑具体需要解决什么问题，是否方便编辑使用，能否尽量简化操作和工作量等，确定这些后，再考虑用哪些方法和技术来实现这个系统。在过往的案例中，由于编辑系统在操作层面过于复杂，导致编辑人员难以上手，最终不了了之的大有所在。其次，就是须观照数字化阅读的便利性特点，数字编辑系统须设计灵活的分类、索引、标签、关联等功能，需要支持多维的知识组织模态、丰富的内容，以及多媒体、各类参考资料等的关联、链接等，以尽可能满足读者需求。便利性是当下网络信息服务的显著特征和优势，已经具有很高专业水准。出版社数字编辑系统应该大力借鉴、狠下功夫。

时效性。科技的飞速进步，拓展了人类认知世界的广度和深度，知识呈现爆炸式增长，知识更新的频率越来越快。数字编辑系统需要全面展现相应领域的知识，并及时发现新的知识点，快速、快捷地扩展、补充新的知识，还需要对过时的、以偏概全的、错误的知识及时进行甄别、更新、修改甚至淘汰。编辑系统可采用各种数据加工技术，将已有知识内容进行结构化处理，形成存量知识库；同时，采用各种实用的内容获取和发现工具，追踪新信息新知识来源，快速抓取和整理，不断扩充增量知识内容，还可采用有针对性的统计、分析、比对、校验等技术，进行知识淘汰和更新。

互动性。自由、开放、互动，用户至上，是互联网的基本精神和规则，也是数字化出版蓬勃发展的助燃剂。目前，以网络为平台，以各种方式吸引、激励读者、用户直接参与和互动，是互联网机构推动知识生产、信息聚合的主要方面，也是异于传统出版的最显著特征。其实，广大用户的参与，其评价、增补、修订甚至质疑、勘误，对出版社的内容建设都具有积极意义。出版社要参与数字化出版，则在出版观念、思维模式、生产方式上要大胆突破。可为用户设计互动操作，如评论、收藏、转发等，还应设计方便用户对内容进行直接创作和更新的通道。同时，对互动方式下参与编辑的网民进行基于实名的严格身份认证，明确责任；建立以专家和编辑即时审读核校系统和机制，确保相关内容的准确。

协同性。协同的本质是增效。指两种或两种以上的独立部分相加或调配在一起，所产生的作用大于各独立部分单独应用时作用的总和。在出版过程，尤其在数字化出版过程中，作者、编者、各种资源、各个系统存在着相互影响的关系，可能是配合和协作关系，也可能是干扰和制约关系。而协同是有效利用资源的方式，可使整体利益最大化。所以，出版社数字编辑系统，还应该是一个工作协同系统。设计中可考虑由工作流、权限、角色三个要素决定任务的分配。任务可以划分多个部分（如文字编辑、图像处理、视频处理等），可以由独立用户进行、完成，该用户也可以采用求助、共享等方式让其他人参与。有争议可以团队讨论，由团队负责人评判。协同过程需要配备特殊的审核机制，全过程监控，记录各版本编写信息，可进行版本回溯操作、不同版本的对比，保留所有版本的修改痕迹等。

扩展性。在中国，数字出版在出版社的萌动，始于上世纪90年代，即将数字技术应用于如创作、编辑加工、印刷复制等某些环节。随着技术的发展，出版社又先后试水录音带、录像带、CD光碟、VCD光碟、DVD光碟、电子图书、数字杂志等新型数字出版物，以及互联网、计算机、MP3播放器、MP4播放器、手机等承载出版内容的新型载体，当今，又跨入了全面应用数字技术，改变编辑模式和经营模式的阶段。这20多年的时间中，出版社在数字系统的构建上交了不少学费，有许多教训可寻。比如，技术和平台的"短命"，每上新的出版项目便开始新一轮系统开发，不断重复建设等。针对这些情况，如今在构建出版社数字编辑系统时，扩展性必定成为重要的设计要求。这就需要将当下需求、企业战略和路径，以及技术发展的趋势结合起来，统筹考虑。

技术的发展速度和应用范围，超出了人们的预期，超出了以往任何时代。对出版社来讲，高新技术的发展和应用，不仅仅是提高出版效率的问题，可能导致编辑的角色、任务都会发生变化。目前互联网巨头都声称在研究机器学习。前不久Google的AlphaGo下围棋战胜了李世石，就是一个很经典的机器学习案例。而机器学习技术在出版上的应用具有广泛的前景。如大数据时代海量信息的提取，这些信息有用，但同时又是非结构化的文本。过去提取这些有用信息需要用户手动地写正则表达式（regular expression），但通常写正则表达式是复杂、费事又费力的工作。而现在，机器学习技术已经可以达到系统智能生成最有效的正则表达式，这将极大地便利用户提取有用信息，也将极大地方便知识的提取和生产。对出版社来讲，这意味着什么？这些新技术的产生和应用，有可能推动出版社升级专注于内容分析、认定、深度加工，以及知识的多样化、个性化、柔性化服务，其余的一些工作可由计算机软件，如智能正则系统等完成。

总之，在出版社数字编辑系统的设计和构建中，预见性、迭代式、扩展性（灵活性）必须予以充分重视。比如，总体架构上，系统要方便维护，升级上有特殊设置；数据量突然增多时，能否快速扩展现有系统；未来系统如果扩展和在新类型数据加入时，当前设计是否也可随之拓展。等等。

二、问　题

围绕"八性"，数字编辑系统具体要解决的问题包括业务、资源、管理、发展四个层面。它由一系列关联子系统构成。核心有基于协同工作的编辑子系统、基础数据加工子系统、多媒体与三维内容制作子系统、知识内容加工子系统、流程管理子系统，以及编纂工具集与接口管理子系统等。

然而，严格意义上完全普世的数字编辑系统可能不存在。对于不同的专业领域、不同的应用场景，也许最核心的技术、最本质的算法类似，但是还有必要对不同的应用做优化和个性化处置。比如流程、节点、分布式的处理、运行时间、云上部署等。

出版社数字编辑系统的建设，理论上只是解决内容及编辑加工，而事实上，内容要能够被阅读，知识要实现服务，还需有数字化的发布平台和运营平台，同时，以市场为导向的发布方式和运营模式，也会对内容样态、对编辑加工的环节和流程产生影响。从这个角度上看，编辑系统和发布平台、运营平台是一个整体，密不可分，互为制约。

另外，在出版社数字编辑平台的建设中，从出版社的角度看，还存在上线前数据处理的门槛、下线后数据与排版对接、造字、字库等麻烦，但最大、最令人头痛的问题是建设过程中需求变化很大造成的困顿。从顶层设计、目标、架构到具体环节，对需求的诉求，开始可能是大而化之、语焉不详，施工过程中则朝秦暮楚，摇摆不定，心中无数，朝令夕改。而技术公司的问题是，对出版社的业务缺乏深入了解，缺乏真正适配出版业的架构师，加之，出版社和技术公司人员处于不同的语言体系中，沟通起来相当费劲，参与各方时而品尝对牛弹琴、无所适从、效率低下、无可奈何的烦恼。

这个问题从根本上讲还是人的问题。数字编辑系统的建构，急需复合型编辑人才和技术人才，既熟悉出版流程和规律，也了解数字化阅读特点和趋势，了解数字化技术发展和应用现状及趋势。而复合型人才的培养、获得，将是出版社决胜数字出版的关键所在。

第六编：互通有无，博采众长
——版权贸易和对外合作

交流，不但是人类内心天然的渴望，在世界越来越紧密关联的今天，也成为了一种客观必要。图书出口、版权交易、国际组稿、海外本土化，越来越多的合作样式走上前台。

200多年前，古典经济学家 D. 李嘉图就提出了国际贸易的基石之一——比较优势理论。书业对外合作，掌握并运用国际商业规则，才可能拥有走向世界的通行证。

■法兰克福书展

全球规模最大的国际性图书展会。每年 10 月第一个星期三
至第二个星期一在法兰克福举行。每年有 100 多个国家、7000 多
家出版商和书商、30 多万个新品种参加法兰克福书展。有"世界
文化风向标"之称。每年在书展上达成的版权交易占世界全年版
权交易总量的 75% 以上。

中国出版"走出去"实务中的"困"*

改革开放以来，中国出版业有了长足发展，中国出版"走出去"取得的成就有目共睹。

然而，目前国内出版社在走出去实务中的"困"不少。当然，出版社要进一步解放思想，努力开拓。但有些问题不是企业可以解决的，需要从政府层面施策给予解困。

出版社自身无法解决、需要政府政策协调的问题比如：

1. 国外样书高额征税，等同贸易行为。

2. 无外汇帐号，贸易收支上，支出换汇8.28，收入折人民币8.16～8.06，还要交手续费，申请外汇帐号门槛高（50万美金）。

3. 版权管理，我国版权登记部门要求版权标志后署名者直接授权，否则不予登记，而国外出版社往往已获得该书版权代理，他们不愿为一点版税再去找作者出具专门的证明。

4. 与外商一旦签订合同，按国际惯例，应立即支付版税预付金；但我方首先必须先到版权登记部门登记，其次还要去国税部门和地税部门缴税，然后才能交付，需要若干工作日。

---

* 2003年3月国家出版总署"中国出版走向世界"调研座谈会发言稿。

5. 政府应正式制作、由税务部门出具有中英文对照的扣税单，目前只有中文，有些外商不认；同时，台湾单位代扣后不给扣税收据。

6. 避免双重征税问题。中国与哪些国家签约，税率为多少，应予公布。中国国税10%，地税5%，但法国说只有10%，只承认国税，我方只得替其交纳5%。

7. 出口及时返税。

8. 版权输出因为成本高、见效慢、风险大，要有明确的扶持、鼓励措施。

9. 重大选题报批，为什么台湾选题要报，而西方选题不要？都有意识形态问题。

关于营造环境。建议：

1. 召开世界华人教育研讨会，目前乃至世界已掀起华文教育热，会议可以研讨教材和发行。

2. 召开世界图书馆东方部中国藏书研讨，打通订书环节。

3. 建立中国书讯查询平台。

4. 设立专项基金，国家资助扶持：如法国政府资助中华书局出版法国文化方面的书，出资培训编辑（2年）、访问等；中国大百科全书出版社《英国留学指南》、《外国法律文库》等。中国专项基金去年100万100册书（版权赠送），但主要是外宣口，应该考虑中国文化的书。

5. 中文教材：目前做得好的是暨南大学（侨办直属单位），对外中文教材，图书出口码洋每年3000多万。国家已纳入专门的机构补贴和扶持，侨办有专门的平台，机构和教育部联手。这是政府行为，走市场行为的怎么办？

6. 开拓海外市场。在市场划分上，可以按人群划分，海外华侨（3000万），外国人；按区域划分，港台、东南亚、欧美等。路径方面,国家侨办、外宣办,还有一个重要的路径是市场、市场行为。

7. 提供信息平台,让出版机构可以及时了解海外华人分布、动向,我国在各地设立的分支机构等。

关于在国外设立分支机构。建议:不一定都要在国外设分支机构、办出版社,从成本的角度考虑,可借助当地力量,借助外脑,根据需求,共同策划,进入主流社会。商务印书馆《应用汉语词典》(大陆名),最早与日本创意,后新马获知参与,根据他们的思想调整,与传统词典不同,强调学习性,提供背景性的东西。新马版本早于大陆版出品,短短时间内发行1万多册,借助当地出版社平台进入主流社会。当地出版社通过新加坡教育部,将该《高级汉语词典》列入书目,可在华文考试时带入考场。

版权贸易中避免双重征税中的地税,征缴的性质问题。1. 各国与中国协议税率一般只有10%,无地税? 2. 国税作为所得税,而地税(中国的特殊税种,包含营业税+城建+教育费附加等)中主税为营业税——流转税,其特征是经济行为要参与进来。但从签约情况看,一般是授权方做文本,指定仲裁机构和适用法律,双方签字生效,有些是指定在国外签订并生效的,这时交易行为发生在国外,还要抵扣?在国内签订生效的,作为无形资产的版权交易完成,但对方对此图书的出版经营的经济行为(货物贸易)是在国外进行,此地税扣除的依据何在?无形资产交易所得不交营业税,无形资产交所得税和附加税。

"走出去"与"走进去"*

——从《城市周报》谈起

  《城市周报》（*City Weekend*）是一本英文杂志，由中国大百科全书出版社于2000年6月正式出版，荣格（中国）广告有限公司独家广告代理。它以来华外籍人士为主要读者对象，以弘扬中华文化、介绍中国改革开放成果为宗旨，以休闲娱乐为主要内容，国际标准16开，全彩印刷。

  《城市周报》创刊至今已进入第10个年头。10年来，其发行量已从最初的25000份/期增长到今天的50000份/期，页码从28页发展到68页，刊期也从双周变为旬刊，2009年总发行180万份。随着内容的不断丰富，发行量不断攀升，外籍读者遍及各行业。《城市周报》已成为英文娱乐杂志中的佼佼者，被读者誉为"在中国城市生活的必备指南"。

  《城市周报》在外国使领馆和外国人公寓的到达率很高，编辑部的工作人员也因此在去美国使馆签证时受到了较好的礼遇。中国大百科全书出版社资深编审、《城市周报》总编辑许丽君女士每次都会问签证官对刊物的看法，得到的回答是"非常喜欢，很

---

* 原载《文化"走出去"与出版创新》，2009年。

有用"。

社科院的两位英文教师 Calor 和 Judy 说，《城市周报》是很有益的读物，每次看都能了解中国的一些事。市场总监切尔利说，若想了解中国的最新事件和活动，《城市周报》是必不可少的读物。

《城市周报》发行量上升，源于对读者定位、办刊理念，以及营销方式的思考和实践。首先，定位外籍人士。《城市周报》每年一次的读者调查表，对读者的相关情况进行了调研统计。数据显示，从读者类别看，《城市周报》的读者86%，即绝大多数是外籍人士；月收入在5000美元以上的读者数超过五分之一；经理、企业主、高级经理人约占读者的三分之一。《城市周报》的读者大都具有良好的教育背景和文化素养，有着较强的文化探索兴趣和理解力，有着多样而广泛的传播渠道。随着中国融入全球化的进程不断加快，来华工作、学习、生活和旅游的外国人越来越多，为他们专属打造的《城市周报》有着广阔的发展前景。

其次，为读者量身定制。外籍人士一踏上中国国土，对中国文化、政策环境、风土人情、衣食住行等的了解，有着更加迫切的愿望和现实的需要。《城市周报》主要栏目有"封面故事"、"旅游"、"我的一天"、"新书介绍"、"城市资讯"、"美食美酒"等。

"封面故事"是《城市周报》的主打栏目，每期一个重点，着力介绍中国特色文化，如近年"封面故事"有儒家文化、中国家庭、中国教育、针灸、中药、茶文化、京剧、昆曲、菜系等；在"旅游"栏目里，不仅导引人们游历中国的秀美山川、领略自然和文化遗产的神韵，还注重展示新中国尤其是改革开放以来的建设成就，近年介绍有三峡、山西平遥、四川大熊猫保护区、西藏大昭寺、红军长征走过的路、奥运场馆、上海世博会等。

"我的天"栏目，则以多人视角，串连亲身经历、丰富多彩的个人体验。"城市资讯"、"美食美酒"等栏目，亦及时提供在华居住必不可少的生活资讯。文章均由在华外国人执笔，直接用英文写成，文章短小，文法规范，文风活泼，配以各种实景照片、特写插图，视觉上赏心悦目，读起来轻松愉悦。量身定制，符合口味，《城市周报》愈来愈成为外籍人士在华的必需品。

还有，广泛布局、方便取阅的发行场所。从统计分析可见，使领馆、公司和写字楼、公寓、会所、学校、医院、机场、超市、餐厅、酒吧、咖啡馆、宾馆酒店均是《城市周报》的发行场所。其中，餐厅、酒吧和咖啡馆占总发行量的一半；宾馆、酒店、公寓占四分之一强；外资公司和学校也占有相当的发行量；大使馆、领事馆全面覆盖。

这些往往是外国人逗留之地，是外国人扎堆的地方。值得注意的是，其中餐厅酒吧、咖啡馆、宾馆、酒店和公寓等休闲场所占76%，即超过五分之四！按照社会心理学的说法，在气氛轻松的生活状态中人们更能接受新鲜事物和新的文化。《城市周报》在这些场所大受欢迎，这大概也可作为一个佐证吧。

在外籍人士中良好的美誉度，使《城市周报》获得多次重大国际盛会的青睐。2008年，《城市周报》是唯一一家获得许可进入奥运村的英文刊物。2010年，《城市周报》对世博会也有浓墨重彩的准备及行动，通过采编更加丰富的内容，以及和世博局的密切配合，目标发行量将提升至85000份/期，增长了63%！

在世博会期间，工作团队将更专注于在世博园区内和周边地区消费场所的发行。还会与世博馆有亲密合作，让《城市周报》在世博期间得到最好的呈现。

《城市周报》是"走出去"和"走进去"的一种有益探索。首先，丰富了"走出去"的内涵和形式。和在华外国人的沟通和交流，是"走出去"的重要形式，是"走出去"的有机组成部分。"走出去"是让世界了解中国，让中国了解世界。

中国和世界的彼此了解、沟通，其主体是人的了解、沟通，是人的交流、思想的交融。每年来华外国人有几十万之多，他们是最直接和中国接触的人，同时，他们来自世界各地，本身就构成了一张巨大传播网络，其影响力遍布全球每一个角落。特别关注这一巨大人流，用恰当的形式，帮助他们更全面、更客观地了解中国，是加强文化交流与传播的有效途径。

国土有疆思想无界。在全球化进程加速、人员流动频繁的今天，在网络技术、信息技术飞速发展的当下，各种思想体系的碰撞，各种文化的了解和交融，早已突破疆域、时空的束缚。"走出去"已不仅也不应仅只圈定为走出国疆地域的范畴。

其次，努力在"走进去"上下功夫。"走出去"的目的是为了"走进去"，走进外籍读者的心灵。"走进去"要解决的根本问题之一是，为外籍读者量身定制。从他们感兴趣的点切入，并采用他们喜闻乐见的形式。《城市周报》从最基础的工作入手，即针对外籍读者的实际需要，从题材类型、展示形式、作者队伍、发行场所等方面，进行深入调研和比较精准的把握，给他们提供真正想看、爱读，并方便购阅的读物。

最后，在经营方式上，尊重市场经济规律。《城市周报》在经营上联合了世界著名媒体公司。多年的合作中，遵循以下原则：

市场运作原则。市场经济已行经数世纪，是当代国际社会通行的经济模态。尊重市场规律，坚持市场运作原则，是对话、交流，乃至合作的基础。《城市周报》在经营中，建立了全面的市场运作机制，奠定了持续增长的机制保障。

商业原则。商业规则的核心就是盈利。过去的年份里，《城市周报》为双方的财务报表一路增彩。在2009年新一轮的商务谈判中，外方说，过去的合作给他们带来了盈利，因此他们董事会一致决定要和百科社继续做下去。从百科社自身来说要保持可持续发展，也必须坚持商业的规则，坚持盈利的原则。今天的世界市场，充满太多风险、太多不确定性，同时也集聚了前所未有的新机会。如今在世界打拼，显然不能靠单打独斗，必须走合作的道路。资源重组、优势互补，是相互借力，形成更强大的合力冲击目标。合作的基础是共赢。双方都能获益，合作才有动力。要达到共赢，需要双方积极沟通，互相信任，认同发展战略，确立经营目标，包括长远的目标。

《城市周报》在和外方合作中，不仅注重双方当期的赢利水平，还特别注重长远的框架搭建，这是从双方效益最大化的角度考虑的。良好的合作，增进了了解，外方主动拓展了合作项目，决定将百科社出版的"中华文明史话"系列丛书，译成德文，在欧洲发行，目前已有《中华体育史话》、《故宫史话》、《敦煌史话》等译本出版。

"走出去"是社会发展的要求，是国策，也是企业发展的内在要求。"走出去"具有鲜明的时代特征、丰富的内涵和多样化的形式。当前，中国出版"走出去"炙手可热，林林总总的各式文件必谈，几乎所有媒体必谈，同时，在一个个"工程"推动下中国出版人的足迹遍布世界，版权输出数据一年高过一年，一地高过一地，出版"走出去"的成就日益显著。

然而，出版业"走出去"仍然存在明显的软肋。比如，中方热情高、决心大、投入多，版权输出、图书贸易的品种升幅也较大，但市场份额及销售业绩并不理想，甚至是很不理想。这里似乎存在着一个盲区，这么多努力的"走出去"，究竟走向了哪里？走向了谁？

这直面了"走出去"的根本问题："走出去"的方向和目标是什么？是"走进去！"让中华文明走进世界民众的视线，走进他们的心田；与此同时，中国也将更真实地领略世界文明的真谛，汲取更多优秀文化的滋养。

"走出去"和"走进去"，是一个事物的两个方面。"走出去",由里向外,是离开;"走进去",从外面到里面去,进入某个范围或某个时期里。没有离开便没有进入,固守原点,永远无法到达彼岸;离开是为了进入,没有进入的离开,如同浮萍,难以扎根,如同轻烟,随风而散。

"走进去"意味融入世界市场,而世界市场有它自身的运行规则。这些规则,是能够真正实现"走进去"的密钥。掌握并善于运用这些规则,就掌握了迈向成功的通行证。

"走进去",是趋向动作,趋向性过程。遵循规律,扎扎实实从基础性工作做起。坚持不懈地、务实地努力,一定可以到达目的地。

国际图书博览会经营谋略 *

一、国际图书博览会的基本情况

为何要举办国际图书博览会？

如何确定参展目标？

起源和发展

国际图书博览会（International Book Fair）是国际性的图书展销与交易集会。是对外图书贸易的一种重要形式。图书博览会的历史源远流长。它是由中世纪欧洲地区的商业集市逐步发展而来的。中世纪的欧洲，由于具有得天独厚的地理位置和其他从事贸易活动的有利条件，商业、贸易比较发达，在许多城市形成了商业中心。早在15世纪下半叶，西方活版印刷术发明初期，印刷商已开始在集市上推销书籍。欧洲一些大的贸易集市逐渐成为印刷商们的聚会地。1462年秋天，在德国美因河畔的法兰克福出现了书籍集

* 原载 2000 年 9 月 15 日《中国图书商报》，收入《两岸华文出版文集》，2001 年。

市。16世纪下半叶至17世纪上半叶,法兰克福成为德文图书发行中心和拉丁文图书国际市场,也是宗教改革书籍的发行中心。1579年后,由于德国皇家书籍委员会对新教书商极力刁难,致使书商转向对出版采取宽容政策的莱比锡。17世纪中叶后,莱比锡书市成为国际性的书商聚会地。

出版、印刷技术的进步,经济的发展,尤其是二次世界大战后技术和经济的迅猛发展,极大地刺激了图书商品的生产和流通,国际图书市场日益活跃,贸易逐渐频繁,贸易规模不断扩大,商业性图书集市逐步演变为今天的国际图书博览会。

特点

时至今日,国际社会在政治、经济、文化、国际关系等各个领域都发生了深刻的变化,图书博览会这一重要的贸易形式也随之增加了许多新的内容和特点。举办地点已由欧洲地区扩展到遍及五大洲,举办的国家越来越多,规模越来越大,重要的国际图书博览会均定点和定期举行。形成了一批著名的国际图书博览会,目前,规模和影响最大的是德国法兰克福图书博览会。由最初的图书商品博览会发展成为图书样品博览会,由注重现场零售发展到侧重签订订货合同。最初,参加博览会的客商大多是将图书商品全部运到博览会现场,当场看货成交,就地售出。随着技术和工艺的发展,图书生产日益标准化,以及博览会规模的扩大,客商只需将样品带到博览会参展,客户可看样交易。

版权交易成为重要组成部分。随着人类物质文明的发展,人类所能支配的各种财产的范围逐渐扩大,尤其随着资本主义的产生和发展,人类凭借自己的智力而创造的成果,也逐渐纳入财产范围。这就是知识产权。知识产权的专有性以及社会进步要求知识成果的共享性,促使版权贸易蓬勃发展,版权交易成为国际图书博览会的重头戏。

功能

国际图书博览会是各国重要的图书进出口贸易、版权贸易渠道。博览会的重要功能是开展贸易活动。博览会期间，通过广告宣传、样品展示，可直接向来自世界各地的客商推销自己的产品，并从世界范围内挑选和引进优秀的文化成果。这种供求双方直接见面的贸易方式，有助于拓展图书贸易渠道。

国际图书博览会是各国向世界展示经济文化实力的窗口，它综合反映了各国经济、文化、科学和技术等各个领域的发展状况，是各国树立国际形象、不断提高和巩固自己的国际地位的重要阵地。国际图书博览会还为世界各国各地区的书商以及观众进行广泛接触提供了良好机会。是进行文化、技术交流，互相学习，增进了解的重要场所。

国际图书博览会是了解国际市场动态的信息库，具有预测书业未来的功能。通过和各国各地区各类书商广泛接触、参观展品、洽谈贸易，可以掌握更多的国际市场供需动态，预测世界出版业的发展走向。有利于参展商制定自己的出版策略、出版方向，改进管理，调整产品结构，提高产品质量，增强产品在国内国际两个市场的竞争能力。

综上所述，国际图书博览会这一贸易形式经过长期发展已日益完善，在国际出版贸易中的作用也愈加重要，成为各国出版业拓展贸易渠道、掌握国际出版市场信息的重要手段，成为国际出版经贸运营不可缺少的重要环节，成为显示各国、各地区出版业发展状况，综合反映各国、各地区经济发展状况、科学技术发展水平、人民生活质量提高程度的晴雨表。因此，国际图书博览会越来越受到世界各国政府、行业和企业的普遍重视。

类型

国际图书博览会按展品种类或交易形式分为综合性博览会和专业性博览会。

综合性博览会有两个含义：一是指展品类别的多样性，各个国家和地区的各类图书产品都可参加展出和交易，综合型的图书博览会在世界上居多数；二是指交易形式也是多样的，包括版权转让、图书订购，以及其他合作形式等。

专业性博览会也有两个含义：一是指各国和地区参加博览会展出和交易的图书产品，仅限定在某一类专门性产品上；二是指交易形式上或侧重版权交易或侧重展销订货，因而也有人将博览会分为版权型或展销型。

主要国际图书博览会

欧洲：14个。法兰克福图书博览会、莱比锡图书博览会、伦敦国际图书博览会、巴黎图书博览会、欧洲连环画博览会、博洛尼亚儿童图书博览会、日内瓦国际图书与报刊博览会、华沙国际图书博览会、意大利图书博览会、欧洲科技、医学、专业图书博览会、布达佩斯国际图书与录像带博览会、英国书商协会年会与图书展览会、莫斯科国际图书博览会、贝尔格莱德国际图书博览会。

北美洲：5个。美国书商协会年会与图书展览会（EBA）、魁北克国际图书博览会、蒙特利尔图书博览会、加拿大书商协会年会与图书展览会、瓜达拉哈拉国际图书博览会。

南美洲：4个。布宜诺斯艾利斯国际图书博览会、波哥大国际图书博览会、圣保罗国际图书博览会、圣地亚哥国际图书博览会。

亚洲：9个。北京国际图书博览会、中国台北国际书展、中国香港图书博览会、加尔各答图书博览会、新德里世界图书博览会、东京国际图书博览会、新加坡国际图书博览会、伊斯坦布尔国际图书博览会、耶路撒冷国际图书博览会。

澳洲：1个。澳大利亚图书博览会。

非洲：4个。开罗国际图书博览会、突尼斯国际图书博览会、内罗毕图书博览会、哈拉里国际图书博览会。

确定参展目标

目前，每年在世界各地举办的国际书展很多，没必要每会必到，况且财力也不允许。这就需要在对国际书展的性质、特点、功能和类型有所了解、掌握各个书展的有关资讯的基础上做出选择。国际书展的选择应和本社的出版业务挂钩，以提高参展的效益。

重要国际书展参展的连续性。重要的国际书展蕴含着大量的商机。如法兰克福国际书展，有100多个国家、9000多家出版商和书商、30多万个新品种参展。达成的版权交易占世界全年总量的75%以上。香港书展是华文书籍流向世界市场的集散地，对汉语图书选题的开发、结构的调整、印制水平的提高、图书进出口有着举足轻重的影响。坚持对重要书展参展的连续性，有利于熟悉国际图书市场、捕捉书业动态、形成稳定安全的形象，有利于工作的开展。

二、国际书展参展人员

谁参展成功率高？

派经营型人员参展

国际书展是重要的贸易场所，其主要功能是交易。所以，国外参展者都将经营作为书展的第一要义，围绕这一宗旨派遣销售代表或版权代表之类的经营型人员参展，并围绕业务中心展开各项活动。中国这些年来参加国际书展，尤其是重要国际书展的人员中，有一部分人逐渐相对固定下来，他们的经验越来越丰富，为所在单位交易成功的项目也越来越多。但是，中国具有不同的国情，需要利用各种机会向国外学习，包括参加国际书展，向海外同行学习，这也是有益的。还有的将参加国际书展作为福利，参展人员一年一换，且以游玩为主，其鲜有成果的结果可想而知，所以，如果希望通过国际书展在经营上获得成功，在参展人员的派遣上，首先要保证具有开展国际合作条件的业务人员，在财力允许时，同时可以考虑让有关人员前往观摩。

参展业务人员的素质要求

国际图书博览会的性质与特点，要求参展的业务人员具有较高的综合素质。要有走向世界的雄心壮志，要有自信、自重、自尊的精神，此外，还要具备多方面才能。

第一，尽量熟悉本单位出版范围内学科的基本情况，以及这些领域的书籍出版情况，这是开展图书贸易和版权贸易的基本前提。

第二，参展人员应对自己的展品内容、特色、价格等情况了如指掌，能够对客商或参观者的咨询给予满意的答复。

第三，熟悉市场运作。市场运作能力，是开展图书贸易的需要。如在版权贸易中，促销已经越来越被作为一项硬性要求明确列入出版合同中。出版社如不能按合同要求开展促销，授权人有权终止合同。这就要求业务人员了解市场情况，熟悉市场运作规则和运作技巧。实际上，版权的引进，同时也会带来国外图书市场机制的引进、国外先进的市场操作方法的引进。这是引进层次的深化，有利于全面提升我们的市场运作能力和竞争实力。

第四，熟悉版权法与国际公约。1992年10月15日和30日，《伯尔尼公约》和《世界版权公约》在中国正式生效，标志着我国版权市场开始与国际市场接轨，这对中国版权产业的发展具有深远的意义。各成员方在一种对等的前提下，即遵循共同的规则——国际公约，进行对话和交流。这要求版权工作者熟悉交易国家和地区的版权法，以及国际公约，在法律的基础上互相尊重、维护双方的权益。

第五，熟悉版权代理等版权服务机构，并借助代理公司的力量。版权代理公司是在版权市场发展过程中应运而生的，现在已经成为现代版权贸易的桥梁。版权代理公司具有人才专、信息快、经验多、联系广等优势，无论是在取得授权还是推介作品方面，都能发挥重大积极作用。代理机构代理中小型出版社版权发挥的作用尤其明显。在发达国家，版权代理业非常发达，代理机构在版权贸易中的作用举足轻重。中国改革开放以来，先后批准成立的版权代理机构已有20余家，在版权贸易中日益活跃。我国版权产业这几年快速发展，代理机构起到了积极推动作用。

第六，要有良好的外语基础。外语是开展对外合作的重要工具，是与外国人对话、顺利开展图书贸易的重要条件。从目前我国出版业情况看，具有综合素质的对外合作人才奇缺。我国出版产业要快速、健康地发展，首要的是要解决人的问题。相关部门和单位应将对外合作人才的培养纳入计划，必须尽快提高涉外工作者的综合素质和各项技能，培养能与国际出版市场对话的复合型人才。

参展业务人员应保持连续性、相对固定性。进行谈判，需要一定的经验和技巧，同时外商也更愿意与熟悉的人打交道，因此，保持参展业务人员的相对稳定性，对于成功地进行版权贸易是非常必要的。要克服作为一种福利待遇性的安排。

三、如何选择合作伙伴

谁是最合适的合作者?

了解世界出版市场、七大出版强国及其出版机构

20世纪90年代以来,就地域而言,欧洲、北美洲的出版业最为发达,亚洲、南美洲、大洋洲次之,非洲较为落后。就国家来说,从整体出版实力而言,已经形成美国、英国、法国、德国、荷兰、日本和俄罗斯7大出版强国。几大出版强国人口约占世界人口总数1/7,但其图书市场总量占全球总量的50%以上。

头号出版强国美国1996年图书销售额216.27亿美元(1996年),占当年全球图书营业总额的32%。美国年度出书5万种左右,出版机构约有2.1万家,年出书100种以上的100余家。出版业中心在纽约。英国年度出书5万种左右,年销售额47.72美元(1996年)。出版机构约2400多家,年出书100种以上的约50家。出版业中心在伦敦。法国年度出书3万种左右,年销售额33.06亿美元(1996年)。出版机构4000多家,年出书100种以上的约50家。出版业中心在巴黎。德国年度出书7万种左右,年销售额97.73亿美元(1996年)。出版机构约3000多家,年出书100种以上的约80家。出版公司较集中的城市有:慕尼黑、柏林、莱比锡。荷兰年度出书2万种左右,年销售额11.55亿美元(1996年)。出版机构约560家,年出书100种以上的约30家。出版业中心在阿姆斯特丹。日本年度出书5万种左右,年销售额91.26亿美元(1996年)。出版机构4300多家,年出书100种以上的约50家。出版业中心在东京,有出版社3418家,占总数的80%左右。俄罗斯年度出书47300种，年销售额6.78亿美元（1996年）。俄罗斯出版界经历了巨变。出版机构数目激增，1990年俄罗斯境内出版机构133个（其中68个直属中央），10年后激增至17000家，年出书100种以上的只有26家。与此同时，生产集中化趋势迅猛，目前30家最大出版社年出书种数占全国的25%，印数占50%。最大的5家出版社出书印数占全国总数近1/3。出版业中心在莫斯科和圣彼得堡。

支撑出版强国的是一大批实力雄厚的出版机构。如德国的贝塔斯曼集团，1998年斥资14亿美元收并了美国著名的兰登书屋，给世界出版业造成了巨大震动。英国的皮尔逊公司，其出版业务已经扩展到60多个国家和地区，1999年斥资4.6亿美元，收购西蒙·舒斯特公司的教育、职业技术和工具书的19个公司，2000年3月31日，皮尔逊公司又以3亿英镑收购大名鼎鼎的DK公司。

目前，欧美的出版市场主要被300家左右大的跨国出版集团所控制，英国有出版机构近3000家，但四大出版集团皮尔逊、哈勃·柯林斯、里德·艾维尔德和麦克米伦，以及牛津、剑桥等50家出版大公司却瓜分了图书市场50%的份额。俄罗斯目前30家最大出版社年出书种数占全国的25%，印数占50%。最大的5家出版社出书印数占全国总数近1/3。许多出版机构有自己的优势产品。如文学书方面有：美国阿尔弗雷德·A诺夫公司、兰登书屋、企鹅美国公司等，英国梅休因公司、文播公司、麦克米伦等，法国的加利马尔出版社、阿歇特出版公司等。专业学术书方面有：美国麦格劳希尔公司、约翰威利父子公司，英国哈珀柯林斯出版公司、牛津大学出版社、剑桥大学出版社，德国的施普林格出版公司，荷兰的埃尔塞维尔科学出版公司、克吕韦尔学术出版集团等。儿童书方面：比利时的卡斯特曼出版社、法国阿歇特出版公司出版的连环画，堪称西方国家连环画的精品。艺术书方面：日本、美国、英国、法国、德国一批出版机构的艺术书，印刷精良，装帧考究，气派豪华，堪称印本图书的精品。

世界7大语言出版市场

在地理、历史、文化、政治、经济等诸多因素长期、综合作用与影响下，世界范围内逐渐形成了以英语、法语、汉语、西班牙语、德语、俄语、阿拉伯语为主要出版语言的出版市场，英语是世界上最主要的出版语言，同时造就了世界上最大的出版市场。据统计，全球每年出版的图书中，有1/4是用英语出版的。20世纪末，以英语为本国主要出版语言的国家和地区36个。法语是世界上位居第二的主要出版语言，全球每年约有7%的图书是用法语出版的。20世纪末，以法语为本国主要出版语言的国家27个。第三大语言出版市场是汉语出版市场。中国1999年用汉语出版新版图书83095种，重版、重印书58736种，共计141381种，总印数达73.16亿册（张）（均不包括中国香港、澳门、台湾）。台湾每年用汉语出版图书3万种左右；香港、澳门两地每年用汉语出版图书1万种左右。新加坡每年用汉语出版图书2000多种。以西班牙语为本国主要出版语言的国家20个。以德语为本国主要出版语言的国家4个。以俄语为本国主要出版语言的国家10多个。以阿拉伯语为本国主要出版语言的国家22个。除了上述7大语言出版市场之外，以日本为宗主国的日语出版市场和以葡萄牙、巴西为主的葡萄牙语出版市场紧随其后，在世界出版市场占有一定份额。

世界图书消费市场

根据世界著名咨询机构 Euromoni tor和 Subtext1998年发布的统计资料，世界最大的图书市场在美国，1996年，美国年图书营业额为216.27亿美元，占全球图书营业总额的32%。紧随美国之后的是德国。排在第3的是日本。排名第4至第13位国家分别是：英国、法国、西班牙、韩国、巴西、意大利、中国、加拿大、澳大利亚、荷兰。近年来，中国的图书营业额增长很快，排名正逐渐前移。

若按人均购书额计算，全世界最高的是挪威；其次是德国。排名第3至第13的国家分别是：奥地利、丹麦、美国、西班牙、瑞士、瑞典、日本、芬兰、英国、法国、荷兰。

畅销书

美国是"畅销书"（bestseller）一词的发源地。美国《出版商周刊》、英国《书商》周刊、法国《图书周刊》、德国《书业报》等著名期刊每期刊登畅销书名单。《出版商周刊》刊登最新的精装畅销书名单和平装畅销书名单，总共60种。精装畅销书分小说、非小说两类，每类各列出15种；平装畅销书分纸皮书、平装书两类，每类也各列出15种。《书商》周刊每期刊出畅销书的组成是：精装书15种、纸皮书15种、精装小说8种、儿童书（纸皮书传记与自传、科幻与恐怖书）8种。

选择合作对象

要选择出版范围对口的出版机构，由于题材比较接近和集中，命中率较高。同时，也有助于强化出书特色。如商务印书馆和国外一些工具书出版机构合作、建工出版社和外国一些建筑出版社合作；电子工业出版社和美国知名计算机书籍出版机构合作；外研社和美、英语言教学出版机构合作，都获得了巨大的成功。和信誉好、知名度高的出版机构合作，其著名品牌可产生巨大效应。如世界百科全书的经典之作《不列颠百科全书》中译本，DK的儿童书中译本、《牛津英语词典》等，在中国市场热销。选择一批战略性的合作伙伴，建立长期合作关系。这些出版社之间关系稳定，信任度高，互惠互利，交流及时，共享资源。可以减少风险，提高效率，获得更稳定的回报。

多做价格比较，获取比较优势。纵观世界市场，有些国家的图书内容、印制质量是比较接近的，但价格差别却较大。但因为语言或接触机会不多等原因，不被我们所认知。比如，德国的儿童读物，做得非常精美，而价格低于DK不少，有多种译本，但中文本不多见。价格是市场运作的灵魂，我们要善于发现世界图书市场的价格变化，以实现比较效益。

四、如何提高中国图书的转让率

选择什么样的图书参展？

如何提高中国图书的转让率？

中国版权输出状况

一个国家版权的输出状况，关系到这个国家的文化在世界的影响与地位，是国家走向世界的重要标志。据新闻出版总署最新统计，从1990年9月到2000年5月，全国开展了版权贸易的出版社共引进图书18400项，输出4600项，版权贸易呈蓬勃发展之势。但是，我国引进版权与输出版权的比例仍然严重失调，自1996年以来，引进与输出比例为10∶1。

而且，港台地区尤其是台湾地区依然是内地版权的主要输出地，1999年，内地出版社向香港、台湾地区输出版权的数量占当年输出总数的67%。这种状况固然是由我国经济发展的状况决定的，但并不等于我们的出版社就无计可施了。今天，随着中国经济持续高速发展,"中国热"在全球越来越多的地方兴起。世界希望更多地了解中国。中国出版界应该充满自信,大胆构思和运营中国出版资源的世界化,加快中国走向世界的步伐。

外向型图书的特性思考:民族性、本土化和国际化

"民族性"是中国图书走向世界的基本出发点,也是根本立足点。个性和特色是魅力和吸引力之源泉,催生着人们的好奇心、购买欲和阅读欲。越是民族的东西越具有国际性。国际书展的展品要在民族性上下功夫;中国图书要进军世界,必须大力发掘民族题材,凸显民族个性。1924年,欧根·狄特利希斯出版社出版了辜鸿铭《春秋大义》的德译本,译本名《中国人的精神》,体现出译者和出版者对该书个性的理解。1935年9月,林语堂直接用英文写作《My Country and My People》,深刻、生动地刻画了中华民族的性格和精神。经赛珍珠代理在美国出版,旋即登上全美畅销书排行榜首,4个月内连印7次,又很快售出欧洲多种文字翻译权。

90年代以来,我国中文图书转让海外成倍数的递增。总的来说,以下方面书籍较受欢迎:与中国改革有关的思想家、政治家传记;成功的经济改革理论和实践:汉、外双语词典工具书和各类提高汉语语言水平的读物;中国古现代文学经典作品、思想家理论作品:中国风土人情画册、摄影集;中国传统医学方面的按摩、针灸、减肥治疗等;中国传统工艺如陶瓷制作、名茶等。中国传统文化、艺术及语言类书籍最受欢迎。日本、韩国等国侧重引进中国文史哲及传统医学内容,如《中国哲学大纲》、《中国禁书大观》、《权利塔尖上的奴仆——宦官》、《中国武侠史》、《隐士生活密探》、《中国佛教史》、《中国药膳大词典》、《中医辩证学》、《中国民间疗法》等。马来西亚、新加坡最感兴趣的是语言类图书,引进了《汉语拼音彩图儿童故事宝库》、《小学生彩图成语词典》、《中学生英汉词典》、

《多功能英汉使用大词典》等。欧美国家青睐中国传统医学及艺术，如德国引进了《西藏风貌》、《中医内科学》、《使用中草药》、《中国保健推拿图谱》，意大利引进了《中国瓷器绘画艺术》、《长寿之迷》，西班牙引进了《经络气功》、《中国茶》，瑞典引进了《中国康复医学》，法国引进了《敦煌吐鲁番文献集成》，美国引进了《十四经穴图解》、《三松堂》、《中医基础理论》、《中国历代名著全译》等。另外，随着中国改革开放成就日益凸显，近年来，国外也开始重视有关中国当代政治经济及高科技方面的图书。如英国、德国、美国和日本分别翻译出版了《中国经济形势与展望》、《中国国家能力报告》、《中国农业发展报告》、《孤立子理论与应用》、《非线性阶偏微分方程》等。以上书籍或反映了令世人瞩目的中华民族的优秀传统文化，或反映了中华民族改革开放和现代化建设所取得的巨大成就，展示了独树一帜、博大精深的中华民族文化风采，耐人寻味，具有丰富的思想启迪性。这是这些图书能够成功转让的基本原因。

外向型产品的语言形式要"本土化"。林语堂直接用英文写作的《My Country and My People》，语言形式、用词遣句、文法逻辑力求符合英语读者的习惯，很快高居销售榜首。第49届法兰克福国际书展上，山东科技出版社英文本的"中国针灸"系列丛书，一下子卖出6个外语版权，一时传为佳话。出版社参展选送样书，特别是可能售出版权的图书，最好做出外文样本，至少要配有英文和参展地外文简介，以便让外商迅速、准确了解图书内容。很多出版社在书展上，就是因为准备不足，文字和语言不通而失去很多交流机会和成交机会。

另外，外向型图书的装帧设计要大胆响应国际潮流。总之，出版社对外向型图书，从选题策划到组稿、编辑，乃至装帧设计，要认真考虑民族性、本土化和国际性，以提高版权的转让率。英国DK出版公司的图书，从开始设计就瞄准多个国家，其版权收入在年收入中占有相当大比重。

　　大家提出比较集中的一个问题是书展上自我宣传很不够,书目及宣传品少,配有英文的更少。配有外文的、精美的书目及宣传材料是进行国际图书贸易与版权交易的重要工具,也是中国图书走向世界至关重要的一步。在法兰克福书展上,我们可以看到台湾同行很重视宣传。除各出版社各自准备精美目录外,还有一本代表团的总目录,每家一页,既介绍出版社概况、名址,又将所参展图书精品以图片方式推出,图文并茂,全部为英文。今后,建议组织单位展前要求并检查各单位制作外文书目、宣传材料,并将各单位主页汇集成册,形成全团参展目录,提高整体宣传效果。

五、如何提高引进项目的成功率

　　如何提高引进项目的成功率?

中国版权引进状况

　　中国第一份有据可查、有现代意义的版权贸易合同,是1899年南洋公学译书院院长张元济与严复就出版严译《原复》达成的协议。改革开放以后,经过20年的努力,中国引进了大量的海外优秀读物。中国大百科全书出版社引进出版的《简明不列颠百科全书》中文版,是1979年1月中美建交后不久在邓小平同志支持下上马的。是改革开放后我国第一次同国外的版权合作。美国报纸报道说,该书的出版表明文化和知识的交流可以超越不同制度的国家。商务印书馆引进出版的《汉译世界学术名著》,是20年来影响最大的丛书之一。从1981年恢复出版至今,已出版9辑360种。1992

年起加重了现代名著的比例。不惜金钱，只为引进学术经典。如熊彼特的《资本主义社会主义民主》一书是在熊氏去世49年时购买的，如果等一年，就可省下版税。人民文学出版社和译文出版社分别引进出版的《尤利希斯》，挑战译界"珠峰"。爱尔兰作家乔伊斯于1922年发表意识流小说开山之作《尤利希斯》，在西方文坛被誉为"20世纪最伟大的英语小说"。该书写法怪诞、文字晦涩，号称"天书"，而且被禁11年、三上法庭。为重现原著精神实质和艺术风貌，人民文学金译本费时16年、译文出版社萧乾夫妇译本，历经5载，做卡片6万张。湖南科学技术出版社引进出版的《第一推动丛书》，给中国带来了科普冲击波。北京大学出版社引进出版的《未来之路》当年发行40万册。北大出版社与微软公司签订此书的协议书原本，作为中美知识产权保护的见证，被中国历史博物馆收藏。

从1990年9月至2000年5月，共引进版权18400项。这表明了国人吸收世界优秀文明成果的渴望和热情，人们在享受人类共同的精神财富的同时，更深切地感受到中国的进步有赖于各民族不同思想文化的广泛交流。现在，版权贸易在国家科技发展和经济建设方面发挥的作用越来越大。近年来，具有较高价值的少儿、艺术、社科、科学类书籍陆续被引进，电子、计算机、财经、贸易、语言类图书成为引进热点。对西方名著的引进和翻译也从重点引进和翻译，转入全集引进和翻译阶段。这说明中国出版业对引进人类优秀的智力成果，有了更深沉的思考和更扎实的行动。但是，中国版权产业和版权市场发展的现状，与中国社会主义经济文化建设需要相比，与中国要成为世界强国需要更多智力支持相比，还有较大差距。

参考"比较成本"理论

19世纪初叶英国经济学家D.李嘉图提出的国际贸易理论，

在其原著《政治经济学及赋税原理》中为"比较有利"、"比较不利"、"比较利益"。中国也有"两利相权取其重"的说法。意即为了充分利用各国资源、获得最大效益，各国按比较利益分工合作。这一学说成为现代国际贸易理论基础。对发展中国家来说，这一理论虽然有一定局限性，但也反映了一定时期的某种规律。版权引进的经营原则可以考虑：自己做不了的；做了也没有人家做得好的；自己做比人家做成本高的。这种情况下，做书不如买书，买书不如买版权。尽管拿来，为我所用。

按出版社范围和出版能力选题

目前，版权业内人士反映最强烈的问题之一是，许多出版社对购买版权表现出"热情有余，冷静不足"，存在随意性和盲目性。一些出版社引进的项目难以得到国内读者和市场的承认。其原因是一方面对国际图书市场知之甚少，在浩瀚的书海中难以把握真正一流的选题；另一方面对国内市场需求了解不足，脱离自己的出版优势盲目引进，选题不对路，质量难以保证；项目重复，互相撞车，图书滞销。版权引进是整个出版社发展战略中的组成部分，应紧密围绕本社的出版方向、出版策略、产品结构、特色品牌来进行。

网络环境下的版权贸易操作

和传统方式相比，网络环境下，使用作品具有一些新的特点：海量信息、交互性、多媒体、不绝版、即时性、满足小众读物需要等。尤其是电子书（ebook）和按需印刷（POD Print on Demand）的出现，使上述特点更为突出。传统出版业无疑是与网络书业关系最密切的，前者巨大的出版资源和无形资产，与后者先进的技术相结合，将带给出版业新的巨大发展前景。伴随网络的产生和发展，网络传播权成为作者的新权利——通过网络向公众传播的权利。因此，产生了相关的版权问题：①买进版权时合同要注意：自己拟以几种方式使用作品；什么样的付酬方式（一次性、点击率、下载等）；同一作品网络形式对纸介形式的影响等。②卖出版权时合同要注意：必须取得授权，拥有作品的网络公众传播权；明确单一权利与附加权利；明确权利的专有与非专有、分许可；许可范围；对本社版权的保护；付酬方式和标准等（一次性付酬，文字：3–30元/10–40元/千字；图片：5–50元/幅；音乐：0.12元/首–盘；版税：5–12%）。③出版社通过网络使用作品时，要注意取得授权和支付报酬。

对等是合作的前提

必须在对等的前提下进行合作，这个前提就是大家必须共同遵守国际公约、国际规则。这些年来，中国在版权保护上取得了长足的进步。但仍存在不少问题。尤其突出的是盗版问题，这不仅使购买版权的出版社蒙受经济损失，也损害了国家形象，严重影响了我国版权产业的健康发展。书展期间在和外商接触中，我们不时会感觉到他们对中国知识产权保护水平的疑虑，一是对盗版问题，二是对印数问题，三是对版税能否及时或预先支付。这种状况直接影响了合作的进度和广度。加强对版权的保护，最重要的是要掌握开展版权贸易的法律知识。要熟悉中国的著作权法，包括了解我国台湾地区和香港特区的版权法；要了解国际版权公约的条款和内容，了解主要贸易对象国的版权法。随着中国加入世贸组织步伐加快，还应了解 TRPIS 中的相关主要条款。

有序发展，协作竞争

今天，越来越多的出版社意识到了主动购买海外版权的重要性，在版权交易中表现出了极大的热情，这是中国版权市场进一步与国际接轨的表现。但是也出现了一些问题：一是有些出版社为取得某些畅销书版权一哄而上，哄抬版税，一些出版社对国际国内图书市场行情不清，盲目抬价，使得版税额高得离谱。二是国内同行购买海外版权的竞争日趋激烈，外商感到有机可乘，在版税率预付金、图书品种和出版时间等方面提出的条件越来越苛刻，而我们一些出版社则不断做出让步。这种不良竞争，扭曲了版权市场正常运行的机制，使出版业蒙受经济上、形象上的损害，影响我国出版产业的健康发展。协作竞争，共同发展，是当今社会发展的需要，也是我国出版界应有的理性思考。要大力提倡从大局出发、从民族利益出发，减少内讧，一致对外，协作竞争，规范有序，加强联合，共图大业。

国际合作二十五载 *

　　2003年9月11日上午11时，中国大百科全书出版社图书馆传出阵阵欢笑声。越南国家百科全书编纂委员会代表团和我社的会谈圆满结束，团员们纷纷掏出相机，咔嚓咔嚓照起像来。百科图书馆高大通透，窗明几净，三门综红书柜顺墙排开，里面摆放着《中国大百科全书》（74卷）、《中国大百科全书》（繁体字版，60卷）、《不列颠百科全书》国际中文版（20卷）、《中国大百科全书》简明版（繁体字版，12卷）等，周正厚实的精装本排排相连、层层相叠，气势恢宏，蔚为壮观。在灯光的照射下，书脊上烫金的书名闪闪烁烁，变幻着奇妙的光彩。代表团西装革履的男士和身着鲜艳民族服装的女士，摆出姿势，按下快门，将此刻留驻永恒。

　　作为百科人，此情此景，让我心潮起伏，思绪绵绵。25年来，我社高度重视国际、地区间的出版合作和交流。具有开放品格、勇于创新的百科人，用自己的聪明和才智，创造了一个个国际合作的奇迹，奏响了一曲曲文化交流的凯歌。

---

* 　原载《中国百科事业25年纪念集》，2003年。

中美文化交流的先河

1980年8月12日，美国西海岸南方的洛杉矶，像桥梁般建筑在混凝土墩柱上、蛛网般密布全城的高速公路上，汽车如过江之鲫，升腾的淡蓝色烟雾，在空中弥漫。市区南部的港口长堤，巨型海轮驶进港口，汽笛声声，不绝于耳。对于大多数人来说，和往日一样，这是普通平常的一天。然而，历史将记住这个日子。为了一个悠远的梦想，五位中国人飞越太平洋，横穿美利坚，在这个200多年前被西班牙传教士命名为"天使之城"的地方，和他们的美国同行会合，掀开了中美文化交流史上浓墨重彩的一章。

洛杉矶大都会俱乐部，原木架构的屋顶，所有的灯大放光明，桔黄的光线，如星光撒落，温柔地包裹着人们。一支萨克斯管吹奏起悠悠的乐曲。酒瓶在调酒师手中上下翻飞，眼花缭乱之中，一杯杯鸡尾酒由侍从送到客人手中。高脚圆桌旁，端坐着几位中国男人。他们表情凝重，若有所思，似乎还沉浸在刚刚过去的一幕。就在这天下午，中国大百科全书出版社领导小组组长姜椿芳，和美国大不列颠公司总裁斯旺森，签署了双方合作出版《简明不列颠百科全书》中文版的协议。中国大百科全书领导小组副组长刘尊棋、组员阎明复、上海分社负责人汤季宏、大百科梁从诚有幸见证了这一历史时刻。现在，他们高举酒杯，谈笑风生，与美国同行频频干杯。

随着《简明不列颠百科全书》中文版协议签订、工作展开，出现了数个具有历史意义的第一：

——中美建交后第一个文化交流项目。1979年1月，延续七年、一直在高度保密状态下进行的中美建交谈判有了结果，中美关系正常化的消息突然公布，立即成为轰动世界的第一号新闻。这一外交事件，宛如一个巨大的杠杆，撬开了历史的一页。正如邓小平1979年1月29日率团访美，在白宫南草坪卡特总统举行的欢迎仪式上所讲的："中美关系正常化的意义远远超出两国关系的范围，中美关系正处在一个新的起点，世界形势也经历着一个新的转折。"1979年11月，邓小平在人民大会堂北京厅接见了不列颠百科全书副总裁吉布尼先生，果断决策翻译出版《简明不列颠百科全书》，并提出了一系列指导方针。后来，小平同志又两次会见不列颠公司领导人，中央领导还将《简明不列颠百科全书》中文版赠送来访的英国首相撒切尔夫人。这在中国对外交流史上是罕见的。这是中美建交后第一个文化交流合作项目，中国第一次以现代百科全书形式向她的人民全面介绍西方文化科学。美国新闻界用"惊人的百科全书"为题，一时成为报道的热点。封闭多年的中国，将科学地、历史地、实事求是地评价自己、评价世界、评价世界文明成果、评价西方先进的科学文化，中国开放的决心和态度，令世界注目。

　　——中国改革开放的总设计师邓小平在接见美国不列颠百科全书出版公司编委会副主席吉布尼时，有关社会主义市场经济的著名论断第一次正式向外界披露。刚刚结束十年文革浩劫的中国，一场关于检验真理标准的大讨论如惊蛰春雷，震动神州大地。邓小平同志以马克思主义者的勇气和胆识，倡导解放思想，实事求是，一切从我国社会主义初级阶段的实际出发，建设有中国特色的社会主义。1979年11月26日，邓小平与吉布尼会谈时指出："我们革命的目的就是解放生产力，发展生产力。离开了生产力的发展、国家的富强、人民生活的改善，革命就是空的。""说市场经济只存在于资本主义社会，只有资本主义的市场经济，这肯定是不正确的。""社会主义也可以搞市场经济。同样地,学习资本主义国家的某些好东西,包括经营管理方法,也不等于实行资本主义。这是社会主义利用这种方法来发展社会生产力。"①小平同志高瞻远瞩,领导全党坚持市场取向的改革,党的"十四大"确定我国经济体制改革的目标,是建立社会主义市场经济体制,这是一个伟大的创举。20多年过去了,中国经济体制改革取得了重大进展,生产力大大解放,繁荣昌盛的中国令世人瞩目。

——中美建交后第一个承认美国公司版权并支付版税的文化项目。美国媒体报道为"突破性事件","一个特别重要的事件"。1979年1月,邓小平同志率领的中国政府高级代表团,就《中美高能物理协定》与美方会谈时,知识产权问题曾一度使谈判陷入僵局。美国方面提出一个强硬的条款,即中国必须承诺全面保护美国公民的知识产权,并表示在知识产权的问题上决不会做出任何退让。当时,中方对知识产权这个字眼还很陌生,中国还没有知识产权法律,也未加入知识产权国际公约。中国代表团在华盛顿紧急进行内部磋商,邓小平态度明确地指出:无论从眼前看还是从长远看,中国都应该建立知识产权保护制度,这个问题不仅影响中美关系的大局,更重要的是,它也是中国改革开放和自身社会发展的需要。这次磋商成为中国知识产权保护的历史性开端。《简明不列颠百科全书》中文版协定签约时,中国的著作权法尚未出台,中国也还不是知识产权国际公约的成员,协定对版权和版税的承诺,意味深长。它表达了改革开放的中国对知识产权的尊重和保护,昭示着中国遵循国际规则、以法治国的走向。

——在不列颠百科全书200多年历史中,第一次由中国学者撰写中国条目。1771年在苏格兰爱丁堡问世的《不列颠百科全书》,

---

① 邓小平.邓小平文选:第2卷[M].北京:人民出版社,1995:231.

两个多世纪以来，连续修订，编风严谨，以其学术性、权威性、国际性享誉世界，对西方文化和社会产生深刻影响，其作者大都在国际学术领域卓有建树，但由于众所周知的原因，在有些条目，尤其是中国内容方面，难免存在研究不够，甚至偏见的情况。邓小平在接见吉布尼时提出，外国的部分搬你们的就是了，中国部分中国自己来写。这一编辑方针充分体现了解放思想、实事求是的精神。美方接受了中方的意见，中国内容条目上升至10%以上。中国学者以求真务实、科学严谨的态度，以丰富的文化底蕴，简约精到的文笔，向世界介绍了中国灿烂的文明，赢得了世界学术界的尊重，为世界更多、更客观了解中国开启了一个新的窗口。

——第一个获得国家图书奖的引进版图书。签约后的编辑出版工作异常艰苦。刚刚起步的出版社，办公分散，资金匮乏，同时，由于种种顾虑、疑虑、思想不统一造成的困难一大摞。然而，有邓小平的积极支持、社委会的正确部署，广大专家、学者、编译、出版人员共同努力，各个部门紧密配合，尤其是《不列颠百科全书》编辑部同仁，在徐慰曾先生带领下辛劳工作。1986年《简明不列颠百科全书》出版后，创下了销售17万套的佳绩。1995年《不列颠百科全书》国际中文版上马，徐慰曾先生再次挂帅，这位老当益壮、身先士卒，既严厉又亲切，被编辑部同志称为"老猫"的长者，将他的壮年、老年都无私地奉献给了这一事业。助手阿去克、刘海英、过西燕、何为，以及编辑部全体人员，日以继夜，奋力拼搏。该书1999年问世，2001年以优良的品质，从众多图书中脱颖而出，荣获第五届国家图书奖荣誉奖。徐慰曾先生2001年荣获出版界最高个人奖"韬奋奖"。

"一字不改"，两岸牵手

我的桌上摆放着几份材料。有些年头的纸张，泛着微黄。一份是1988年9月7日，台湾锦绣出版社企划顾问吕石明访问我社的谈话记录；一份是1992年2月29日，由单基夫社长签署的中国大百科全书出版社授权锦绣出版《中国大百科全书》繁体字版协议书，协议书草案首页的上方，有当时主管外事的副总编辑林盛然同志的手迹："老沈同志，与台湾合作的繁体字版中国大百科全书的协议双方已经草签，三月份可能正式签约，现请您过目，看看是否还有不妥之处。"是现在极少见的钢笔字，流畅、清晰；一份是1994年12月7日社办印发的第28期工作简报，标题为："各方密切合作，参与同志忘我工作，繁体字版60卷排校任务即将全部完成。"对外合作部将它们保管得很好，平整、干净、没有虫蛀的洞眼。

这里记录着一段令百科人骄傲自豪的历史。1978年，在经受过深重苦难、科学文化残破凋零的中国，一大群劫后余生的知识分子，从各地赶赴首都北京，聚集在东总布胡同版本图书馆后院三间平房里，艰苦创业，开始构筑中国伟大的文化工程——编撰《中国大百科全书》。在党中央、国务院大力支持下，经过学术界、出版社不懈努力，一部74卷、近8万个条目、1.2亿多字的煌煌巨帙问世了。它囊括了哲学、社会科学、文学艺术、文化教育、自然科学、工程技术等66个学科，汇集了世界最新科学文化成果，体现了中国知识界最高的研究水准。人民日报评论文章称："这是第一部中国人自己的大百科全书，它跨越了10年浩劫的文化沼泽，架起了通向21世纪的文化桥梁，铸就了一座中华文化的丰碑。"

　　1988年9月7日，台湾锦绣出版公司吕石明来社造访。他来自的地方，以及几经辗转、曲线上京的做法，给他增添了几分神秘色彩，流利的国语，又让人觉着几分熟悉和亲切。他是受公司老板许锺荣委托，慕名而来的。他坦率地说："我们想在工具书上有些尝试，但台湾基础研究不够，如编辞书、工具书不太容易，《中国大百科全书》我们觉得比较符合我们本土观念。""台湾到目前为止没有一套完整的工具书，我们不可能集中这么多人编书。我们想通过正常渠道把《中国大百科全书》转成繁体字出版。"对锦绣公司的提议，我社表示了积极的回应。从那以后，海峡两岸联系不断。1992年4月，双方正式签订协议，锦绣从原计划选用12卷，扩大到60卷，而且确定对原书一字不改。可别小看了这个"一字不改"，这在当时的台湾，恐怕也是破天荒的第一遭，在台湾当局对大陆严加防范之时，《中国大百科全书》能以一字不改的面貌，渡过台湾海峡，堂而皇之登上台湾宝岛，人们不能不赞叹《全书》公允、丰富、精湛的优良品质和不可抗拒的魅力。当时的总编辑梅益同志对这一合作给予了充分肯定和大力支持。他说：过去我们要通过在福建打炮弹向台湾发送宣传品，现在一字不改的大百科全书在台湾公开发售，就是在替我们做工作，所以不要太纠缠于经济帐。

　　根据协议，我社承担了60卷简转繁的全部排校工作。这是大陆与台湾出版界之间规模最大、档次最高，但又是时间最紧的一个项目。在随后的两年多时间中，在社委会领导下，由对外部、出版部、美编室组成的繁体版工作组，始终表现出饱满的精神状态，以高度的责任心，克服重重困难，严格保证排版、校对的质量和进度。繁体版在台湾一亮相，立即引起了极大的轰动，在不长的时间内创下了销售几千套的佳绩。

　　继《全书》繁体版转让成功后，通过版权贸易，我社另外几部大型百科全书，如《中国大百科全书》简明版（12卷）、《简明不列百科全书》（10卷本）、《烹饪百科全书》、《中国大百科全书》（74卷）繁体字电子光盘等，先后全部走向海外市场，为我社赢得了丰厚的版税收入，扩大了我社在海外的知名度。更重要的是，加深了两岸的文化和经济交流，展示了大陆翻天覆地的新气象、新成就。具有深远的社会影响和历史意义。

2000年12月，我应邀参加了在台湾大学召开的《中国大百科全书》繁体字电子光盘首发式，当我站在台大礼堂，代表中国大百科全书出版社致辞祝贺时，我的心是那样的欣慰、欢畅。台湾宝岛，祖国不可分割的部分，台湾同胞，骨肉至亲血浓于水，愿书业搭建的桥梁，将两岸永远相连。

"口袋本"掀起书潮涌动

1998年10月6日，海峡两岸版权贸易洽谈会在昆明会展中心拉开帷幕。会展大厅高悬醒目的五彩条幅，展台摆放错落有致，井然有序。来自两岸的数百家出版机构代表，汇聚一堂。人头攒动，气氛热烈，又隐约透着几分紧张。商场如战场，商机往往如过隙之驹，谁先抓住，谁就占有了主动权。很快，台湾三思堂的英语学习系列吸引了我们的目光。该系列共四五十册，大32开，软精装。我们了解到此前曾有上海远东出版社、北京大学出版社出版过该系列中的几本，效益不甚理想。但我们认为，该书有突出的特点：注重实际场景的操练，使用美式英语，语言鲜活。时髦现代，具有很大的市场潜力。我们立即在现场和三思堂展开谈判，并很快签下洽谈会第一单。

协议签了，但我们心里并不轻松。这个项目对对外合作部，乃至全社对外工作具有非同寻常的意义。1993年《中国大百科全书》第一版出齐后，单基夫社长审时度势，我社适应市场经济需要转轨，经营模式发生重大变化。各编辑部先后进入市场，一批批书卷气十足的男女编辑，情愿也罢不情愿也罢，跌跌撞撞，汇入了市场的海洋。摸爬滚打，几年下来，一个赛一个得目光敏锐、精于计算，一批创收大户相继崛起。但由于历史的原因，我社底子薄，一直面临巨大的经济压力。根据社委会的部署，对外部等服务性部门也将于1999年转变职能，进入独立核算的创收行列。这个项目是对外部的开局之作，成败与否，事关重大。那些天，对外部主任阿去克等人走访了许多书店，方案搞了一大摞，最后锁定以"口袋本"形式推出。

1999年1月图书订货会上，口袋本英语学习系列一亮相，其新颖样式引起了人们极大的兴趣，订单纷至沓来，年内多次重印。对外部初战告捷，士气大振，索性将口袋本文章做大做足，除了跟进英语学习系列，推出第二辑、第三辑外，很快还推出了世界名著等系列共五六十种。对外部在转轨第一年，便赢利几十万元，且愈战愈勇，出版领域和规模也迅速扩大，如今已成为我社引进版出版基地，成为经济支柱之一。

我社口袋本的大获成功，带动了全国口袋本出版热。一时间，口袋本成为许多出版社、书市、书店的宠儿。别看口袋本小，它花花绿绿，洋洋洒洒，把各家书店、地摊点缀得别有情趣，最重要的是它体积小，携带方便，价格低，很多人买得起。在嘈杂的闹市，时常看得到等车的人、路旁歇息的人，从口袋里掏出小书，无论男女老少，一律旁若无人，那份悠然自得、神闲气定，让人称奇。

慧眼挖出"第一桶金"

2000年9月，位于南京市中山东路繁华地段的新华书店，《第一次的亲密接触》大幅招贴分外醒目，画上两颊深陷的"我"和长发杏眼的"轻舞飞扬"，无语凝望，深情款款。这天一早，书店门口排起了蜿蜒的长队。九点一到，店门大开。寂静的大堂顿时热闹起来。年青人奔向高悬"签名售书处"标牌的柜台，一张张新鲜光亮红朴朴的脸，写满兴奋和期待。一排合金框架镶嵌透明玻璃的齐腰书柜，将人流隔开。书柜这边，是专程从台湾赶来的蔡志桓、知识出版社负责人、书店经理和几位工作人员，数百册《第一次的亲密接触》码成巨型圆柱，簇新的书页散发出淡淡的油墨香味儿。在电视《第一次的亲密接触》主题音乐声中，蔡志桓拉开架式，笔走龙蛇，痞子蔡的签名一如他本人的模样：精瘦、文气、奔放。一本本签名书踏着乐符，蹦入无数双期待的手中。眼瞅着巨大的书柱一会儿变矮、消失，一波又一波人潮还在不断涌上前来，乐得合不拢嘴的书店经理，一改平日里的矜持，快步加入了扛箱运书的行列。这种欢快的场景先后还在北京、上海、广州、成都、沈阳、昆明等大城市多家书店、书市上演。

20世纪90年代，互联网络迅速向商业化、社会化扩展，网络文学逐渐兴起，涌现出李寻欢痞子蔡安尼宝贝慕容雪村等一大批网络写手。1998年，台湾痞子蔡的《第一次的亲密接触》在网上连载两个多月，以纯美凄婉的爱情故事、机智恢谐的语言，迅速在网上广为流传，成为最受读者青睐的网络小说。痞子蔡因此被誉为"网络第一写手"。知识出版社领导人谢钢等敏锐地意识到这一现象潜藏的巨大商机，以最快的速度与原作出版社台湾红色文化联系，签订协议取得版权。

针对《第》的出版和营销，知识社借鉴海外成功经验，大胆创新，突破传统模式，以BBS网络版的原生态排版，同时加入网友的评论，充分突出网络的交互性特点。营销上，出版社邀请著名评论人、记者等，在国内数十家有影响的媒体发书评、做专访，多次邀请作者现场签名售书，其时，同名话剧、电视播出，同名电影开机拍摄。《第》取得巨大的轰动效应，销售一路攀升，连续数年稳居畅销兼常销书榜。目前已累计发行50余万册。被媒体称为挖到网络文学"第一桶金"的知识社，乘着极旺的人气又推出了痞子蔡新作《雨衣》、《爱尔兰咖啡》，以及汇集文坛新生代作者代表作的"榕树下网络书系"、"轻舞飞扬书系"、"石榴丛书"等。其他出版社也纷纷行动起来，一时间形成网络文学出版热。网络文学是更贴近年轻一代的文学，它填补了严肃文学与当代青年之间距离上的空白，打破了文学精英对话语权的垄断，为文学爱好者提供了更广阔、更自由、更有希望成功的奋斗之路。网络文学创造的新的文学样式，在当前最大程度地活跃了文化市场。领军并推动网络文学出版潮的知识社，为中国文学发展史上写下了网络文学精彩的一笔，同时，自身也取得了经营上的巨大成功，知名度大大提高。

"质量烁金"，内外双丰

去年九月的一天，暑热消退，秋高气爽。我正在办公室伏案工作，电话铃声突然响起，电话来自彩云之乡云南。那端传来云南人民出版社副社长吴垠清脆的嗓音："我们要开一个会议，希望能购买你社引进出版的《质量烁金》，作为与会代表必读图书。你们社还有什么好书，别忘了介绍给我。"这些年来，类似的情况时有发生。经常有教师、研究人员、官员以及其他读者来信或打电话，询问我社引进版图书的出版和购买事宜。我社数种引进图书，多次被新闻出版总署等政府机构指定为工作样书，许多大型公司踊跃求购发给职工阅读。

作为国家级出版社，我社制定了以《中国大百科全书》为标志、以各种百科全书和工具书为重点、以各种知识性普及读物为基础的战略思路。通过版权引进，将世界上具有优秀品质的学术成果引入国内，是这一战略中的重要环节，是我社对外合作长期以来坚持的方向。我社引进的品种，除《不列颠百科全书》国际中文版（20卷）外，还有《外国法律文库》（25卷）、《价值评估》、《协作型竞争》、《精彩IT》、《汤姆·彼得森MBA自助教程》（5种）、美国ETS唯一授权的"托福系列"等，这些知名品牌读物学术水准高、知识含量大，有效改善了我社图书结构，提升了我社品牌，同时，成为读者竞相求购的珍品。例如《股票操作学》发行量已经接近100万册，为我社赢得了良好的效益。

这些年来，我社在引进版权时，更注重引进先进的出版理念和出版手段，注意学习、借鉴海外成功的市场运作经验。近年我社本版书在选题、书名、内容、装帧设计、宣传等方面，有了较大改观，有些品种得到海外同行的高度赞扬。这种情况，反过来，又推动了我社版权输出。100册的《中华文明史话》，记录中华辉煌历程，展示中华稀世瑰宝，已有70册版权转让；具有浓郁民族风格、着力弘扬人文精神的"西藏系列"，有多本被不同国家或地区引进；《布达拉宫》画册以其独特的史料价值、精美的图文和装潢，被美国书商看中，英文版飘洋过海，进入西方社会。就在刚刚于9月21日落下帷幕的第十届北京国际图书博览会上，我社有19本本版图书版权当场被海外出版商购走，占这次中国出版集团版权交易总量的70%以上，另有10本也在拟定合同之中，创下了历年来本社参展的最好纪录。

跨国行动，科技花开

大百科出版社四楼北侧，推开两扇金属把手的落地玻璃门，一面形象墙映入眼帘。淡雅的米色立绒上，不锈钢雕琢的美术字"中国百科术语数据中心"，组成一个流畅优美的弧形。转过墙来，机房里数台服务器在运转，电流声嗡嗡作响，红黄绿指示灯不停闪烁；操作间摆满赭色电脑桌、浅灰的计算机，一双双灵巧的手飞快敲击着键盘。在出版进入高科技应用的时代，这里成为大百科出版社的神经中枢。四通八达的网络从这里伸向各个部门、各个角落，各种资讯、资料、标准、规范在这里聚集、提练，再发送到需要的地方。

这天，术语中心演示厅西墙高悬着宽大的投影幕，旁边悬挂鲜红丝线编织的中国结。屋中央赭色椭圆会议桌摆放着电脑、投影仪。来自中国标准化协会、中国科学名词委员会、中国百科术语中心等单位的术语工作者，在这里再次见到国际标准化组织第37分会委员会主任、奥地利术语学专家C. 加林斯基先生。加林斯基先生是出版社的老朋友，先后多次到我社访问。随着岁月的流逝，这位高鼻子蓝眼睛的老外，已从最初到我社时的壮志中年，逐渐进入头发稀疏、皱纹满额的年龄。虽然，他浓重德国口音的英语听起来有点麻烦，但他关于最新国际术语学研究动态，最新辞书编纂、术语数据库国际标准的学术报告，言简意赅，投影上的结构图，严谨、精确,复杂而又清晰,完全可以当艺术品欣赏。加之他丰富生动的面部表情,乘人不备突如其来的提问,始终紧紧抓住了听众的注意力。

　　术语是专业信息交流的媒介,是知识传播的工具。在信息技术飞速发展的今天,任何科学研究成果的推广,任何层次的教育活动、科技知识的普及等,其成功与否也有赖于术语的使用。术语信息是现代社会必不可少的信息资源。术语数据库是信息处理系统中术语纪录的结构化的集合。术语数据库为人们利用和共享信息资源,提供更方便、更快捷的途径,有利于提高工作质量和效率。我国首部大型综合性百科全书《中国大百科全书》,其内容具有很高的学术性、知识性、科学性、权威性,其中的名词术语得到全国科技名词审定委员会、全国术语标准化委员会和教育部各类教材的广泛采用。这些名词术语量多,涉及面广,大都附有严格的、可直接引用的定义,是国内任何出版物都难以企及的。国内外专家学者认为,充分利用这些资源建立术语数据库,具有非同寻常的战略意义。国家新闻出版署和出版社对此高度重视,在于永湛副署长直接指导下,1992年中国百科术语数据库作为重点科研项目正式立项。初建伊始,就明确要起点高,向国际水准努力。建库人员访问了著名的加拿大公共翻译署数据库、维也纳大学数据库、国际术语网等,同时,邀请国际知名术语专家来社访问,加强交流和合作。正是在这种交流中,建库人员学习到许多宝贵的经验,得到许多珍贵的建议。例如,为便于数据的交换和发展,数据标识一定要符合国际最新标准。在加林斯基先生的指导下,我社数据标识从一开始便采用了SGML标识,这是在中文领域的首次应用。其后,百科术语数据多次与德国、奥地利、加拿大有关机构顺利对接、交换,在促进文化交流、学术发展的同时,也获得了相应的经济效益。

　　建库10年来,在社委会总体部署和单基夫、林盛然、田胜立、吴希曾等社领导直接指挥下，术语中心领导人王渝丽、田野、王煜等率全体人员，长年累月勤奋工作，先后获得国家新闻出版总署科技进步一等奖、国家科技进步三等奖。在国内，我社数据库和全国科学技术名词数据库、中国标准术语库一道，被专家评论为我国现存真正发挥作用的术语数据库。在国际上，她也得到了认可和赞赏。承担了科技部中国—奥地利科技合作项目，与维也纳大学、国际术语网、加拿大国家数据库等专家、学者，进行术语交流、合作，帮助他们建立汉语数据库。我社多次参加ISOTC37有关术语学、辞书编纂、计算机辅助建库国际标准制订的年会，介绍我国编纂辞书的经验，并将辞书编纂、数据库国际新标准应用到百科数据库建设，以及二版编辑平台、相关数据库开发中。随着数据库技术的日臻成熟和开放交流的日益扩大，百科数据库将发挥更加重要的作用。

25年来，百科社对外合作从艰难起步，到渐入佳境，硕果累累。现在已与美国、俄罗斯、英国、法国、德国、奥地利、波兰、加拿大、日本、马来西亚、新加坡、韩国、越南、澳大利亚以及中国的台湾、香港地区的几十家出版机构建立了长期的合作关系。其中包括美国不列颠百科全书公司、英国BBC广播公司、美国麦克劳希尔出版公司、美国教育考试中心（ETS）、日本旺文社、台湾远流出版公司等世界著名的出版机构。截至2003年8月，百科社输出图书版权300多种，版税收入1000万余元；引进图书600余种，获得了良好的双效益。2001年，百科社荣获全国版权贸易先进单位称号。《不列颠百科全书》国际中文版、《中国大百科全书》繁体字版、《英国留学指南》等多种图书分别获得国家图书奖，全国输出、引进版优秀图书奖。

合作源于认同和需要 *

一

　　中国大百科全书出版社与台湾同行的合作始于1987年。百科社于1979年与美国EB公司签约，并于1986年出版了中文版《简明不列颠百科全书》（10卷本），受到海内外关注，当时台湾甚至出现了盗印事件。后来，台湾中华书局有意出版《简明不列颠百科全书》（繁体字版）。1987年由EB公司出面，代表百科社将与EB公司共同拥有版权的《简明不列颠百科全书》中文繁体字版授与台湾中华书局，三方合作。1989年，此书以《简明大英百科全书》之名在台湾出版。

　　1992年，百科社与台湾锦绣出版公司签约，在台湾出版《中国大百科全书》第一版（繁体字版，60卷）。《中国大百科全书》由各领域学术泰斗领衔，2万多名专家学者完成，被誉为"一座没有围

---

* 　2009年11月两岸版权产业发展论坛发言稿。

墙的大学"，"中华文化的丰碑"。英国科学史家李约瑟赞它"用功之深，有如苍穹"。日本专家称它是"对世界百科全书的挑战"；台湾学者说它是"具有国际标准的"，"是当代中国最大的知识工程"，"规划出版此书的气魄不能不令人叹服"。1994年，60卷《中国大百科全书》（繁体字版）在台湾出版发行。

2002年，经授权台湾远流出版公司，在台湾出版了《中国大百科全书》（第一版，74卷）繁体字网络版和光盘版，经远流数年经营，在宝岛被众多学校、机构、民众广泛使用。今年4月，《中国大百科全书》第二版问世。第二版凝结众多专家学者编辑的智慧，展示了当今科学发展和学术研究的新高度，是面向新世纪的新一代百科全书。百科社和远流出版公司意欲再度携手，共同开发二版繁体字网络版，前景令人期待。

至今，百科社已先后授权台湾十多家出版社，为台湾读者提供了200余种出版物。与此同时，也通过台湾同行的版权授予，引进台湾100余种出版物。从三思堂引进出版的口袋本英语学习系列读物，曾带动内地口袋本图书的流行；从台湾红色出版社引进出版的《第一次亲密接触》等痞子蔡的网络小说，掀起了内地网络小说热潮。远流出版公司及其他台湾同行的出版理念，以及丰富的市场运作经验，也给了我们很多宝贵的启示。

据统计，2002～2008年，两岸出版物版权交易约12000件，其中大陆引进台湾版权约7000件，台湾引进大陆版权约5000件。两岸书展、研讨会每年定期举行。两岸书业同行来往日益密切。这些交流和合作，为提升华文出版在世界文化中的贡献，也为我们企业自身的发展，做出了非常突出的贡献。

二

21世纪的世界，发生了许多新的变化。为华文出版，为两岸出版合作，开创了新的前景。

经济全球化节奏加快，经济危机加速了这一进程。打破区域限制，突破行业瓶颈，在更大范围寻求合作，优化资源配置，延伸产业链条，降低成本，规避风险，寻求成本—效益最优化，是企业生存和发展的理性选择。

随着计算机和网络技术日益成熟，网络阅读和学习将逐渐形成主流，数字化出版呈现强劲快速的增长势头。电子图书、数字音乐、数字期刊、网络游戏、数字报纸、手机图书等，一系列基于数字网络技术的新出版形式层出不穷，出版产业史上又一次革命性产业升级已经到来。虽然数字化出版仍然面临诸如技术标准、知识产权保护等问题困扰，但这一革命性潮流势不可挡。

改革开放以来，大陆经济快速增长。中国模式和中国文化逐渐引发了世界性的关注，"中国热"和"汉语热"悄然兴起。目前，全世界有109个国家、3000多所高校开设了汉语课程，日本、韩国几乎所有大学都教授汉语课程。83个国家和地区设有338所"孔子学院"和"孔子课堂"。美国设置汉语教程的高校800多所。刚于11月18日发布的中美联合声明中，奥巴马总统将启动鼓励倡议，在今后4年内向中国派遣10万美国留学生。

这些变化，拓展了出版市场的容量和向度，将为华文出版带来新的发展机遇，同时也带来了许多新问题，需要我们共同面对。两岸出版合作拓展广度和深度的必要性、可能性进一步凸显。

——数字化出版合作。数字化网络化阅读所创造的巨大商业空间，给我们带来无限遐思。根据新闻出版总署公布的数字显示，2006年大陆数字出版产业整体收入规模为213亿元，2007年为362.42亿元，比2006年增长了70.15%，2008年达到530亿元，比2007年增长46.42%，2009年预计将超过750亿元，数字出版发展势头迅猛。风生水起的数字化大潮，也给我们带来了许多新的挑战，诸如如何建立在公平竞争秩序下的商业赢利模式，推动数字化出版的可持续发展；如何建立强大的网络技术监管，有效打击网络侵权盗版行为；如何建立均衡著作权人和公众利益的著作权授权机制，促进作品合法传播，等等。作为出版人，我们尤其应该清醒看到，无论阅读形式、传播载体、出版业形态发生什么变化，出版的本质仍然是内容。如何净化、监管从业者职业操守，以确保内容的质量，也是数字化时代对出版人提出的重大考验。进军数字化时代的新市场、解决众多的新问题，靠某个或少数出版机构单打独斗显然已完全力不从心。从纸介质图书合作到数字化出版合作，是我们面临数字化挑战的应对策略之一。

——出版产业链合作。出版信息、出版内容、出版营销、出版技术、出版人才等全面合作。从单一版权交易到产业链全线合作，重组各方优势资源，并使之利用最大化，效益最大化。

——资本合作。出版商、投资人共同投资，共同组建出版实体。匹配合作各方的强势资源，运用资本的市场规则，将显现更为强大的效能。从项目合作到资本合作，是惊险的一跃，也是精彩的一跃。

两岸出版交流与合作，源自企业自身发展的内在需要，当然还有对中华文化的认同和热爱。所以数十年来两岸合作总能同声相应同气相求，千折百回绵延不绝。今天，我们迎来了更好的时机，让我们通力合作，实现两岸版权产业比翼双飞。

印度图书市场及中印出版合作 *

一、印度图书市场概况及特点

（一）世界第六大出版市场；世界上仅次于美国的第二大英语国家出版市场。

去年10月国际调查公司尼尔森联合印度出版商协会和印度出版商联合会共同发布了《2015年印度出版市场报告》，显示：1. 2014年，印度图书市场产值为2610亿卢比（约254.7亿元人民币）。2. 注册出版机构19000家，其中大众出版社930家。主要的大型商业出版社有：联合出版公司、维卡斯出版公司、红鹿袖珍丛书出版公司。主要政府出版机构有：国家图书托拉斯、萨希蒂亚科学院、全国教育与训练理事会、新闻与广播部出版处。英国和美国的出版集团大多在印度设有子公司或办事处。出版中心新德里、孟买。3. 年出书10万种。

---

* 2016年8月版权贸易人员培训班讲稿。

（二）发展速度很快。

1. 从2011年至2014年，印度出版业产值年平均增长率达20.4%。2010年以来印度图书进口实现19%年复合增长率；2010年以来，图书出口也实现高速增长，只有去年图书出口只增长了10%。印度是人口大国；印度人民识字率快速提高，从2001年的65%提高到2011年74%，预计到2020年将达到90%；政府在教育和数字化方面不断增大投入；行业整合提速，这些都加快了出版业的发展。

2. 国际出版商长期深耕，印度许多大型出版商都是国际出版集团的分支机构，这其中包括企鹅兰登书屋、阿歇特、培生、哈珀·柯林斯、牛津大学出版社、麦格劳－希尔等；众多国际出版商向印度大量采购出版外包服务。英语图书销售额占整个印度年图书总销售额的55%，并且每年有90%以上的专业学术类图书和三分之二的教育类图书都是用英语编辑出版。2014年全印度的英语图书销售中保守估计约有1700亿卢比（约165.9亿元人民币）直接或间接被英国出版商赚走。

3. 教育图书市场火爆。在大众、专业和教育三大出版领域中，教育增速惊人。K12教科书市场销售额自2007－2008学年以来上涨达191%，从630亿卢比（约61.5亿元人民币）上涨到2013－2014学年的1860亿卢比（约181.5亿元人民币）。同期，学术和高等教育类图书销售额更是增长了251%，达到560亿卢比（约54.7亿元人民币）。

（三）高度分散。

1. 年出书10万种。现有19000家出版社。但通过跟踪ISBN书号数据，近4年有出版行为的出版社为9000多家。

2. 在印度相当大一部分出版社，特别是以出版印度本地语为主的出版社，是不使用ISBN书号的，从这些数据可以看出，在印度出版以印度语为主的出版社要比出版英语为主的出版社多。

3.印度规定使用的官方语言包括英语、印地语等，有22种之多，其中，英文书销量最大，印地文书次之，接下来是马拉提文、泰米尔文、孟加拉文、乌尔都文图书等。

英语图书销售额占整个印度年图书总销售额的55%，并且每年有90%以上的专业学术类图书和三分之二的教育类图书都是用英语编辑出版；在印度本地语进行编辑出版的图书中以印地语为主，占整个印度年图书总销售额的35%，但是印度市场上所销售的一半以上的文学小说类图书却是由其他印度语言编辑出版而成。

（四）销售渠道以实体店为主。

1.在图书零售方面，全印度有超过21000家图书零售商。

2.整个印度图书零售市场严重偏重于教育类图书销售，全国拥有教育专业书店近2万家，而大众书店仅仅只有1800家。

3.除了传统的书店零售渠道，在印度还有另外三个主要的图书零售渠道分别是图书展销会、图书俱乐部以及网上书店，但这三个渠道加在一起的图书销售额只占整个印度市场图书总销售额的不到1%。

4.印度公众对出版物的购买力偏低，全国60%以上的出版物由各种图书馆购买。书刊的发行由20家商业出版社（兼营批发和进口书刊业务）和10家全国性书刊批发公司（兼营进口书刊业务）垄断。全国最大的书刊批发与进口公司是UBS出版与发行公司。

（五）数字出版还在起步阶段。

1.在数字出版方面，印度出版社做出的尝试还比较少，但趋势是增加。

2.电子书销售占整个印度图书总销售额约2%～3%，而线上图书销售额却占到印度整个电子商务市场销售总额的15%。

3.在电子阅读设备方面，去年亚马逊公司在印度成立分公司，开始运营亚马逊印度平台，从而与印度本地电商Flipkart Kindle一起成为印度最大的两家在线图书销售平台。虽然亚马逊将Kindle阅读器带进了印度市场，但目前市场上的电子书阅读器普及率还很低。公众主要使用PC电脑、笔记本电脑和智能手机进行电子书的阅读。

虽然印度新媒体产业发展速度位居世界前列，但受到文化教育普及水平的限制，在线阅读人群数量增长缓慢，这也是电子图书、电子期刊及新闻业数字化转型在印度发展受限的重要原因。

在印度，中产阶级是家用电脑的主要购买者；而在农村，拥有个人电脑的家庭寥寥无几。印度两极分化严重，60%的国民为穷人，这些人仍依靠传统媒体获得信息，只有受过教育的人以及中产以上的阶层才使用互联网获取信息。

超过50%的印度人都是手机用户，而且印度民众享受着最低的语音通信税收。但由于手机上网费用太高，限制了不少民众在日常生活中使用手机阅读或娱乐。

4. 目前印度自助出版业务增长很快，尤其是亚马逊进入印度后，大量的印度作者借助亚马逊自出版平台自主制作并出版作品。

（六）政府、政策法规、市场环境。

1. 政策法规。印度政府采取开放的文化政策。出版业这些年的发展从政府各项政策措施中受益诸多。历史沿革。印度独立前，出版业十分落后，为数不多的出版社基本由英国资本控制。1947年独立后，政府大力支持中小学教科书国有化运动，并鼓励出版民族文字书刊。多数商业出版社都经历了先出版中小学教科书，然后扩大出版品种的发展过程。1968年，中小学教科书出版基本国有化。政府管理全国出版业的机构是国家图书发展局。1957年颁布版权法，并成立了版权局。1958年加入《世界版权公约》，1971年加入《伯尔尼公约》。印度本国出版社自1986年起采用国际标准书号，语区号为81。政府对所有出版物与进出口出版物均免税。政府协助和鼓励本国出版物出口。进口出版物须向进口管理局申请许可证，禁止"政治上对印度有害和宣扬色情及暴力"的出版物进口。政府不对出版业进行直接投资。

2. 全国性行业组织有：印度出版商与书商联合会（1953年成立）、印度出版商联合会（1973年成立），前者还是国际出版商联合会的南亚地区办事处。

3. 市场环境、生存环境挑战重重。第一，盗版是印度出版业一直以来严重的威胁，据称，在印度售卖盗版书的几乎遍布了每一条街道！第二，出版社和书商缺乏相互协调，各自为战，恶性竞争。第三，图书发行环节繁多冗长。第四，印度信贷周期长为出版社和书商管理现金流增加了很大难度。第五，各种直接成本不断增长，增大了出版社的经营压力。

二、中印出版合作机遇与挑战并存

（一）众多历史和现实的因素，如边界问题、西藏问题、贸易问题、安全问题、国内舆论、政治因素、美印利益、中印巴关系等，使中印关系面临一些现实的困境。

（二）主流趋势仍然是合作与共赢。双方有着同样的发展任务和悠久的文化交流史。

1. 世界上人口最多的两个国家；都是世界上经济发展最快的国家，名列"金砖四国"。面临着同样的发展任务。

2. 中国的经验值得印度借鉴。经过30多年的改革开放，中国的全球化程度高，已经成长为全球第一的货物贸易大国。这是印度努力的方向，印度也只有和中国合作，才能在世界贸易组织、世界银行和国际货币基金组织等获得更多发言权，更好维护自身经贸利益。金砖国家开发银行就是成功案例，该银行总部设在上海，首任行长由印度人担任。

3. 中印两国在产业结构上存在互补。印度软件业发达，具备英语优势，加之和西方国家共同的价值观，其优势产业在西方国家推展的成功经验值得中国学习。中国基础设施建设完备，国家动员能力强，执行力高效，这是印度学习的范本。莫迪总理在他的家乡古吉拉特邦担任首席部长时的经济实绩，就是借鉴中国的成功经验，该邦被誉为"印度的广东"。

4. 中印经贸合作已经有了相当的基础。10年前，中印贸易总量只有10亿美元左右，2008年高达700亿美元，2015年两国贸易额超过千亿美元，中国已经成长为印度的第一大贸易伙伴。当然，印度对华贸易目前存在着310亿美元的逆差（2013年），这恰恰彰显中国制造业的发达和中国商品具有质优价廉的优势。印度如何加大对华出口，而非限制中国产品进口，是当务之急。

5. 中印两国同为世界文明古国，文化交流源远流长。

印度古典文献很早便出现了"中国"一名。公元前后，佛教东进，为中华文明所接纳。中印文化交流进入快车道，于6～10世纪达到高潮，加快了中国精神文化的完善过程。10世纪后，双方的交流偏重于物质，中国的丝绸、瓷器、茶叶乃至渔网等更大地影响了印度文明，使注重精神修为的印度文明更趋完善。17世纪后，两大文明的独立交流受限。1950年4月1日，新中国和新印度建立外交关系，交流开始新篇章。虽然期间也有波折，但互动不断，硕果颇丰。21世纪以来，双方交流迈上新台阶。高层互访不断。精神物质、官方民间、旅游商务、访学留学等全方位交流齐头并进，展现了两大文明交流的新活力和新愿景。在两千多年的历史长河中，中印文明往来频繁，互通有无，相互融合，可谓你中有我，我中有你。

三、图书合作大有可为

（一）印度图书进出口种类。

印度进口图书以科技类、儿童类、学术类和教育类图书为主，传统做法主要从英国和美国进口。出口图书以印度和美国合作出版的教科书为主，主要出口到英国、美国、加拿大、阿联酋、非洲、东南亚等国家和地区；印度哲学、宗教、瑜伽、文化、文学、古文明、历史相关题材图书在欧美、阿拉伯、日本、中国等地较受欢迎。

（二）推动中印图书版权贸易和合作，对于开展两国文明对话与交流，展现中华文化独特魅力，合作共建"一带一路"具有重要意义与积极影响。从2000年到2015年，中国翻译出版的印度图书达到500余种。2014年，中印两国学者共同编撰的《中印文化交流百科全书》在两国出版发行，更为两国读者全面系统地学习和掌握中印文化交流的历史打开了一扇方便之门。

1. 从2016年1月9日至17日新德里国际书展看合作概貌：

（1）本次共展出中国翻译出版的印度图书150种，印度翻译出版的中国图书19种。实现版权输出（含合作）588项及合作意向172项，开启了中印出版合作新起点。

（2）印度最感兴趣的中国图书。讲述中国故事、中国梦、中国道路、中国模式和"一带一路"内容的主题类图书受到印度出版商热捧。《习近平谈治国理政》，中国社会科学出版社出版的《走向人人享有保障社会》、《中国的法治道路》、《破解中国经济发展之谜》、《中国社会巨变和治理》、《简明中华文化读本》等多种反映当代中国发展的图书与印度出版商达成多项版权输出意向。广东人民出版社出版的《中国梦是什么》、《中国机遇》，四川人民出版社出版的《邓小平改变中国：1978中国命运大转折》，上海交通大学出版社出版的《改变世界经济地理的一带一路》等也在书展现场签订了版权输出协议。

少儿类：本次中国主宾国活动首次设立"中国少儿精品图书展"，吸引了大批当地小读者驻足，翻译成印地语的8种优秀中文原创绘本及童书广受欢迎。现场免费赠送的3种翻译成印地语的图画书也吸引小读者争相阅读，天天出版社的曹文轩作品《远方》、《帽子王》，布拉迪斯拉发国际插图奖金苹果获奖作品《辫子》，中国大百科全书出版社的《中国传统故事美绘本》、《中国儿童百科全书》等童书作品均在书展期间达成版权输出协议。

经典互译："中印经典和当代作品互译出版项目"第一部印度经典作品《苏尔诗海》中文版首发式的成功举办，推动了中印互译图书出版合作的全面展开。由印度现任总理莫迪唯一正式授权在中国出版的个人传记《草根总理——莫迪》（中文版）首发式成功举行，《柯棣华在中国》合作出版签约。

印地语出版引人关注：印地语优秀中文原创绘本如《哈奴曼与孙悟空的对话》和《西游记》印地语新书首发和签约。中译出版社出版的《根本利益》和中华书局传统文化《论语译注》印地语版问世。

汉语学习类：随着近年来中印经贸往来的增多，越来越多的当地人学习汉语，汉语教学类图书受到当地出版商和民众欢迎。商务印书馆的汉语学习杂志《汉语世界》现场销售火爆。北京语言大学出版社出版的《HSK标准汉语教学课程》、《新概念汉语课本》等图书与包括印度GBD图书公司、印尼Legacy出版社在内的多家出版单位签订了158项版权输出合同。

（三）《中印文化交流百科全书》和"中印经典及当代作品互

译工程"。

两国政府高层推动，出版界敏锐捕捉时机，积极行动，两国学者出版人紧密合作，建立国际合作工作机制，解决组织、经费、版权、组稿、编辑、审查、发行等问题，形成系列成果。

1.《中印文化交流百科全书》。2010年12月中国总理温家宝访印期间，两国政府确定的重大文化交流与合作项目，写入两国联合公报第7条。

2014年6月，《中印文化交流百科全书》在和平共处五项原则发表60周年前夕出版，6月28日在人民大会堂举行发布会，国家副主席李源潮、印度副总统安萨里出席发布会并为首发揭幕。

《中印文化交流百科全书》，最终形成两卷本，2000多个条目，约400万字，图表近3000幅。对两千多年间中印双方在贸易、科技、宗教、哲学、语言学、文学、艺术、交通、外交、民俗、学术等多领域的交流进行全面梳理、探讨、提炼和总结，力求系统、准确反映两千多年来中印两国物质文化和精神文化交流的多彩历史和累累硕果。正文后编制了"中印近现代文化交流大事记"、"中国学者印度学重要著作一览"、"印度学者中国学重要著作一览"、"研究机构"、"学术刊物"、"专有名词对照表"等多个附录，以及条目分类目录、外文索引、内容索引等多个检索系统。

2."中印经典及当代作品互译"工程。是2013年5月李克强总理访问印度时，与印度政府达成的两国重大文化交流项目，国家新闻出版广电总局与印度外交部签署了此项目的谅解备忘录，中印联合声明第17条明确两国同意启动此项目。2014年9月国家主席习近平访问印度时，两国发表的联合声明第11条提出要加速推进此互译出版项目。

中印经典及当代互译作品选定原则：经典性，应是各自国家影响广泛的权威作品，反映各自国家当时的主流文化。代表性，应是名家名作，是各自国家某一时代的代表作。全面性，应兼顾历史经典和当代作品，以充分反映两国文化的时空发展变化。

首部译作《苏尔诗海》2016年1月出版。在新德里世界书展期间，中印联合举行了出版发布会。

在这两个文化项目中，两国政府关注，两国学者共同编纂，从联合工作小组，到具体实施机构，从编纂机制、协商机制，到成果的系列化等众多方面探索出一套行之有效的办法。同时，彰显了出版在国际间文化交流、在国家的公共外交方面的积极作用。

中印文化从古至今，往来频繁，互通有无，堪称人类文明交流、交融的楷模。在文化交融、社会进步中，书刊和出版，已经并将继续发挥更加重要的、不可替代的作用。

数字化出版"走出去"*

  "引进来"、"走出去",是中国对外开放方针的两个紧密联系、相互促进的方面,缺一不可。对外开放是基本国策。"引进来"、"走出去"相结合,形成全球化条件下参与国际经济合作和竞争的新优势。经验证明,关起门来搞建设是不能成功的,中国的发展离不开世界。多年来,国家从指导方针到政策支持,鼓励更好地利用国内国外两个市场、两种资源,积极参与区域经济合作和全球多边贸易体系。

  自2003年时任新闻出版总署署长石宗源在全国新闻出版局长会议上提出"出版'走出去'作为全面建设我国新闻出版业五大战略之一"以来,中国出版在"走出去"工作上已经砥砺前行了14个年头,迎来了新的发展时期。

---

 * 2018年编辑培训班讲稿摘要。

一、中国出版"走出去"迈入2.0时代

1. "引进来"与"走出去"比例变化

改革开放前一二十年，出版国际合作我国以"引进来"为主，二者比例是15∶1，即引进来15个版权，输出1个。跟美国的版权贸易逆差是100∶1。每年美国引进中国三五个版权，中国从美国引进300个。后来，差距逐步缩小。据国家新闻出版广电总局公布的《2013年全国新闻出版业基本情况》显示，引进和输出比例由2004年7.6∶1，缩小到2013年的2.3∶1。但中国的版权更多走到了东南亚和海外华文地区，主要是亚洲。现在，中国与美国、英国、德国、法国的版权输出和引进的关系已经快速改变。据2017年北京国际书展公布的数据，以美国为例，2015年中国引进版权不到200个，而输出到美国也有近100个，差不多是2∶1。

成效取得，一方面和国运昌盛有关。随着中国经济的崛起，在国际事务中的地位举足轻重，世界希望了解中国的热情越来越高。一方面和国家大力支持、和出版人长期不懈的努力有关。

这些年，百科社版权输出输入比例也发生了很大变化。2014、2015年比例已接近持平，2016年输出量反超输入，2017年更呈3∶1之势，输出151种，引进31种。2012～2016年百科社连续4次被评为"国家文化出口重点企业"。2016年获中国版权协会授予的第三届"中国版权最具影响力企业"称号。2017年获全国版权示范单位。

"一带一路"引领新发展。随着"丝路书香"工程启动三周年，以及习近平总书记在2017年"一带一路"国际合作高峰论坛上

提出的"将'一带一路'建设成为和平之路、繁荣之路、开放之路、创新之路、文明之路"的确立,大批出版企业在作品内容建设、海外实体经济发展以及本土化运作方面取得显著成果。根据2017年前三季度CIP数据(图书在版编目数据)显示,"一带一路"相关选题数量超过840种,第三季度单季度增长量为200余种。选题内容涵盖政治法律、经济、文化历史、文学、艺术、科技等领域。不可否认的是,"一带一路"倡议为中国内容的海外交流提供了绝佳的平台,也为出版业带来前所未有的发展机遇。

2. 数字出版走出去

2017年7月,国家新闻出版广电总局发布《2016年新闻出版产业分析报告》(下称报告)。报告显示,2016年,数字出版在增长速度和增长贡献上都位居行业第一,数字出版"走出去"实现大幅顺差,净输出数字版权千余种,数字出版物占出版物出口比重进一步提高。

报告显示,2016年,全国新闻出版产业营业收入实现2.35万亿元,较2015年增加1939.9亿元,增长9%。数字出版对全行业营业收入增长贡献超2/3,营业收入达5720.9亿元,较2015年增长29.9%,占全行业营业收入的24.2%,提高3.9个百分点;对全行业营业收入增长贡献率达67.9%,提高7.7个百分点。

过去一年间,我国对外版权输出增速加快。报告指出,2016年,全国共输出版权约1.11万种,较2015年增长6.3%,增幅提高4.6个百分点。其中,电子出版物版权贸易实现大幅顺差,净输出1047种,增长192.5%,输出品种数量为引进品种数量的5.8倍。全国累计出口图书、报纸、期刊、音像制品、电子出版物和数字出版物1.1亿美元,增长5%,其中数字出版物出口3055.3万美元,增长29.1%,占全部出口金额的27.7%,同比提高5.1个百分点。

3. 不再以简单缩小数量差距为目标,深度合作已经成为更受欢迎的形式。

（1）共同策划、IP运营。由百科视觉分社策划选题、英国DK公司在全球征集意见后编纂的《DK幼儿百科全书》、《DK儿童海洋百科全书》、《DK儿童艺术百科全书》英文版已全部出版，中文版也基本上同步由百科社出版。

目前，由视觉分社策划的"中国故事IP运营项目"已经立项，内容由"丝绸之路"、"海上丝绸之路"、"大运河"、"故宫"等组成，由著名学者撰写、著名画家绘画，建成全媒体数据库，可多用途开发使用。英国DK公司第一时间索要了方案，并表达了购买版权合作出版的意愿。

（2）"走出去"新模式：成立国际编辑部。从版贸交易到资本运作，从欧美主流国家、东南亚国家延伸到"一带一路"沿线国家、非洲国家等，从大型出版集团主导到中小出版社广泛参与，近年来，中外出版交流合作无论是在深度上还是广度上，都实现了提质增效。值得一提的是，在进行大手笔的海外并购的同时，中国出版机构正在花大力气探索风险相对可控、成本相对较低的国际编辑部模式。

外研社与保加利亚、波兰、法国的出版社合作，先后建立了"中国主题编辑部"；中译出版社重点与"一带一路"沿线多个国家合作建立"中国主题国际编辑部"；中国大百科全书出版社分别与美国宝库山出版社和施普林格·自然集团合作成立国际编辑部；外文出版社依据国家外交、外宣战略布局，优先着眼大国、周边和"一带一路"沿线国家，以地区、国别和语种规划为重点，着力与相关国家知名主流出版机构加强合作，在其内部建立"中国主题图书联合编辑室（部）"；五洲传播出版社在阿联酋成立海外编辑部，与墨西哥二十一世纪出版社合作建立"中国图书编辑部"；新世界出版社分别与埃及日出出版社、圣智出版集团签约，建立了两家

"中国图书编辑部"。

整体来看，成立国际编辑部是一种商业模式的新探索，有利于双方更紧密地合作。目前来看，成立国际编辑部主要在三个方面形成优势：

更契合在海外市场进行本土化运作的市场规律。双方通过市场调研了解当地读者的阅读需求，从而开发本土化选题；风险更具可控性。它比直接在国外设立分公司更有效，风险及成本都低得多；更加务实。国际编辑部以项目的形式运作，有利于双方更有针对性地开展合作。设立国际编辑部可进行中国话语权的全球表达，符合根据人类文化差异进行交流合作的特性，有利于促进不同文化的交流与合作。

（3）"走出去"重要环节：海外渠道拓展。总体来看，中国出版业的海外渠道线下平台建设取得了良好成绩。值得关注的有：

五洲传播出版社"中国书架"项目；山东友谊出版社"尼山书屋"工程；中原出版传媒集团公司中原文化交流中心暨云书网O2O地面店；除此之外，2017年各大出版集团、出版社一系列的海外线下平台建设已经取得了阶段性成就。

中国出版海外渠道的线下平台建设发展迅猛，相比之下，线上平台建设似乎略显不足。2017年新华文轩公司升级了海外线上销售渠道新西兰文轩网，开发APP客户端助力海外市场营销。该项目的实施，能够有效解决海外用户购买国内图书的各种限制问题，积极推进中国出版及相关文化产品"走出去"。但是国内参与到海外线上平台建设的文化出版机构数量和力量仍显不足。当然，在海外建设图书线上渠道需要强大的海外资源、雄厚的资本实力以及国际化的线上人才队伍。

二、案例辨析

1. 外国人学汉语

商务印书馆"外国人学汉语"应用程序,针对外国人学汉语遇到的实际问题,开发出一系列实用功能,满足用户需求。比如,外国人学汉语检索比较困难,很难区分和认知汉字的部首、笔顺笔画,就设计了手写输入和OCR汉字输入法;外国人学汉语分词比较困难,就设计了分词功能和词语跳转检索功能;外国人比较依赖汉语拼音,就提供字词的语音发音功能,为用户提供优质的播音员朗读音频资料;外国人在学习汉语的量词和虚词方面感觉困难,就利用语料库提供专业支持;外国人不易了解掌握具有文化含义的词语,就设专题提供文化背景词语的用法等。

2.《东方杂志》全文检索数据库

商务印书馆利用同方知网的先进技术,开发了《东方杂志》全文检索数据库。这一数据库集成了一框式检索、图文同步对照、多种关联检索、相关学术文章聚类、学术趋势分析、全文XML结构化基础上的全文检索、引文资料出处自动提取等众多针对用户需求设计的先进功能。不仅如此,同方知网强大的海外近1500家B2B用户市场,以及其与海外图书馆界密切的合作关系都将为传统出版企业数字出版提供优质服务和便捷的走出去通道。

3. 数字尼山书屋,瞄准国外需求,与传统出版打好组合拳

2015年7月,全球首家数字尼山书屋落地新西兰亚洲图书文化中心。作为山东友谊出版社创建的尼山书屋的重要组成部分,数字尼山书屋旨在打造一个中外文化交流的数字平台。

2014年9月，新西兰尼山书屋举行落地仪式时，新西兰方即提出可否提供数字阅读，考虑到新西兰"一带一路"沿线国家的地理位置，山东友谊社于10月份便决定与其共建数字尼山书屋。新西兰方提供阅读终端；山东友谊出版社提供数字化阅读内容；新西兰方提供尼山书屋网站新西兰板块内容信息，山东友谊出版社编辑后在尼山书屋网站上发布；新西兰方提供读者需求信息，山东友谊出版社根据实际出版适合的数字内容。此外，根据新西兰尼山书屋实际和电脑型号，山东友谊出版社研发制作了数字阅读单机版客户端，在新西兰率先实现数字阅读功能。

数字尼山书屋与实体尼山书屋相互补充、配合，进而满足不同层次、各个年龄段的读者群的阅读需求，全方位立体化地推进中华文化走出去，范围更广地扩大和提升中华文化的传播力和影响力。

4. 中华数字书苑（方正阿帕比）

跟随国家领导人15次出访的中华数字书苑同样根据不同国家的需求进行产品和服务设计。中国出版社出版的外文资源，还要根据国外用户的关注点在内容上有所侧重。比如俄罗斯和澳大利亚更关注中国最新的科技类内容，比利时则更关注中国的人文社科类内容。

通过与传统出版单位合作，中华数字书苑目前拥有250万册电子书，700多种报纸，3000万篇文稿，2000多种工具书，2000多种年鉴，30多万张艺术图片，等等，成为外国人了解中国经济、文化、社会发展的"富矿"。

借助中华数字书苑这一平台，中文电子书、数字报以及图片库成为很多客户每年更新的固定项目。哈佛大学、芝加哥大学、加州大学，香港大学、香港中文大学等都长期固定采购书院，其中哈佛大学东亚图书馆更是长期固定年租，带来良好的经济收益。

5. 中国人民大学整合内容资源，各方聚力搭数字之船出海

中国人民大学出版社抓住数字化发展机遇，联合数字技术提供商和运营商，共建中国图书出版和销售的数字化平台，让"中国主题"、"中国内容"、"中国学术"搭上国际数字化出版"快车"。

国际出版市场和读者对数字化的中国内容的需求与日俱增。一些大型的出版集团利用已经建立起来的数字产品销售平台，邀请中国出版社把"中国内容"放在他们的平台上向海外学术机构销售。中国人民大学出版社与圣智学习集团共同合作，精心挑选经典学术内容并将其电子化，放在圣智学习集团的"圣智盖尔电子图书馆"平台中对外销售，范围覆盖全球万余家图书馆。

除利用海外数字平台推介中国学术内容之外，中国人民大学出版社语言类工具书的数字版权授权同样为作者和出版社带来丰厚的经济回报。从2006年起，中国人民大学出版社开始销售《21世纪英汉大词典》的数字版权，最初采用"五年期非独家"的授权方式，其后衍化出"打包"授权、"包月"授权、"网站出租权"等灵活的授权方式，截至目前，该词典数字版权已销售给美国、韩国、新加坡等多个国家的平台制造商、软件供应商和网络服务商，版税收入超过百万元。

6. 中南传媒援南苏丹教育技术合作项目

作为综合性的教育援助项目，南苏丹教育合作项目是以顶层教育规划、教材开发、教师培训、ICT教师培训中心建设、教材印刷这五个部分为切入点，为南苏丹全面改善教育环境，帮助南苏丹建设现代教育综合发展体系，同时，也为中华文化、中国价值提供一个在南苏丹持续传播并发挥效力的平台。

通过介入南苏丹的基础教育，"从娃娃抓起"，将中华文化、中国价值和对中国的情感潜移默化地深植于目标国人民的精神深处，这是一种润物细无声式的文化走出去方式，也是一种影响更深

远的文化走出去方式。

7. 中国百科进美国

2016年百科与宝库山达成协议，进入深度合作。包括四个层面：宝库山将百科社提供的"中国百科"内容（英文），建立数据库，进行美国本土化编辑和营销推广；按照美国和国际市场需要，合作开发各类依托"中国百科"内容的选题；共建"中国百科"学术平台；共同组建国际编辑部。打造具有国际影响力的"中国百科"品牌。"中国百科"在这里有两层含义：一是指由中国人主导编撰的传递真实中国声音的百科内容；二是指聚焦中国各类主题的百科内容。

"走出去"有两个关键问题需要解决：一是将真实的中国呈现给海外读者。海外读者对于中国的认识因中西文化差异或政治因素影响时有偏颇，甚至会产生误读。"中国百科"内容由国内顶级专家学者撰写，内容真实、权威，反映主流观点，讲中国故事，传达中国声音。二是注重有效传递中国声音，即"走进去"。中国主题的百科内容是高度浓缩的中华文化精品内容，形式上具有"短平快"的特点，译成英文，再进行本土化编辑，更便于海外读者快速了解真实的、当代的、最具特色的中国。有效传递还同与时俱进紧密相关，在当今信息化技术高度发达、网络无处不在的环境下，跟上阅读方式的变革，产品的数字化亦是题中之义。

从"走出去"到"走进去"，实质讲"走出去"的质量问题。融入世界市场，就要遵循相应的规则。掌握并擅于运用世界市场规则，就掌握了迈向成功的通行证。

世界市场规则首先是市场运作原则。市场经济已行经数世纪，是当代国际社会通行的经济模态。尊重市场规律，坚持市场运作原则，是对话、交流，乃至合作的基础。其次是商业原则。商业规则的核心就是盈利。再者是合作共赢的原则。今天的世界市场，充满了太多风险、太多不确定性，同时也集聚了前所未有的机会。显然，不能靠单打独斗，必须走合作的道路。资源重组、优势互补，相互借力，形成更强大的合力。合作的基础是共赢。双方都能获益，合作才有动力。要达到共赢，需要双方积极沟通，互相信任，认同发展战略，确立经营目标，包括长远的目标。

数字化出版"走出去"还需下功夫

数字出版产业作为出版产业的重要组成部分，在出版"走出去"中扮演着重要的角色。

存在的主要问题。我国数字出版起步晚，走出去还需进一步下功夫。虽然传统出版单位对于数字出版的认识越来越深入，纷纷布局数字业务，但数字化转型工作仍需继续深化，进一步加大力度，进一步提升速度。

优质内容资源数字化滞后。目前国内出版单位的内容资源没有得到充分开发，数字资源整体不够丰富。比如国外汉学家、中国语言、文化研究者，他们需要的是古籍、专业文学研究论著，现在许多这样的资源并没有被制作成数字出版物。

传统出版社推动数字出版走出去的难点是对于国外需求把握不准。国内出版社如何主动获取国外阅读需求是未来仍需探索和努力的方向。还有专业人才匮乏、版权保护和运营水平有待提升等。

数字出版走出去的优势在于可以不受时空的限制，一是与国际接轨，实现线上阅读，让更多的读者阅读到展现中华文化的图书；二是可以促进线下纸质图书的销售。国内数字出版资源尚存极大开发余地，数字出版走出去拥有巨大市场潜力和发展空间。

把握国外需求，讲好中国故事。放眼全球，用户驱动；积极与国内外优质内容平台合作，推动资源的共享与联动；"编辑的作用越来越大"；开发易用好用的国际化数字产品。

数据库方面，国外以爱思唯尔、汤姆森路透、威科、阿歇特为代表的专业型数据生产企业之所以成功，其中非常重要的一条就是非常重视用户需求，并且具有全球视野。表现在垂直搜索型数据库产品的前期研发上，主要是聘用专家型编辑，利用各种先进的技术手段，力求把用户体验做到极致。这些企业在本国取得成功的基础上，积极拓展国外市场，并已在中国完成布局。

电子书方面，亚马逊是可资借鉴的样板：从微观上看，亚马逊提供的阅读软件很有特色，可提供多平台客户端，方便的云端本机资源同步以及完善的笔记摘录功能、查词典功能更是给用户好的体验，其汉语词典内还嵌入了商务印书馆出版的迄今最权威、规范的《现代汉语词典》、《新华词典》等。从宏观上看，支付功能完善，品种多，纸书和电子书同时经营、销售。实际上，国内的一些数据库、电子书、电子书包等产品也开始在这些方面发力。

技术合作，渠道通畅，助推数字产品快速"走出去"。有了用户需求导向的产品后，还需要有良好的技术和销售渠道才能更好地实现"走出去"。近年来，国内以同方知网为代表的数字出版服务型企业，开始与包括商务印书馆在内的著名出版社开展合作。双方各司其职，各尽其能，强强联合，共同推进国内数字出版"走出去"。传统出版社积累了丰富的优质出版资源，在充分调查市场的基础上，敢于拿出优质资源，在版权清晰的前提上，积极完成出版选题策划与资源结构化工作。优质的内容和产品、良好的技术，再加上顺畅的渠道，中国数字出版走出去，就会一步比一步坚实，数字出版做大做强做优，就会从理想逐步成为现实。

学术出版"走出去"*

学术著作是中国智慧的结晶，是中国文化精髓、中国当代发展成果的重要传播载体。学术出版"走出去"是中国图书"走出去"的重要一环。

学术出版"走出去"喜忧参半

以各个出版集团，以及大学出版社、专业出版社为主体，学术出版"走出去"的核心力量已经形成。学术出版"走出去"的模式实现多元化，已经形成了版权输出、合作出版、资本输出、成品出口，以及从传统出版到数字化出版等多途经、多平台并存。学术出版"走出去"业绩稳定增长。以单体社北京大学出版社为例，2008～2017年近10年来版权输出品种逐年增加，版税收入稳步增长。版权输出品种共计1000余种，版税收入折合人民币共计650万余元，实现了学术出版"走出去"社会效益和经济效益的双丰收。

但学术出版"走出去"还面临不少问题：

学术出版水平与世界知名学术出版机构还存在差距。我国学

---

* 　2019年国际合作编辑培训班讲稿摘要。

术出版在创新性、规范性方面还存在不足。索引缺失、注释不详、论证笼统等,令我国学术著作的权威性、学术性大打折扣。在翻译出版过程中,因外方学术出版的要求,需要重新调整或增加相关内容。

学术出版"走出去"翻译难度大,质量不高。学术著作具有高度的专业性,而兼具语言能力和学术背景的翻译人才少之又少。许多译者无法胜任学术著作的翻译,即便完成了翻译,质量也难以达到出版要求,影响"走出去"的顺利进行。翻译质量直接影响学术出版"走出去"的进度。

学术出版"走出去"传播效果不够理想。就目前我国学术出版"走出去"的品种而言,数量已经达到一定规模,但大部分首印数仅有1000册,甚至几百册。部分原因是由于学术书本身的专业性和目标读者群规模小,但是在累计销售数量方面不理想。很多学术书"走出去"以后没有实现常销,甚至有相当一部分的学术著作外版仅印了一次。实现了"走出去",但还没有实现"走进去"。

一直以来,"走出去"有两个关键问题需要解决:一是将真实的中国呈现给海外读者。二是注重有效传递中国声音,即"走进去"。

如何提高学术出版"走出去"的成功率?

1. 选准书和作者

传统文化经久不衰。葛兆光教授的《中国思想史》和陈建华教授的《革命与形式——茅盾早期小说的现代性展开(1927—1930)》(以下简称《革命与形式》)经复旦大学出版社出版后,被世界顶级学术出版机构之一的荷兰博睿学术出版社列入出版计划。此后数载,经过译者多年的辛苦付出,两套书的英文版相继出版并在海外公开发行。好的作者对学术出版社具有举足轻重的意义。葛兆光教授的《中国思想史》第一卷荣获美国图书馆协会会刊评出的"年度杰出学术出版物"称号，这是在学术出版社中能够得到的最高荣誉之一。博睿出版社负责人说，"博睿至今已经有330多年的历史，出版了大量关于中国的出版物，为了更好地反映中国的情况，我们必须走进中国，让中国的作者来写关于中国的事情，并把这些出版物带到国际上去，这也是我们一直在努力的事情"。

2018年5月21日，中央电视台《焦点访谈》专题报道"让传统文化潮起来"。一款名叫"完美世界"的游戏，已经畅销国外12年，整个游戏从设计到发行都来自于完美世界游戏公司这家中国游戏公司。游戏取材于中国古籍《山海经》，在游戏人物设计、场景设计中也大量融入了中国元素，深受外国游戏玩家的喜爱。完美世界股份有限公司首席执行官萧泓认为："什么使得产品成功呢？很大一部分原因是来自于你对这个产品本身背后的文化的理解，我们把这些深入理解，实现为好的作品，这些好的作品在全世界范围都受到玩家欢迎。" 文化的传播，除了把握住文化的精髓以外，还要找到更适合的表达方式。陈来教授所著的《中华文明的核心价值》这本学术著作，书如其名，讲述的是中华文化，在海外受到热捧，由中国出版集团下属的三联书店出版短短3年，版权输出达到了20个语种。学术出版"走出去"，要真正走得远，需要精加工，需要以读者便于、乐于接受的方式，需要大众普及层面的考量。这样才能贴近目标读者，才能真正提升"国际能见度"。摸清目标读者的图书市场、阅读习惯，乃至海外学术出版规范，才能让中国声音传得更远、更精准。

中国经验成为热点。中国改革开放四十年，在政治、经济、外交、自然科学等领域取得的成果举世瞩目，中国的发展经验、发展成果越来越受欢迎。例如，北京大学出版社出版的王逸舟教授《创造性介入：中国全球角色的生成》、《创造性介入：中国外交的转型》就是展现中国外交成果和新形势下外交理念的学术著作，目前已实现英语、俄语、韩语、阿拉伯语等语种的输出。

学术著作"走出去",作者的影响力至关重要,应为某一领域具有国际视野的知名学者。具有国际视野和国际知名度的作者,在相关学术领域具有"天然"的受众群体。而且在学术规范性方面,也有一定的保障。例如,著名经济学家林毅夫先生的作品就具有很强的国际号召力,目前林先生所著《解读中国经济》(北京大学出版社)已实现英语、德语、日语、韩语、俄语、塞尔维亚语、吉尔吉斯语7个语种的输出。在这些国家和地区,引起了很大的反响。

2. 找对译者——翻译是一次艰苦的再创造

著作翻译成外文,实际上可以说是一次再创作的过程。当年沈从文访问美国引起轰动,有的读者从东海岸跟到西海岸,很重要的是有傅汉思做翻译。傅汉思是德裔美国籍犹太人,著名汉学家、耶鲁大学东亚语言文学系教授,娶"合肥四姐妹"之一的张充和为妻,与周有光、沈从文为连襟。精通德语、法语、英语、意大利语、西班牙语、汉语等多国语言,他的翻译生动、传神,听众听得如痴如醉。翻译的重要性,不言而喻。

文字并非简单的书面符号,它的背后是文化、思想、精神、知识、情感、审美,要在另一种语言当中保真呈现,对译者有相当高的要求。《中国思想史》中文本有1300页,为了适应英文读者,做了大量的删减,最终删至660页。历经8年打磨,《中国思想史》不仅上架欧美最重要的学术机构和重要图书馆,还被美国Choice杂志评为2014年度最优秀学术图书奖。

翻译质量和译文失真,还可能出现有悖于原意甚至是意识形态问题。以韩文版《中华文明史》(袁行霈等,北京大学出版社)为例,中方审阅者在审阅印前全稿时发现两个问题:①封底中加进了"译者注"中关于"渤海国"的"一家之言"。中、韩两国史学界素来对"渤海国"的认识存在一定的分歧,前者认为是我国少数民族建立的边疆政权，而后者认为是以高句丽遗民为中心，与深受高句丽文化影响的靺鞨族共同建立的独立政权。译者强调分歧并将相关语句放于封底，背离了原著的思想。②"译者注"中将"渤海国"的分歧延伸到"蒙古"和"西藏"历史。尽管语句不多，但足以看出译者在加注释的过程中过于主观，缺乏严格考证，这种片面迎合部分读者民族感情的做法是错误的。审阅者在和编辑部沟通之后，对韩方出版社提出修改意见：将封底中"渤海国"相关内容去掉， 译者注中关于"蒙古"和"西藏"政权历史的个别语句去掉。

3. 与国外学术出版社建立稳定的合作伙伴关系

"学术出版"专业性强，并非所有出版社都能够出高质量出版学术著作，寻找志同道合的合作伙伴是学术著作"走出去"的第一步，也是最关键的一步。著名高等学府和科研院所所辖出版社做学术出版是共性之所在。这些知名大学出版社是"走出去"的潜在合作伙伴。如欧美地区的哈佛大学出版社、剑桥大学出版社、牛津大学出版社等；亚洲地区的东京大学出版社、早稻田大学出版社、首尔大学出版文化院等。除了大学出版社之外，还有历史悠久的具有学术声望的大型出版集团或者学术专业出版社，比如施普林格（德国）、培生教育（英国）、麦格劳·希尔公司（美国）、岩波书店（日本）、学古房（韩国），等等。

4. 同一部学术著作力求多语种、多样化输出

中国在世界的影响面越来越广，越来越多的国家对中国兴趣日增，同时，具有国际影响力的中国学者参加国际学术交流的机会增多，他们的书或者系列著作有机会成为多个国家引进出版的目标，成为多语种输出的资源。

以中国大百科全书出版的《中华文明史》为例，目前已经签约的语种包括英语、日语、俄语、韩语、塞尔维亚语、匈牙利语、印地语七个语种，已经出版的有英文版、日文版，其他语种的翻译出版

工作也在顺利开展。一本书或者一个系列在一个国家,尤其是英语国家出版后,会产生波及效应,要充分利用这样的资源,实现多语种输出。

随着数字技术、网络技术的发展,传播内容的平台更加多样化,在版权输出中,深度开发学术内容的输出形式,条件已经成熟。数字出版"走出去"的优势在于可以不受时空限制,一是与国际接轨,实现线上阅读,可以让更多的读者阅读到反映中华文化的内容;二是可以促进线下纸质图书的销售。国内数字出版资源尚存极大开发余地,数字出版"走出去"拥有巨大市场潜力和发展空间。

5. 用好政策

我国在图书对外翻译出版领域推行的多项资金扶持政策为中国文化、中国学术"走出去"提供了财力保障。2006年启动了"CBI(中国图书对外推广计划)",2009年启动了"中国文化著作翻译出版工程"、"经典中国国际出版工程",2010年启动了"国家社科基金中华学术外译项目",2014年启动了"丝路书香工程",等等。各项工程资助力度大,资助范围广。如"经典中国国际出版工程"至2017年累计资助国内外出版机构出版的1323个项目、涉及44个语种,共输出55个国家和地区。"中国图书对外推广计划"已同71个国家603家出版机构签订资助协议2676项,涉及图书2973种,文版47个。"中国文化著作翻译出版工程"已和25个国家的61家出版机构签订资助协议101项,涉及图书1062种,文版16个。"中华外译项目"累计资助涉及英文、韩文、日文、俄文等9个语种、504项学术著作的翻译出版。这说明了各项翻译扶持政策的推行对中国图书"走出去"起到了至关重要的作用。

充分借助"走出去"的各项扶持政策,将市场运作与项目申请有机结合起来,提高学术出版"走出去"的成效。

6. 遵循世界市场规则

学术出版"走出去",还要掌握并善于运用世界市场规则。首先是市场运作原则。市场经济已行经数世纪,是当代国际社会通行的经济模式。尊重市场规律,坚持市场运作原则,是对话、交流,乃至合作的基础。其次是商业原则。商业规则的核心就是盈利。再者是合作共赢的原则。今天的世界市场,充满了太多风险、太多不确定性,同时也集聚了前所未有的机会。显然,不能靠单打独斗,必须走合作的道路。资源重组,优势互补,相互借力,形成更强大的合力。合作的基础是共赢。双方都能获益,合作才有动力。要达到共赢,需要双方积极沟通,互相信任,认同发展战略,确立经营目标,包括长远的目标。

7. 与时俱进的业务能力

无论立足国内还是"走出去",策划出好选题,得有点真本事。当今优秀的编辑得具备多方面的"本事",包括政治政策修养、文化修养、知识修养、鉴赏能力、文化品格,对市场、读者的把握,以及运用新思维、掌握新技术的能力等。这就需要有意识、有方法、有针对性地持续进行学习。总之,学术出版"走出去"任重道远。善于学习,努力钻研,持之以恒,功夫不负有心人。

第七编：文化固本，定海神针
——企业文化及基业长青

常听说人类有三大终极问题：我是谁？我从哪里来？我往哪里去？企业其实无非也就是这三个问题，而答案似可从企业文化窥见。

企业文化不直接生产物质，恍如鸿毛般轻，但它聚集起人们的精气神，却能撼天动地。所以，实则是定海神针，重如泰山。

■《真理的圣殿》

法国铜版画家 C. 科钦绘
制，1765 藏于巴黎装饰
艺术图书馆

圣殿上方居中的真理披着一袭轻纱，焕发的光芒冲破乌云，驱散了阴霾。图中其他形象分别代表理性、哲学、神学、记忆、古代和近代历史、几何、天文、物理学、光学、植物学、化学、农业、想象、诗歌、音乐、绘画、雕塑建筑等。图中形象所处位置和对应关系，表现了真理殿堂中人类真知的架构。

狄德罗将这幅画选作他主编的法国《百科全书》（1772）的卷首画，用以提示这部启蒙性质百科全书的哲学意味。

致我们亲爱的出版社[*]

今天，我们迎来了出版社的而立之年。

1978年11月18日，中南海发出一纸公文，宣告了中国大百科全书出版社的成立。中国现代百科全书事业踏上漫漫征程。

中国大百科全书，是中国文化发展的基础性工程，是中国现代化的组成部分，造福当代，惠及子孙。邓小平亲笔为出版社题写社名。总设计师宏伟蓝图上的辉煌一笔，成就了中国知识界的百年梦想与光荣。

大百科出版社的发展，与中国改革开放三十年的光辉历程相伴随。她见证了波澜壮阔的时代风云，她投身于浩浩荡荡的时代大潮。拓荒、开放、繁衍、创新、飞跃！三十年来，她向祖国、向人民奉献出一系列鸿篇巨著，结束了中国没有自己百科全书的历史，展示了中国科学文化发展的新高度。弘扬科学、消除愚昧、呼唤进步、启迪心智、提升素养、融入世界，为中国的现代化构筑雄伟的知识长城、巍峨的文化大厦、丰饶的精神家园。

---

* 中国大百科全书出版社建社30周年纪念日致辞，《名社30年书系·——拓荒与飞跃》序，2008年11月18日。

　　三十年征途，凝聚着中国知识界感人至深的精神力量。三十年中国改革，历经狂涛骇浪，三十年大百科征途，何尝不是披荆斩棘、卧薪尝胆？为了中国的百科全书事业，众多学术泰斗不顾年事已高，数万名专家学者殚精竭虑，用他们的大手笔、大智慧、大气度，奠定民族的知识体系。为了中国的百科全书事业，一批批共赴召唤的百科人，几十年如一日，辛勤耕耘，呕心沥血，甘于清贫，鞠躬尽瘁，牺牲良多，贡献良多！精卫填海、杜鹃啼血、愚公移山，可比百科人！

　　三十岁，是中国大百科全书出版社的"而立"之年。从稚齿到成人，从蹒跚学步到血气方刚。感恩祖国滋养、人民关爱。从母亲的怀抱走出，向广阔的天地迅跑。要扎根大地，要舒枝展叶，要开花结果。在彰显国力的世界百科之苑，中国大百科全书出版社要创造，要创新，显一国之能，扬中华风范！

　　科学史家李约瑟赞中国大百科全书"内容之广，用功之深，有如苍穹"。苍穹是如此深邃无垠，是如此美丽引人入胜。为之守望，为之忙碌，岁月无悔，青春长在！

　　祝福百科社，兴旺、繁荣，一天更比一天好；

　　祝福百科人，健康、平安，快乐工作，快乐生活。

《百科铭》*

　　2015年底，编辑大楼一层大厅的百科全书博物馆落成。《百科铭》列为开篇。来访的中外宾客，往往先在《百科铭》前驻足，将中英文浏览一遍。有人说，写得真好，主笔者何人啊？

　　不久，中国作家协会委托人联系我，说将《百科铭》收入《中华词赋》一书由作家出版社出版可以吗？我说当然可以，不过，虽然它的著作权在社里，但还是得和作者打个招呼。

　　作者王德有，是全国恢复高考后首届研究生，比我早一年到百科社，在社会科学编辑部哲学卷组工作。人清瘦、高个，做事一板一眼，衣装总是整整齐齐。他本科、研究生均毕业于北京大学哲学系，师从张岱年先生。学哲学的，难怪他的逻辑思辨能力了得，但凡讨论问题，引经据典、推理、演绎，功底尽现。尤其让我们万分佩服的是，在那样繁重的工作下，他还笔耕不辍，著述连连。不但为百科社执笔主编了《中国文化百科》、《中国哲学小百科全书》，还时不时送给我们他的个人新著，《道旨论》、《老子演义》、《庄子神游》、《列子御风》、《玄学漫话》、《以道观之》、《智慧论》、

＊　2016年首发于中国大百科全书出版社公众号。

《老子指归译注》、《老庄意境与现代人生》、《严君平评传》等，其中多部译成日文、韩文、英文在国外出版，方知他还是道家和老庄研究的知名专家。读过他的书，他的才气、文笔，给我留下了很深的印象。这无意中也为后来的事情埋下了伏笔。

2003年百科社成立25周年之际，社里想要有一篇"百科概述"之类的文字悬挂于大厅。向全社征稿，限160字，如采用，奖金2000元。后来，稿子陆续收到一些，却都未能入选。

眼看日期已近，社庆工作组很着急，我便提了个醒，找王德有吧。社长约谈，他当时说忙得很，给推了。社长又派我去，说谁提议的谁去落实。他最终还是应了下来。并且很快就成稿了。

《百科铭》就这样诞生了。全文如下：

"百科者，百科全书也。上及天文下及地理中及人事。涵宇宙之道，蕴精微之妙，述千古之史，记当今之要，熔天下智慧于一炉，成中外知识之宝库。博矣大矣，乾坤尽在其中矣；精矣深矣，玄机皆备其间矣。古人云：取精用宏，有叩则鸣。凡人之欲立、民之欲生、事之欲就、功之欲成、国之欲盛、世之欲荣者必叩之。叩之则应。呜呼！传世之作也，百年之业也，不可不记，特此铭之。"

古文形式。惜字如金。寥寥不到150字，将百科全书的广博内涵、精妙功用尽纳其中。行云流水，大气磅礴，文采斐然。不由让人对《中国大百科全书》这项传世之作、百年之业，肃然起敬！这么短小的篇幅，揽括全局，还是美文，如果没有对百科全书的深刻理解、对文字的高超把握能力，那是根本不可能做到的。

稿子交上，审查通过。但是，当时领导给改了几句，把"熔天下智慧于一炉，成中外知识之宝库。博矣大矣，乾坤尽在其中矣；精矣深矣，玄机皆备其间矣"，改成了"索径条条通，数据库库灵。视听皆备，为万物精华之渊薮；博大精深，成中外知识之宝库"。

这是社里交办的，不完全属于个人作品。王德有当时对改动未置可否，只提了两点要求：一是不署他的名字；二是不要预诺奖金。

然后，《百科铭》以竹简阳刻的样式，在中国大百科全书出版社一楼大厅的中央墙上悬挂。尺幅很大，非常醒目。来来往往的人，都会停下来看一看，有的还以它为背景，拍照留影。

2008年建社30周年时，社委会请美术中心设计了一款纪念品。是一个褐色木质、迷你型《中国大百科全书》书模，二封为烫金《百科铭》，"书芯"是一方木雕，图案是侯一民先生早年为百科社所作壁画。书模精致、典雅，人见人爱，视为珍藏。制作前，我特意联系了王德有，并按他的嘱咐，这款书模所用《百科铭》恢复了他的原文。

2015年底，中国大百科全书编辑大楼全面装修改建完工。一楼大厅和东侧天井隔扇相连、合为一体，辟为百科全书博物馆。在遴选展出内容时，《百科铭》没有任何争议进入其中，并以"序言"之位，引领观者入馆徜徉。这次仍然采用了原文。还译了英文。英文全文如下：

On the Encyclopedia

What is an encyclopedia? It is a tome covering all facets of knowledge such as astronomy, geography and humanity. What it discusses ranges from the large-scale structure of universe to the micro-world invisible to the naked eye, from the stages of history to the focuses of today. So, an encyclopedia is a cornucopia of knowledge as well as an epitome of all wisdom. We can say, an encyclopedia is a kaleidoscope of the world. So profound, yet so broad! As an ancient Chinese saying goes, we shall hence tap into the essence of all knowledge to answer any question that may arise. An encyclopedia clears up all questions like how to improve ourselves, how to lead a quality life, how to make fruitful efforts, how to attain accomplishment, how to establish a stronger nation and how to build up a prosperous era. Alas, such an illuminating work, compiled with much effort, will be a masterpiece for future generations, which is worthy of everlasting commemoration!

英文版《百科铭》由北京外国语大学教授译成，又经外国专家审核定稿。

前段时间，听同事讲现在新入职员工培训，都要去百科全书博物馆参观，了解百科全书和百科全书出版社的历程，有些年轻人古文底子薄，问能不能将《百科铭》的意思用现代文字解释一下。

于是，我给德有发了邮件，请他写一个白话文版《百科铭》。当晚，他就发来了"《百科铭》今译"。全文如下：

"《铭》中的'百科'二字，就是指那《百科全书》呀！上，它涉及天文；下，它涉及地理；中，它涉及人事。涵括着宏观世界的规律，蕴藏着微观世界的妙理，述说着千古万代的历史，记录着当今人间的大事，汇天下智慧熔于一炉，蓄中外知识而成宝库。真是广博呀！真是宏大呀！宇宙全部囊括在其中了；真是精辟呀！真是深奥呀！机宜全都储备在其间了。古人说：'万物之中提炼精华，面对疑惑定善解答。'人想要立足天下、民想要存活人间、事想要有所成就、功想要获得结果、国想要强大昌盛、天下想要欣欣向荣，凡此种种，必然要求问它。求问它，必得解答。哎呀，真是了不起呀！作为一种大典，那是传世之作呀！作为一种事业，那是百年之业呀! 这种功业不可不载入史册,特作此《铭》以记之。"

随文还附有一图,是德有写的《百科铭》墨照。

"今译"比原文字数多出一倍多。原文工整、文雅;今译活泼、通俗。至此,《百科铭》先后已有了四个版本。

《百科铭》中英文现在还被制成了帛书、羊皮书、活字印刷等礼品、奖品,走出社门,为越来越多的人所熟知、所喜爱,籍此,人们对中国大百科全书也有了更多的了解。

此文发出后不久,百科社的青年们参加了外面一个规模宏大的朗诵比赛,他们朗诵的就是《百科铭》。

王德有2004年从百科社副总编辑岗位退休。一段时间里退而不休,为《中国大百科全书》第二版等重要书稿审稿把关,同时,出任中国编辑学会常务副会长。我曾亲眼所见,在职称教材编写会上,作为主持人的他,发扬了一以贯之的学者作风,较真儿,水准不上去绝对不放行。

让我真正大吃一惊的是,退休多年后的他,竟然写起了小说。《从未说过一句话》,2014年人民文学出版社出版。要知道,多少年来,在大家眼中他是循规蹈矩、程式严苛的"老学究",与自由浪漫天方夜谭的小说,八杆子也打不着边。再看看他在邮件中写的"《从未说过一句话》出嫁记",原来他是先在网上每日连发,点击阅读者一下子冲上了五六十万,这样,人文社就给出版了。70岁,一不小心,成了网络写手。

我向他表示祝贺。他说,嘿,咱们是百科人,有什么不能的呀!

社　徽[*]

　　年前，正在外地开会，接到一位同事的微信，称正和美国宝库山出版公司合作中国百科进美国项目，对方将在媒体发布合作消息，用百科的瓦当社徽时想了解有什么来历或寓意。她说，"这老外猛地一问，把我们好多人都问住了。社里问了一圈，说是当初社委会定的，所以想跟您请教请教"。

　　复毕，想起了不久前出版社大楼西侧门前发生的一幕。

　　那天，朝霞如炬，一位身着墨绿呢裙、头扎马尾的女孩正举头仰望，望向门柱上高悬的一个方牌。见我走近，便问："老师，这上面的图案是什么意思？挂在门前是咱们的社徽吗？"这是一名新入职的员工，年青的脸庞朝气蓬勃，一双黑亮的眸子充满好奇。她打量的图案是一朵盛开的牡丹，是曾经的社徽。

　　看到这，有人可能已经疑惑，这两处提及的社徽好像不一样哎！

　　的确，在百科社的历史上，出现过两枚社徽，即牡丹图形社徽和瓦当图形社徽。它们可都大有来头。虽然已经过去了许多年，但

---

[*]　2016年首发于中国大百科全书出版社公众号。

它们背后的人和故事，却还鲜活地在我的脑海中闪现。

先说牡丹社徽。它创作于1985年底1986年初，设计者是当时的新华社出版社美编部负责人王小明。那时，位于阜成门北大街17号的百科社新址已破土动工，社徽制作提上了议事日程。百科第一任社长常萍找到王小明，请他设计社徽。而当时小明即将赴日留学，正在强化日语训练，时间紧欲加推辞。常萍便托小明的父亲、时任出版局负责人的王子野做通工作。小明遂潜心进入创作，并利用春节假期设计了黑白墨稿。后又经两次修改定型、启用。

图案主体部分为牡丹花朵。牡丹雍容华贵，国色天香，乃花中之王，意指百科社无论从涉及学科的数量、生产知识的规模，还是人员编制，都是全国出版社中最为浩大的，喻意百科社的文化使命无尚光荣、崇高。

1987年出版社新址编辑大楼竣工时，巨大的牡丹社标在高楼顶端竖立，另有一铜制方牌悬挂于门前方柱的门牌号码之上，在阳光照耀下牡丹盛开仪态万方熠熠生辉。后来，随着时光流逝发生氧化，图形原本的光泽已经褪去，深沉的墨色愈显厚重之气韵。

牡丹社徽一直使用到1998年9月30日。期间出版社出版的书籍、举办各类活动，包括制作各种小礼物如书袋、钥匙链、书笺等，均有使用。

再说瓦当社徽。其实，它原本是一枚书标，并早于牡丹社徽而存在。它的设计者是我社的老前辈张慈中先生。

1978年中国大百科全书出版社开始筹备组建时，张慈中就参与其中了。之前张先生编制在人民出版社，工作在国家出版局，其时，他早已是声名显赫的书籍装帧艺术家，代表作有《毛泽东选集》、《马克思恩格斯全集》、《资本论》、《列宁全集》、《中华人民共和国宪法》、《中华人民共和国发展国民经济第一个五年计划》等，许多国家重大历史时刻，都有先生的手笔！百科社组建需要各方面人才，慧眼识珠盯上了张慈中，出版局负责人王子野不想放人，但总编辑姜椿芳死缠烂打，据说后来还是用曾彦修"换"过来的。这才有了后来《中国大百科全书》大气、庄重的装帧设计，包括独具一格的瓦当书标。

《中国大百科全书》由中国学者和出版人编纂出版，是中国第一部综合性百科全书，汇集古今中外各学科知识，反映中国和世界各国最优秀的文明成果，为中国改革开放和现代化进程提供强有力的智力支持，同时搭建起国际交流的文化平台。这是与中国改革开放同时起步的一项标志性文化工程，功在当代，利在千秋。张先生深谙其中要义，对这一煌煌巨制的书标设计，殚精竭虑，匠心独运。

图案整体采用中国瓦当形式，小篆体"中国百科"借用中国古代活字印刷字模，中国百科字体正中为指南针。瓦当，是中国古代用以装饰美化和蔽护建筑物檐头的建筑附件，上面刻有优美的图案和文字，源于西周，行于汉魏，是中国特有的文化艺术遗产；小篆，是在秦始皇统一中国，推行书同文、车同轨、统一度量衡的政策后，创制的统一的汉字书写形式，在中国文字史上发挥了极其重要的作用；活字印刷、指南针，为中国古代的伟大发明，对人类科学技术的发展，对世界文明进程产生过无可估量的作用。

中国自古有修类书的传统，故以瓦当喻意百科事业源远流长；指南针寓意中国大百科全书是求知者的知识指南。瓦当书标样式简洁、雅致，意蕴丰富、深远，彰显了《中国大百科全书》文化自信、自强、开放、包容的精神气质。

1980年12月《中国大百科全书》首卷《天文学》发稿付印，瓦当书标正式启用，印于扉页和书脊处。当时书标首印的样书现存于安徽绩溪海峰印刷厂。随后十余年间出版的一版70多卷都统一执行，照章办理。

　　1987年牡丹社徽诞生前，瓦当书标时常出现在出版社的相关活动中，某种程度上发挥着社标的作用，后来，即便是有了牡丹社徽，由于瓦当书标使用早，《中国大百科全书》名头非常大，而且出版社的名字又以这部书命名，所以，一段时期里这两个标识在各种场合、各类书籍上混用的情况非常普遍。

　　为了集中公众视线，强化企业品牌标识认知，社委会经过广泛征求意见，并进行了认真研究，于1998年9月30日下发《关于规范使用我社社名及社徽的通知》〔百科（98）社字第31号文〕，决定对中国大百科全书出版社社名社徽及副牌知识出版社社名社徽的使用做如下规定：一般情况下，社名"中国大百科全书出版社"使用邓小平题字；副牌社名"知识出版社"使用启功题字；一般情况下，百科版图书统一使用"中国百科"瓦当标志社徽；知识版图书统一使用"飞翔翅膀"标志社徽；"黑牡丹"标志今后在本社出版的图书上不再使用。

　　《通知》首次明确将瓦当书标命为社徽，同时停止了牡丹社徽在产品上的使用。自此，牡丹社徽完成了自身的历史使命。瓦当社徽在产品、活动、企业标识等全方位投入使用。

　　2015年，编辑大楼改造装修一新，曾考虑将门柱上的牡丹社徽移入楼内大厅博物馆，后因拆迁施工可能导致原有大理石墙面受损而放弃。就让这载满祝福和希冀的牡丹，永远陪伴百科，深情盛放吧。

　　说起瓦当社徽，还有段趣事值得一提。

　　2005年下半年，百科社出版两卷本《不列颠简明百科全书》，同时积极谋划借力社会渠道，扩大这一世界知名书品的销售。而当时拥有庞大报刊发行网络的国家邮政总局也希望与大型出版机构牵手，包销重量级图书品种，以提升原有渠道产能。双方门当户对，优势互补，一拍即合。国家邮政总局当机立断，决定包销7万套。这可是一个罕见的大订单！一时成为美谈，也成为出版社大干快上的动力。编辑部加班加点、印刷机日夜轰鸣。

忽一日，当时的发行部负责人慌慌张张冲进社长办公室，报告一个突发事件：国家邮政总局某副局长质疑百科，说你们书上印的这枚标识，那个圆上面为什么有豁口呢？是印刷质量出了问题吧！

领导一听急了，7万套书，都印完了，若书标真有质量问题，这可如何是好！这事非同小可！立马传令项目负责人对外合作部主任追究原委。主任乍一听，当然也大受惊吓，不过他还是镇定下来，即刻翻阅档案、核实资料。很快他放下了心，脸上也重新绽放了笑容。他的结论是，书上印的没有错，瓦当图案的圆弧上确有几个小豁口，最初的1980年设计稿如此，后来历次沿袭的使用稿亦如此，铁证如山！

小豁口，这又是为什么呢？10多年后的今时，当知道我在写社徽，这位同事给我讲了这段往事，还提出了问题。

其实，豁口就是破损。这样的设计有它的道理。首先，瓦当由泥烧制而成。烧制过程中，温度、湿度与泥坯发生作用，坯体各处受力不匀就会导致局部崩裂，这是常有的事。其次，瓦当的历史已逾千年。它伫立檐头，日夜守护，遮风霜挡雨雪，抵严寒御酷暑，同时也承受着经年累月的风化、剥蚀。岁月是把雕刻刀，在瓦当上刻下了斑斑破损、点点伤痕。所以，采用小豁口元素，既表现瓦当烧制过程中自然发生的现象，更重要的是对历史的致敬，对历经沧桑而厚重而弥坚的致敬。

从美学的角度，有一类残损更能打动人心。它包蕴丰富的精神内涵，具有独特的审美情趣。所以，美术典籍中有一个专门的术语，就叫"残缺美"呢。

　　站在阜成门立交桥西望，阳光穿透云层，照亮了百科社编辑大楼，大楼顶端的瓦当标识，湛蓝、晶莹，光芒耀眼。社徽，内涵了百科社的经营理念、企业文化、产品特性。社徽，伴随着百科社无数的风雨历练、无数的精品奉献和荣誉收获。社徽在哪儿，百科人的精神家园就在哪儿。

社址变迁记*

　　阜成门北大街17号，是现在的百科社社址。刚完成了改建的编辑大楼，入口处挑台高大舒展，顶蓬白色条栏疏密有致，犹如一阶阶琴键铺陈。有时等人，有时下班碰上下雨又没有带伞，我便在此逗留、盘桓、回望，听风中隐约飞扬的旋律，和弦与长句交织，丝丝缕缕，不绝于耳。

　　2006年至2007年，是百科社经济最困难、最缺钱的时候。其时，北京房地产市场蓬勃发展，如火如荼。百科编辑大楼位于西二环，毗邻金融街，位置优越，交通方便，自然受到各路房产开发商的青睐，直接找上门的、居中介绍的，不少。那时，也有部分员工提议，将大楼置换，在四五环新置社址，或者整体出租，兑换的资金给员工发补贴。

　　我心里明白，这个事情，可以说说，但，是万万不能做的。

　　中国人素来把生他养他的那个地方看得很重，百科人也不例外。严格说起来，阜成门北大街17号才是百科人真正的家园。1978

＊　2017年首发于中国大百科全书出版社公众号。

年建社时的北京总布胡同32号、史家胡同17号、"八大处"，到后来蒋宅口外馆东街甲1号，都是借的临时栖身之所。我想，经济困难只是暂时的，只要大家齐心努力，东山再起指日可待。而家园一旦失去，就再难找回了。我和新班子的责任，我们全体百科人的责任，是守护、建设、美化这一方家园，为百科事业持续发展筑牢地基。

北京总布胡同32号

1978年5月，中南海一纸批文发出，《中国大百科全书》进入草创阶段。建社伊始，一穷二白，以姜椿芳为首的筹备组成员，各展其能，骑自行车，挤公共汽车，四处找人、找钱、找办公地点。先是借出版局的收发室做联络点，又向出版局借支40元人民币，充当初期活动经费。

欲展宏图，先须安营扎寨。姜椿芳向时任国家出版事业管理局副局长王子野求援。王子野亲自出马，找位于北京总布胡同的版本图书馆商议，借用其院内放置废书和杂物的平房，作为中国大百科全书出版社临时办公室。很快，两大一小三间平房清扫一净。7月24日，中国大百科全书出版社筹备组在此召开第一次编辑部会议。签到簿上记有：姜椿芳、王纪华、周有光、刘尊棋、倪海曙、唐守愚、金常政、林秉元等。筹备组成员阎明复没有到会，分管人事的他，正骑着自行车四处奔走调人，捎带购买、运输社里所需扫把、杂物等。

北京总布胡同32号的三间平房，成为中国大百科全书出版社第一个社址。简陋、狭小，却热气腾腾，生机勃勃，思想之花灿然开放。在这里，1978年11月18日，中国大百科全书出版社宣告正式成立。在这里，展开了对《中国大百科全书》编辑方针的大讨论，不同观点交锋、碰撞，人们争论得面红耳赤，不亦乐乎，最终形成实事求是、客观公正的编辑方针，还制订了全书按大类分卷编法和相关卷数的初步规划。《全书》首卷《天文学》开始起步。这里还是多功能场所，著名记者、翻译家刘尊棋（前外文出版社总编辑、后调任英文版《中国日报》总编辑），家在外地，白天在这办公，晚上就睡在办公桌上。

史家胡同17号

随后，多个学科卷上马，新人不断进入。十七张办公桌、三十几个人，几个人一张办公桌，把三间平房挤得严严实实，密不透风。

一日，明复的老同学沈允来探班，见状大吃一惊，遂通过他父亲找到刘永芳，替百科社搭线借房。刘永芳的父亲是我国著名医学家，协和医院变态（过敏）反应科创始人。"文革"结束后，有关方面归还了老先生的房产：史家胡同17号，一座典型的北京四合院。刘永芳及家人晓以大义，无偿提供出版社使用。

1979年1月，百科社迁入史家胡同17号。四合院四面都是房子，拥挤的窘迫总算有所缓解，每人有了一张桌子。另外，还戴着"右派"、"反革命"帽子、等待落实政策的杜友良、李任等全家也有了暂时的栖息之所。

工作全面展开，几十个卷相继启动，人员快速增加，四合院也不够用了，张曼真带领"卡片组"20余人，驻扎花园村全总干校。其他还有几处租借场地。分散办公的这些地方，当时被百科人戏称"八大处"。对办公地点的需求，仍旧迫在眉睫。

外馆东街甲1号

撕开网，四处打探，寻寻觅觅。一日，东城区领导回复阎明复，说位于外馆东街的东城区委党校大院闲置中。面积足够百科社使用，条件是百科社要替对方找2万平方米建筑指标和相应的钱款。明复遂找时任国务院副总理谷牧陈述原由，为东城区争取到建筑指标和拨款，1980年秋天，全社人员从各个临时办公点撤出，集中迁入安定门外外馆东街甲1号。

30多年前，那里还是偏僻的城隅。记得1982年我报到那天，下公共汽车后，越过瓦砾散落、杂草稀疏的旷野，走过坑坑洼洼、曲里拐弯的羊肠小道，再穿过幽暗狭长、静得让人胡思乱想的胡同。心里就嘀咕，这是北京吗？想象中的首都该是车水马龙、高楼拔地起的繁华都市，何似这般荒凉清寂？许多年后，偶然听一位当年同时进社的同事说起，他报到那天的记忆是这样的：他在蒋宅口下车，立马看见了黄土飞扬，遮天蔽日，田地里种着的萝卜，叶儿灰朴朴耷拉着脑袋。荒郊野岭啊，他想，百科社不可能在这。于是，他调整一下角度，朝看上去有些人迹的方向走去，就一直走到了和平里，一打听还是不对，刹住脚，再搭公共汽车往回走。行至蒋宅口，还是怎么看怎么不像，于是他没有下车，又坐出去好几站……

那日，时间似乎过去了很久，我终于在胡同尽头的门牌前站定。推开锈迹斑驳的铁门，阳光照亮了眼前的院子。西侧一栋青砖墙面的三层楼房，老派、素面朝天、灰尘扑扑；东侧的操场还算平整、靠里停放着自行车，一大片，泛着晃眼的光泽；紧贴着围墙，挤挤挨挨立着一溜又矮又小的平房。

《中国大百科全书》集各学科之大成。建社时即规划组建300至400人的编辑出版人员队伍。当时，从全国各地抽调学识渊博、经验丰富的资深专家的同时，于1981年至1984年，中国社会科学院、北大、清华等全国重点高校分配大批毕业生来社工作。小平房分配外地毕业生作宿舍。每间五六平方米，洗漱间、厕所公用。当时人多房少，供不应求，来晚一步，平房早被瓜分一空，就只能寄居远处的招待所。每天上下班，路上要花三四个小时。

迁入甲1号后，出版社铺开摊子，组建了编辑部集群：社科一部、社科二部、文教部、文艺部、科技一部、科技二部、地学部、生命科学部、不列颠百科全书编辑部、美编室、翻译室、名词统一室等，《中国大百科全书》进入了全速航行、万马奔腾的年代。1980年12月，首卷《天文学》卷出版问世，1981年1月16日，《光明日报》发表《试迈第一步——中国大百科全书天文学卷出版》。随后，《外国文学》、《体育》、《戏曲·曲艺》、《环境科学》、《纺织》、《法学》、《矿冶》、《教育》、《力学》、《固体地球物理学·测绘学·空间科学》、《航空·航天》、《民族》、《交通》、《考古学》、《电子学与计算机》、《中国文学》、《土木工程》、《大气科学·海洋科学·水文科学》、《物理学》、《机械工程》、《哲学》等20多个学科卷，以及《苏联百科辞典》、《简明不列颠百科全书》等先后组稿、编辑、出版。其余各卷亦全面开工。

姜椿芳亲自出马，请各学科学术带头人出山，冶谈各编委会人选，参加各学科编委会，一次次宣讲百科全书意义及编写体例，季羡慕林先生说他是"唯恐顽石不点头"。全国两万多名专家学者，加上出版社300多号员工的百科军团，众志成城，气贯长虹。那些时候，各卷、各编辑部较着劲往前赶，没有周末，没有节假日，办公室窗口的灯光，时常通宵达旦，亮至天明。

阜成门北大街17号

还在史家胡同办公时，赵鹏飞（时任北京市副市长、建委主任）受老上级张友渔（著名法学家，百科社初创时期领导人，解放初期任北京市副市长）之托，帮助遴选百科社编辑大楼地址，这就是现在的西城阜成门外北大街17号。地段确定后，阎明复又找谷牧副总理解决了批件和拨款。1984年3月18日，随着胡乔木等领导人掀动第一铲泥土，基建正式开工。编辑大楼由北京建筑设计院设计，1986年12月竣工。外墙面装饰白色马赛克，13层，建筑面积近2万平方米。远观状如升腾的巨幅书籍，在蔚蓝天空的映衬下，端庄、精巧、书香四溢，当年，编辑大楼入选北京十大优秀建筑。1992年曾经火爆全国的电视连续剧《编辑部的故事》，也是在这座楼里拍的呢！

令人唏嘘的是，曾亲自审改设计图纸、参与奠基，并多次亲临施工现场的姜椿芳，其时已重病在身，卧床不起，直至辞世，终究没能踏入这座他苦苦期待的百科之苑。现在，在编辑大楼宽敞明亮的大堂，立着姜椿芳的塑像，和他工作的情景油画。他从未真正离开，他的精神长存。

1987年11月，全社浩浩荡荡大迁徙，横贯城区，到新址落户。从此，百科社在自己的专属领地扎下根。《中国大百科全书》进入攻坚、冲刺阶段。《化工》、《宗教》、《语言·文字》、《建筑·园林·城市规划》、《经济学》、《数学》、《化学》、《音乐·舞蹈》、《军事》、《戏剧》、《外国历史》、《地理学》、《农业》、《世界地理》、《新闻·出版》、《美术》、《自动控制与系统工程》、《电影》、《心理学》、《轻工》、《社会学》、《生物学》、《水利》、《中国历史》、《电工》、《政治学》、《中国传统医学》、《文物·博物馆》、《图书馆学·情报学·档案学》、《地质学》、《中国地理》、《现代医学》先后问世，《财政·税收·金融·价格》最后上马，收官之作，于1993年8月12日出版。

历经15年，披荆斩棘，荜路蓝缕，中国第一部大型综合性百科全书74卷全部出齐。结束了泱泱大国没有百科全书的历史。

1995年，《中国大百科全书》第二版启航，用时14年，于2009年8月问世。

《中国大百科全书》第一版出齐后，出版社逐渐转型，从国家全额拨款，到部分补贴、企业管理，再到本世纪初作为国家首批文化改革试点单位，撤消在中编办的全部事业编制，转为完全面向市场、自负盈亏的企业。

749

又一次新的创业，又一个风雨无阻、思变思进的征程。百科社已拥有多个出版物品牌，年出书千种以上，市场占有率、经营规模不断进步，表现不俗，出版物获得国家级奖项200多个，出版社先后被评为全国百佳经营单位、中国出版政府奖优秀出版社、国家重点文化出口单位、首批数字转型示范单位等。

经过两年的调研、呼吁、申报，2011年11月，国务院批准《中国大百科全书》第三版立项。第三版是基于数字化时代的新型百科全书，势必推动内容创新技术创新的大融合，势必带动和引领全社产品形态、生产流程、组织方式、工作机制、管理模式等的渐进变革，形成百科社可持续发展的新业态。

西二环的文化地标

使用20多年后的编辑大楼，小修小补已难掩老态、疲态。经年的炎日暴晒风霜雨雪，外墙面白色马赛克早已剥蚀、脱落、残损；多年前曾以酱红涂料粉刷，簇新一时，终不能持久，又见污渍横七竖八，满脸的沧桑；不同时期外挂的空调机，随意而凌乱。而最让人担忧的还是内部的基础设备，下水道、电力、消防、空调、电梯等系统严重老化，险象环生。

一次，电梯下行时突然卡壳，悬在半空，门儿紧闭，灯也灭了，伸手不见五指。被困数人半小时后得以解救，其中一半百同事，脸色惨白，口中喃喃，快、快、快取救心丸来！还有更刺激的，那年，美国不列颠百科全书公司副总裁利雅来社洽谈，一看是国际合作，我们特意将会谈场所定在条件最体面的三楼，其实，这儿会谈室门前的墙面也已经剥落，但它毕竟曾多次接待过中央电视台等新闻采访，接待过许多外国同行，沙发都是真皮。那日，保洁工事先将会谈室收拾停当，还着意将旁边的卫生间打扫干净，喷洒了清新的芳香剂。利雅是以色列裔美国人，深目直鼻，裙裾飘飘。谈话间隙，她起身往外走，要上厕所，可很快便回来了。原来，利雅进了厕所，但没有解决问题就出来了。原因是门变了形，关不上，冲水箱也罢工了，她着急休会回宾馆。当时我们感觉很不好意思，脸红心跳，坐立不安。这两件事，一件关乎员工生命安全，一件关乎国家文化的国际形象。至于设施老化引起跑冒漏滴，影响工作之类的事情，那就是经常发生的了。记得有一次，下大雨，雨水穿越了大楼顶层，流进了惟诚的办公室，行政处的同事急忙赶来，将摞放地上的书，一箱箱搬出。

大楼的老态和危情成为了我的一块心病。多年来我们通过各个渠道，以各种方式，先后向财政部、中宣部、中国出版集团报告情况，争取支持。三版立项后，大楼改造终于进入实质性议程。

2012年7月，中宣部、财政部、新闻出版广电总局等有关部门领导到百科社实地考察，杨总、我及全体社委到会。我就三版、百科社包括编辑大楼情况作了全面汇报。领导表态，认为"建于上世纪80年代的大百科出版社编辑楼无论外部还是内部设施，设备都十分陈旧落后，存在大量不安全因素，基础设施无法满足网络化编辑和数字出版发布的要求"。12月，中宣部、财政部批复"中国大百科全书出版社编辑能力建设"立项，26日财政部下达国有资本经营预算通知，作为增加国有资本金处置。资金6000万，于次年6月25日到帐。这和原来上报预算额比少了一半多，但我们仍然非常高兴。

好不容易争取到的机会，各方面都寄予了很大的希望。建成北京西二环的文化地标，就是从那时提出的。

建筑师是打造整个建筑的灵魂人物，找谁呢？时间紧，可能来不及广撒网筛查遴选，又还要保证成功率，最妥当的办法，就是根据成功案例找人。这时我自然就想到了北京外语教学与研究出版社。外研社地处北京西三环北路与厂洼路的交叉口，1997年落成投入使用，一度被出版界誉为"中国出版第一楼"，入选"北京市

90年代十大建筑之一"。我去外研社开过几次会，它厚重的暗红色彩，立面上高低错落的竖向墙板和巨型方格框架，隐喻着书和书架的意向，很有看头。一打听，建筑师是崔恺。我将想法向杨总汇报。他即与当年外研社建楼时的社长李朋义联系。李总很热情，到社里来了一趟，帮我们联系上了崔院士。

崔院士时任中国建筑设计研究院副院长、总建筑师。我和百科工作小组的同事们去他办公室拜访，请他执掌百科编辑大楼改造装修。我向他介绍了百科社的历史、理念、发展设想、编辑大楼存在的问题，提出我方在大楼改造上的需求，安全、实用、简洁、朴素，同时也要彰显文化地标的气势和特色。他爽快答应了下来。

不久，崔院士率中国建筑设计研究院团队来百科社现场勘探，我们一同走遍了大楼的每一层每个角落。他人非常谦和，仔细听取我方的具体需求，还给我们出了不少好点子。2003年6月，建设工程设计图样本出炉。同月，资金到位。招标，遴选施工单位，跑施工手续，年底全面开工。

社委会组建了领导小组和由行政、财务、审计、工会、纪检等派员参加的工作小组，在社委会领导下全权负责工程事务。工作团队制订了各项规章制度、操作流程，依法办事，照章施工，坚决杜绝一切可能的"关系"、"人情"。

尽管百科社财务状况已经趋好，但我们希望尽可能将可以调配的自有资金补充大楼改造，所以，百科员工再次发扬了艰苦奋斗、厉行节约的传统。比如节省施工期间办公场所租用费用。2014年2月8日，春节刚过，全体员工兵分三路。一路是当年必须结项的重点产品（包括国家出版基金项目）编辑部人员，入驻物华写字楼。那儿条件相对正规，不致于太影响全局性生产。一路是技术部门、期刊等，入驻编辑大楼地下室。一路是社委会、职能部门，以及三版人员，入驻编辑大楼北侧的"上青天"，这儿原本是百科社报告厅，后来曾出租做餐馆，餐馆是为此名。这次我们收回准备重建学术报告厅。为方便挪腾，报告厅延后装修，作为二期工程。"上青天"主厅是一个完全封闭的空间，一关灯便伸手不见五指。侧门是餐馆厨房，行政处将之清洗一番后，作为临时的职工配餐区（外包送餐），摆放了就餐的长条凳，餐后，这里就成了会议区。有一次，蒋建国署长来百科调研，我们就是在这里，用长条凳围成一圈，举行了座谈会。他说，很亲切，仿佛回到了从前。这三处临时办公场所，面积小，人口多，采取了开放而紧凑的工位安排，事实上打破了20多年来的小单间工作样式。这无意中为后来编辑大楼的大通间办公提前做了一次演练。

2015年年末，编辑大楼改造全面竣工。

大楼外形，观如祥云缭绕，又似一摞摞层层叠叠的书页，在风中微微掀动。这个外立面设计，将功能、节能、标志性全面提高。它采用"内拆外围"的设计理念，内部办公区域以拆为主，将空间释放出来形成开敞办公，新设的主要设备管线打破传统布置方式，沿外墙外侧走线，VRV冷凝水管、VRV冷媒管、网络电话线管等布置在外墙管廊系统，通过外保温材料将室外管线包裹起来，外侧再用金属格栅遮挡，使得功能和立面结合起来，铝板还可以遮阳，满足节能要求。建筑外立面由白色金属铝板包裹起来，放大了建筑尺度，连续的铝板使得建筑显得统一而整体，金属铝板的质感又使得建筑不失轻盈，建筑整体端庄典雅，文化特色清晰。顶棚的构成抽象表达书本以及报纸的版面设计，屋顶形成第五立面，人们可以通过附近的高楼俯视该顶棚。

一面巨大的石头文化墙，由北到南从室外延伸至室内，形成中厅背景墙，文化墙由石块砌筑，厚重的体块和粗硬的质感，表达出百科全书作为国之重器的地位，亦表达对众多名家学者为百科全书倾注心力的记忆和致敬。墙上以中文、英文、法文、俄文、阿拉伯文、西班牙文、计算机语言镌刻百科全书、各学科字样。中厅由原来作为过道的庭院改建而成，470多平方米，差不多一个篮球场再加一羽毛球场大，三层通高，顶天立地的书墙和长卷舒展的文化墙环伺四周。阳光从玻璃屋顶析过，书墙上、文化墙上星星烁烁。镇馆之宝《五千年文化》的位置相当显眼，它粗陶质地，青铜绿挂釉，朴拙高古，韵致精微，自然光渲染出立体的肌理，柔美迷人的色泽。

大堂的百科全书博物馆由清华大学清尚建筑装饰公司承建，采用场景式、沉浸式和艺术化的表现形式，堂中柱子装饰成寓意书籍源源不断的书籍通天塔；另一侧是亚里士多德、狄德罗、姜椿芳、胡乔木四位为百科全书作出杰出贡献的中外历史人物雕塑胸像，胸像背后根据个人的形象气质、生平事迹，分别选取版画、浮雕、国画、油画进行艺术化表达；展墙由《百科铭》导引，中央美院制作的浮雕，将百科全书各学科以图形形式融入；有特殊意义的百科书籍做成墙面。设计上运用不同的表现手法，以突出展厅的空间感、层次感。

大堂中厅隔扇相连，总面积700余平方米，地面一水青白石，大气、明莹、沉稳，辟为百科全书博物馆、百科社社史馆，同时可举行教学活动、运动训练等，形成具有展示、接待、运动、休闲等多功能公共活动区域。

大堂北侧是学术报告厅。蓝色基调，舒适的座椅，符合国际标准的同传翻译，可学术活动、会议、培训、联欢、放电影。地下室是宽敞整洁的就餐区，早中餐品种丰富，荤素搭配，营养齐全。

2层、4层至12层为标准层办公区，体现办公空间人性化。无吊顶，充分整合释放建筑空间；大通间、开放式办公，易于交流，舒适环保、明亮通透，富有参与感；每一层办公空间均设置小型会议室、洽谈室、休息区、滤净装置的茶水岛、洁净的卫生间。二层还设有录音录像棚。三层是机房、图书馆和荣誉室。机房是全社信息化网络化枢纽，一排排阵列整齐的设备一天24小时不停歇运转。图书馆（档案馆）精致典雅、古香古色，是全国唯一以中外百科全书和工具书为主要收藏的图书馆。荣誉室里建社以来的奖杯、奖状和奖牌琳琅满目。十层设有适用国际会议标准的会议室、贵宾室。顶层的多功能厅，清晨、午间，是员工健身、唱歌、练瑜珈、玩扑克、学京剧、打乒乓的好去处……

全社排水系统、消防系统、电气系统、弱电系统全部置换一新，中央空调清风徐来，计算机、网络系统全楼覆盖，功能强大。

至此，鲜明的文化特征，安全、舒适、环保的办公环境，强大的作息化功能实现了。"百科三馆一厅"，即百科博物馆、图书馆、体育馆和学术报告厅也成为了现实。

中一会计师事务所审计报告显示，"大百科出版社领导亲自挂帅，各部门部室通力配合，群策群力，项目实施较为顺利，不仅节约了投资，项目竣工验收合格，符合设计要求，施工质量均满足有关质量验收规范和标准要求，满足网络化编辑和数字出版发布的要求。该项目设计总概算为74265056.56元，实际完成投资70578866.88元，较概算相比节约了3686189.88元。资金来源及使用正确合规，符合财政部及中国出版集团公司的有关规定"。

2015年6月14日，三版内容中心率先在大楼新办公区就位，之后，各路人马陆续回迁。环境、心境焕然一新。百科社翻开了新的一页。

8月，京城举办国际图书博览会，国内外众多出版人云集。有那么两天，我的微信短信叮叮咚咚时而响起，是路过的同行朋友，拍了百科编辑大楼的照片，还附了赞词，在朋友圈群发。

现在，每每从阜成门立交桥经过，我会停下脚步，眺望。屹立在北京西二环的百科编辑大楼，端庄典雅，书香四溢，它承载了百科人的梦想和希望，助力、见证百科人的奋斗和收获；同时，它本身也成为百科事业不可分割的部分，是百科文化的重要标识之一。多么希望，屹立在北京西二环的百科社，不仅仅是因它新颖的外观，更要因了它高扬着科学旗帜，担当起文化大任，用知识造福社会和人民，而成为真正令人称颂、彪炳史册的文化地标。

　　38年，从总布胡同32号、史家胡同17号，到外馆东街甲1号，再到阜成门17号，每一处社址，演绎着多少百科人鲜活而不为人知的生命故事，一次次社址迁徙，记录下一代又一代百科人共赴召唤、薪火相传的坚实足迹。

　　岁月如歌。如歌的岁月，回荡、定格在一个个社址中。

镇馆之宝——《上下五千年》*

　　《上下五千年》是一幅陶浮雕壁画，立于百科社主楼和东侧裙房之间，已经30多年了。

　　过去，这里是个由四周建筑围合的下沉式露天庭院。夏天骄阳似火、闷热难当；冬日朔风凛冽、寒如冰窖。中央高垒的土台，春季新芽吐露、花影婆娑；秋霜降过后，就会荒上小半年，光秃秃寸草不生。庭院与出版社东门、东北门相通，事实上成了一个大过道。人们上班、下班，行色匆匆，很少有人注意到旁侧的浮雕。

　　2013年6月，编辑大楼启动全面改造装修。百科社请中国工程院崔恺院士担任总建筑师。在讨论需求时，我们提出，百科临二环，寸土寸金，希望将庭院以玻璃封顶，形成中厅，地面推平，和大堂找齐、打通。算下来面积相当可观，可兼行百科全书博物馆、社史馆、体育馆、活动中心等多重功能。

　　这时，有人提出，要改造庭院，扩大可使用面积，是不是把院东侧的浮雕拆了，或另挪一个地方呢？我赶紧说，不能拆，也不能

---

*　2017年首发中国大百科全书出版社公众号，载《百科知识》2018年第6期。

挪，弄坏了可是无法弥补的损失。我向崔院士介绍，这是侯一民先生为百科社特制的作品，文化价值、艺术价值全齐了，是百科全书博物馆的镇馆之宝，拜托他设计时务必多多关照。

说来惭愧，这件作品名、作者，我这个"老百科"也很晚才知道。大约是2010年，在一次聊天中偶然听武丹老师提起的。遂凑近仔细观看，果真于壁画右下角寻得两枚陶制阳文印，大篆，上枚侯一民名章，下枚凤台建陶，应是烧制单位。侯先生我倒早有耳闻，新中国第一代美术家，艺术成就享誉海内外，是三、四套人民币人物形象及风景的设计者。百科社收藏了他的大作，当真是难得的福气。

从那以后，我就开始打探这幅壁画的来龙去脉，以及画中构件及具体表意。遗憾的是，社里找不到任何关于它的资料，也没有人说得明白。上网搜寻，亦一无所获。也想过要去拜访侯先生，但听知情人说，先生年事已高，极少会客。后来，我也一直没得空闲，这事也就搁置下来了。

崔院士不愧是大手笔。编辑大楼整装一新，彻底变了样。中厅成了最大亮点。场地比一个篮球场还大，地面一水青白石，明莹、沉稳；三层通高，顶天立地的书架、恢宏的文化墙环伺四周。阳光从玻璃屋顶析过，洒落，似涓涓清流，波光潋潋漫过了青白石。

中厅的点睛之笔非《上下五千年》莫属。它的位置相当显眼，通透的大空间，跨入大堂就能看见。它幅面巨大，倚书墙而立，粗陶质、铜绿花釉，自然光渲染出立体的肌理，柔美迷人的色泽，品相高古，韵致精微；画面由人、动植物、星月、文字、器物等构成，造型简洁，拙朴而大气，生动而有趣。

它一下子就成了最吸睛的所在。来访者在此留连，发出啧啧惊叹，忙不迭举起手机拍照、合影。我周末来社，每每见到三三两两的背包客，在壁画前沉思，或者一群儿童，在那里席地而坐，展开画夹临摹。

上周，有同事发来微信，说"青少年机构的孩子来参观，总会问起浮雕的内容，想简单介绍一下，又没有资料，怕说错了，所以来向您求助"。我马上回复："我也想弄清楚，容我一点时间。"

当天就开始行动。首先，我列了一个"采访小提纲"，主要是关于壁画的制作经过，找到中央美术学院杜飞教授。当年侯先生完成《上下五千年》画稿后，他作为侯先生的学生和助手参与了后期制作。其次，我放下手头所有事务，拍下壁画全幅图片，静下心来琢磨，请教美术家、书法家、文字专家、博物馆专家，查阅历史、美术资料，希望尽量形成一个较为完整的作品解读。

1984年3月18日，随着胡乔木等领导人掀动第一铲泥土，百科编辑大楼开始建造。1985年初，百科社与中央美术学院联系，请美院为编辑大楼创作一件艺术品。侯一民先生应下了这件事情。

侯先生早年从齐白石弟子陈小溪学习中国画，1946年入国立北平艺术专科学校，师从徐悲鸿、吴作人、艾中信等人，改习西画。1950年起，任中央美术学院教员。曾在中央美术学院油画训练班学习，导师马克西莫夫。60年代受国务院委托，和其他4位艺术家组成了人民币设计组。1978年，创建中央美院壁画系专业。后任中央美院第一副院长、中国美协壁画艺委会主任，创建中国壁画学会并任会长。创作了大量油画、壁画、陶艺、雕塑作品。陶釉壁画代表作有《百花齐放》、《血肉长城》等，国家博物馆收藏。

侯先生在一张略大于A4的纸上画出了整幅画稿。然后，由两位他的学生，来帮助完成后期制作。一位是邯郸陶瓷所的郭福庭，他研究生毕业于中央工艺美院，专攻釉料，侯先生将他借调出来；另一位就是杜飞。还找了一家合作工厂，安徽凤台县锅碗厂。这家厂子规模很小，况且，做锅碗的，离高大上的艺术壁画似乎远了点。但事出有因。一方面，那时粗陶花釉壁画在中国还是新生事物，远不如现在这样得到普遍的欣赏，所以，几乎没有对口厂家可找；另一方面，粗陶花釉壁画制作，不但生产要求规范，且因为是定制，工艺上面临众多实验和创新，而厂小、工艺落后，革新转型反倒比那些工艺成熟的大厂容易些。锅碗厂同意通过《上下五千年》的制作对工艺作引导式改造。双方谈妥，就这么定下了。

郭福庭进厂，在侯一民先生指导下开始了高温釉料的研究。釉料必须适应陶坯体，研制者首先得掌握坯体的化学组成、膨胀性能、成熟湿度、成品性能，其次还要把控好釉料原料的纯度，釉料本身的透明度、色彩、化学性能和机械性能等。《上下五千年》幅面巨大、塑造语言粗放，远超以往，要制成适配的釉料，以及掌握挂釉的厚度，需要一次次反复实验。

杜飞则负责泥稿塑造。先是放样，那时没有复印机、放图机等设备，是将画稿拍成胶片，用幻灯机将影像放大，制出与成品等大样稿。然后，工人将陶泥铺陈于地，拍实，做成一整块泥板，杜飞再将样稿在泥板上完成浮雕塑造。之后，分割若干块，略干燥后于背面凿出燕尾槽，以备组装悬挂时用。

浮雕分块晾干，放进还原焰窑炉（俗称馒头窑），温度800～900度，素烧30小时，熄火，冷却10小时后出窑；然后施釉（挂釉），再入窑，以1200度高温再烧36小时。

以陶泥为板基，运用绘画雕塑艺术与陶工艺技术相结合，经过一系列工序而生产出的粗陶花釉浮雕，已不是原画稿的简单复制，而是艺术的再创造。

酷暑的八月，侯一民先生不辞辛劳，亲临工厂，指导塑造的深入和釉料成色试验。从七月到九月，将近一百天，制作人员远离城市、远离家人，蹲守在凤台乡郊。南方的夏季，闷热、潮湿、蚊虫当道。壮实的年轻人都难以忍受。杜飞一到下午就高烧。熬到浮雕出炉、大功告成回京，去医院诊治。医生很吃惊，说他得了疟疾，可医院没有奎宁，因为疟疾在北京早已宣布绝迹了。后来，还是家人几经辗转，在某街道办事处医务室找到了奎宁。

而我在这次梳理过程中偶然听说，创作了这样一件艺术珍品的侯一民先生，还有杜飞、郭福庭两位老师，当时所获报酬只有区区几百元。

《上下五千年》陶板一块块用粗麻绳捆绑，装了整整一大卡车，从凤台运进京城。车子到西直门立交桥迷了路，绕行数圈，徘徊良久，才抵达了目的地。卸下后在马路边堆起一座小山。工人们按标号一块块组装、悬挂。就这样，《上下五千年》在百科编辑大楼落脚了。

作品构图以文化为主线，从下往上分三大板块讲述中华文化故事。

画面下方，一位手持陶罐的劳动妇女，一名拉弓射箭的狩猎男子，展示自远古起中国的农耕文化、狩猎文化。人民在劳动中创造了灿烂的中华文明。左下角是约为公元前4300～前2600年大汶口文化时期的陶鬶（guī），陶鬶侧旁、向上，分布有岩画、原始象形文、甲骨文、金文、青铜礼器等。以场景、人物以及典型的文化符号梳理、陈述中华民族在漫长历史时期中的文化起源、流变及发展。

画面中部，也有两位人物。靠左站立者为南北朝时期的数学家、天文学家祖冲之（429～500）。人物上方有古观象仪器。祖冲之一生钻研自然科学，他首次将"圆周率"精算到小数点第7位，他提出的"祖率"对数学研究有重大贡献，直到15世纪，这一纪录才被阿拉伯数学家打破。他创制的《大明历》是当时最科学最先进的历法，首次引入"岁差"概念，使得历法更加精确，为后世的天文研究提供了正确的方法。居中独坐者是唐代浪漫主义诗人李白（701～762）。诗人仰首向天，"举杯邀明月，对影成三人"，浅唱低吟遂成千古名句。李白游历名山大川，将想象、夸张、比喻、拟人众多手法综合运用，讴歌祖国美丽的自然风光。他的诗雄奇奔放，俊逸清新，具有"笔落惊风雨，诗成泣鬼神"的艺术魅力，对后世产生了深远影响。李白诗是中华民族的艺术瑰宝，人们世代吟诵至今不衰。正是历朝历代，无数如祖冲之、李白这样杰出的科学家、文化巨匠，创造了中国文化一个又一个高峰。

画面上方，一少年俯卧在地，一少女遨游在天。还有北斗星、太阳、和平鸽、船、火箭、卫星等。表现中华民族进入新时代以来的文化成就以及美好憧憬。和平年代的幸福少年，目光追随着扬帆起航的船儿，看它沐浴阳光乘风破浪驶向辽阔的海洋。造船业在中国有着悠久的历史。考古发现了公元前5000～前3300年河姆渡文化时期的桨，说明至少那时已有舟。明代已能建造大型远洋海船，为郑和（1371～1433）下西洋提供了强大物质保障。造船业开创了近代民族工业的先河。新中国成立后，建成了门类齐全的船舶工业体系，至20世纪70年代，已先后自行研制出万吨轮、远洋探测船、核潜艇等。如今，中国已能够建造符合各种国际规范、航行于任何海域的船舶，已发展成举足轻重的世界造船大国。翩翩遨游的少女，在人造卫星《东方红》的乐曲声中飞向太空。从嫦娥奔月的神话传说到莫高窟的飞天壁画，从战国诗人屈原（约公元前339～约前278）的天问，到明朝万户飞向空中的首次尝试，中华民族的飞天梦沧桑而悠久。1970年4月24日，首颗人造地球卫星"东方红一号"升空，宣告中国进入航天时代。2003年10月15日，杨利伟（1965～）搭乘"神舟五号"飞船成功进入太空，成为首位叩访太空的中国航天员。2007年10月24日，中国首颗月球探测器"嫦娥一号"准确入轨，实现了中华民族千年奔月的梦想。

《上下五千年》整幅构图讴歌了中华文化的源远流长、光辉璀璨，以及中华民族的美好憧憬。那些憧憬如今已经或正在一一实现。

作品材质为粗陶挂釉。采用粗陶有两重意义。首先是艺术表现力。粗陶是用含沙量含铁量较多的粘土加熟料烧制的陶器，肌理感强，不同于瓷器的精美华贵，粗陶的沧桑感，是一种自然的、返璞归真的美。其次是历史悠久。粗陶是人类最古老的文化形态之一，是人类最早利用化学变化改变天然性质的开端，是人类社会由旧石器时代发展到新石器时代的标志之一。中国制陶术有令人引以为傲的悠久历史和成就，原始陶器不仅是我国古代艺术的瑰宝，在世界文化艺术史上也占有重要的一席之地。粗陶具有独特的美学特征和审美意义，成为表现民族生命情调与人文特质的文化符号。

釉是覆盖在陶瓷制品表面的无色或有色的玻璃质涂层，是用数种矿物原料按一定比例调配、研磨，制成釉浆，施于坯体表面，经高温煅烧而成。能增加制品的机械强度、热稳定性和电介强度，还有美化器物、便于拭洗、不被尘土腥秽侵蚀等特点。

浮雕色彩为青铜绿。色彩在陶壁画的成功与否中举足轻重，它可以完满诠释作者的创作意境，同时，也最能吸引观赏者的眼球。作品的釉色选择了花釉中的铜绿。绿，是中国传统文化中一种主色调，寓意生机、生命的延续。同时，审美上，绿色等冷色调收敛，沉稳，温润，庄重大气。青铜绿，是空气长期作用于青铜器，使之发生氧化反应而自然产生的铜锈颜色。商周时代的青铜礼器，既有丰富的文化价值，又有极高的艺术价值。青铜器在那时称为"吉金"。青铜绿，斑斑驳驳的锈蚀，散发出沉稳温润、深奥精微的色泽，有着美学意义上的延伸，寓意中华文化的悠远、沧桑、生生不息。

构图、材质、色彩三位一体。侯一民先生以现实主义与浪漫主义相结合，选取中国特有的场景、人物、符号、材质、色彩，用中国绘画大写意的表现手法，生动展现了中华民族源远流长、一脉相承、博大精深的灿烂文化。主题明确，脉络清晰。取材简约而丰富，构图疏朗而饱满，人物造型夸张有趣，宁静平和。线条沉稳劲拔，色彩古朴温润。整幅作品和谐自然，意味隽永。

1986年12月，编辑大楼全面竣工，1987年全社迁入。这样说起来，进驻编辑大楼，《上下五千年》比"百科人"谁都早啊。

30多年来，《上下五千年》镇守编辑大楼，不怕风吹雨打、日光暴晒，不惧雾霾腐蚀、空气霉变，不褪色、不脱釉、不开裂，完好如初，美丽古朴，随着岁月的流逝，日渐久远，更增加了凝重深厚的色彩效果。它营造了厚重端庄的文化氛围，构建了清朗高雅的艺术品位，为人们带来视觉和精神的双重愉悦。随着时间的推移，《上下五千年》的价值将愈加彰显。

文化，是民族的根基、魂魄，是民族创造力、生命力的不竭源泉。百科人当为中华文化的弘扬、光大和薪火相传，尽己之力。

才华洒在百科全书的字里行间 *

盛世修典,《中国大百科全书》随着中国改革开放的足音呱呱坠地。一版问世十余年来,编纂者们不曾有片刻歇息,为《全书》的修订、二版的编辑出版做出了不懈的努力。"海阔凭鱼跃,天高任鸟飞!"在这块独一无二的空间,百科人从未停止思想的驰骋。《大型综合性百科全书编纂理论与运作》就是他们跋涉漫漫征程中的所思所得。

从一版的出版到二版的修订,是一个进步的过程。时代在发展,认识在提高,新知识的层出不穷,新理论的不断发现,新系统的建立,新信息的交流,催生着二版,催生着建构百科全书的理论和技术。综观文集,读者会发现,编纂者们对二版作出了科学的分析、智慧的选择、合理的构架、准确的定位。同时考虑到了新技术在二版编纂出版印刷中的应用。

百科人历来重视以理论指导实践,从实践提炼理论。我国百科全书的编纂,说得上前无古人。虽说百科全书在欧美发达国家有丰硕的成果和理论供我们借鉴,但中国自己的百科全书,须有中

---

* 《大型综合性百科全书编纂理论与运作》前言,2006年。

国的特色与气度。煌煌传统的生发、历代先民的踪迹、开疆拓土的功绩、发明创造的成就，无不以百科全书的形式物化，留存于世。多年的实践探索，辛勤的设计构建，随着成果和经验的积累，不断认知百科编纂的规律，实践、思考、升华，提炼出百科编纂理论和工艺，指导百科全书编纂实践，为中国和世界提供更好的中国版本百科全书，这正是本书出版的意义所在。

出成果，出理论，更具战略意义的是出人才。实践出真知，实践出人才，要使百科全书事业长盛不衰，使中华文明薪火相传，惟有通过人才的培养，让人才脱颖而出才会大有希望。文集的出版，是对百科工作团队的一次检阅。梳理思想，建设理论，训练人才，储备知识。让人欣喜的是，这支队伍诸军兵种系列完备，将士训练有素，武器先进弹药充足，和各国百科队伍相比，我们并不逊色，后劲更足。

浏览文集，可以看到这个团队的成员才华横溢、刻苦勤奋。这样的素质做任何学问都会有所作为。但他们甘于在百科园地默默耕耘，年复一年奉献大好年华。皓首穷经，在他们身上我读到了这个成语的新解。才华洒在山沟田野成诗成歌，洒在深山大泽成禅成道，洒在殿堂成策，洒在学林成师。我的同事们把才华洒在百科全书的字里行间，便成天章云锦，泽被华林。

书中文章多属厚积薄发水滴石穿之类，也是编辑天性使然。编辑所写文字金贵，此书可证。培植丛林让百鸟争鸣，涵养草原让万马奔腾，提供书林一席之地让编辑们编织理想一展才干，都是顺应自然顺应人心的畅美之事。也许，出版界读书界期待的编辑学、百科学，也在这里成长呢！

一切为了生命！[*]

　　2008年5月12日14时48分，中国汶川，8级大地震骤然发生，刹那间地裂天崩、乾坤挪移、江河倒逆！数以万计的鲜活生命瞬间消失，数以万计的生命处于极度危险之中！

　　自那一刻起，一曲曲悲壮的生命之歌响彻共和国大地。

　　面对大灾难，中国人对生命的态度，让人心痛，更让人肃然起敬！

　　在最危险的一瞬，母亲把生命留给幼儿；老师把生路留给学生。他们义无返顾张开双臂，为年轻的生命支撑起生还的空间。逝者的生命在这一刻绽放出无比灿烂的光芒。

　　灾区基层干部、群众从废墟中爬起，互助互救，让更多的人挣脱死神的魔掌。尽管那一刻，他们自己的妻儿、亲人，有的已经丧生，有的不知身在何处，生死未卜。

　　面临绝境，生命的能量骤然爆发，身上压着大石，伤口流着鲜血，心里怀着希望，顽强坚持，镇定忍耐。在深陷的废墟中，有孩子的歌声响起。顽强不屈，喝退死神，创造一个又一个生命的奇迹！

---

* 《一切为了生命—5.12地震救灾纪实》序，2008年5月22日子夜。

面对大灾难，中国政府和全国人民对生命的态度，感动中国，感动世界！

胡锦涛总书记率党中央国务院迅即行动，在最短时间里采取一系列坚强有力的措施，进行了巨大的国力动员投入救灾。各级政府、机构、单位纷纷行动起来，一支支抢险队伍奔赴前线，各种急需物资源源不断送往灾区。

温家宝总理第一时间来到抗灾一线，指挥千军万马，哪里有灾情，就向哪里进发。"最重要的是救人！""不管用什么办法，我只要那十万群众出来！"哪里有受灾群众，哪里就有总理的身影。

当众多生灵被死神的阴影笼罩，是人民子弟兵历尽艰辛，最先到达最需要的地方，用血肉之躯架起一条条生命线，为百姓点燃生的希望。当他们冒着随时塌陷的危险，奋战十几个小时从犬牙交错的水泥板下捧出一息尚存的孩子，当他们扶着妇女抱着儿童抬着伤员脱离险境，当那名小战士哭喊着："求求你们，让我再救一个，再救一个……"泪水一次次模糊了我们的双眼。人民子弟兵，生命的守护神，永远是我们最可爱的人！

灾区人民的苦难，煎熬着全国人民的心。多少人彻夜守候在电视机、收音机旁，为每一次成功的抢救欢呼，为每一次生的接力揪心，为每一个失去的生命神伤心碎。多少人加入了志愿者的行列，奔赴灾区前线。多少人默默走上街头，捐钱，捐物，献血。一切为了抗灾需要，一切为了挽救生命需要。用不着动员，用不着宣传，共赴生命的召唤。只要灾区还有一个人的身体疼痛，全国人民的心就会疼痛；只要还有一个人没有脱离危险，全国人民就不会停止为他祈福。

这就是我们的民族。灾难可以摧毁我们的居所、夺走我们的亲人，但摧毁不了我们的意志，摧毁不了我们对生命的挚爱，苦难中升腾起最美丽的人性之光。

　　大灾无情，大爱无疆！天亦有情天亦老，中华民族为生命所做的一切，感天地，泣鬼神，动人心。

　　谨以此书献给在5.12中遇难、生还的同胞，献给抗震救灾的勇士，献给所有热爱生活、珍爱生命的人。

　　祈祷逝者一路走好！

　　祝福生者绚丽如花！

早　餐*

多年前，我每天早晨上班时，就注意到出版社两个特别的现象。

一个是打卡机前的忙碌。那时，电脑已经横空出世，考勤也就由手工记录换成了现代化自动刷卡。有的同事打完卡就急匆匆跑了，说还来得及买早点呢。

另一个就是许多步履匆匆的员工，手上提着小塑料袋，塑料袋里盛着包子馒头之类。大家挤在电梯间时，会交流购买早餐心得。哪家有什么花色，哪家味道好。但听到最多的还是对排队的控诉，等候时间太长、冬天冷、夏天热。还一回，有人说在豆腐脑中翻出了苍蝇。

新一届社委会组建后，商量为职工增设免费工作早餐，免去大家购买早餐的匆忙和辛苦，增加"家"的感觉。

民间有句最广为流传的话就是，要想抓住某人的心，就必须先抓住某人的胃。虽然貌似有些夸大其词，但还是能说明一点问题。毕竟，民以食为天。一日三餐，必不可少。每天吃得可口、营养、方便，确也算得提高生活品质的重要之事。对于企业来讲，这项计划

---

*　写于2016年12月。

惠民，还可内化为归属感、向心力、凝聚力。

社委会拨出专款。在资金的安排上，虽然又是一笔不小的数目，但我们的责任，就是要使员工们有越来越好的工作环境和生活条件，况且，用在员工身上，解决就餐难题，可以释放出更多的生产力。值得。

行政处负责落实。行政人员和工会委员组成联合调研组，走访了多家餐食公司，优中选优，同时，制定了包括品种、营养、餐具、卫生等在内的各项标准。

早餐的品种大约计有：豆浆（几种豆类混合打浆）、牛奶、鸡蛋、包子（荤、素）、花卷、杂粮发糕、油条、油饼、烙饼、蒸（煎）饺、肉夹馍、糖火烧、时令杂粮（红薯、玉米）、凉拌小菜、酱豆腐等。

同时，还将中餐的标准提高、做精，主食有米有面，菜几荤几素，水果和酸奶是标配。

随着就餐人员的大量增加，行政处及时将整个地下一层装修一新，取餐、就餐区宽敞洁净，通透而明亮。对于餐食的品相、营养、卫生等，行政处掌管严格。先是徐广余、史林梅，后有张军、卢建国，每天一样样品尝，提醒质量、口味、油量咸淡。记得有一段时间媒体频频曝光餐馆使用地沟油，小史不但经常敲打送餐公司，还会取样去专门机构化验。一段时间，有员工反映吃得太好，长胖了，就赶紧盯紧餐食公司少油少盐。每当春夏流行病泛起，会给大家熬煮应时汤水。每年体检完毕后，医务室小陈大夫和行政处就会根据全社员工状况，针对一些普遍性的问题，对餐食提出改进意见。

很快，百科餐食，尤其是早餐的名声传开了去。开始是中版集团，后来又陆续有商务、中华、三联、人文等社派员来观摩。在中版集团工作会议上，作为有百科企业文化特色的案例得到大家的赞许。

　　提议开设早餐时，私下里曾还有一个顺带的想法，就是用这个办法来取代过去的打卡考勤。打卡效果并不理想，也很难持久，可以玩出许多花式猫腻，后来，机器还老出问题，最终形同虚设、不了了之了。而丰富、营养、卫生、热热乎乎的早餐，方便舒适的取餐、就餐环境，得到员工们的喜爱，每天早上绝大部分员工会准时到社就餐，然后神清气爽、精神抖擞去上班。

奖章编号2015022109 *

前些日子，上头要求报送材料，是百科社参加过抗战的老人。负责此事的是人事处新来的小姑娘。她整理许勤的履历，看呆了，说这奶奶，岗位变换这么多，经历也太丰富了。

许勤，女，1921年7月出生，1939年投身抗日。在南京金陵文理学院附中组织秘密抗日团体；在南京中央大学读书，组织并领导秘密抗日团体"团结救国社"，任组织委员；苏南丹阳县工作队队员；茅山地委调查研究室干事；苏南地区茅东湖滨中学、专员公署施教团教员兼党支部书记、团长、教员掩护；苏南句容城内白区小学教员掩护；茅山地委干事；苏南溧水县工作队、政府文教科队员、副科长；溧南县工作队队员；安徽广德县委秘书；苏浙日报社记者；山东烟台日报社编辑；烟台外事办公厅英文芝罘新闻报主编；大连旅大建国学院教员；大连旅大中苏友好协会文化部部长；1949年10月后，江西九江地委宣传部教育科科长；都昌县县委、地委宣传部部长；新农村报社社长兼总编辑；汉口重型机器厂设计处副处长；汉口第二汽车制造厂设计资料组副组长；长春第一汽车制造厂技

---

* 写于2015年9月2日。

术处工艺处副处长；北京汽车分公司主任；北京日用品工业公司副主任；中国大百科全书出版社编委。1986年12月离休。

这长长长长的履历，莫说小姑娘，这谁看了不惊、不叹谓。是怎样的少年理想沸腾热血、怎样的刀光剑影风霜雨雪、怎样的漫漫长路蹉跎坎坷，雕刻出这厚重阅历繁花人生。

材料上报。许勤获中共中央国务院中央军委颁发中国人民抗日战争胜利70周年纪念章，编号2015022109。这一次，百科社共有四位获此殊荣。还有红小鬼老社长单基夫，奖章编号2015022098；叶佐群，奖章编号2015022099；张稚枫，奖章编号2015022093。

下午我们去看望老人家。94岁的许勤，耳聪目明，站得笔直，坐得稳当。我替她挂上金红绶带纪念章，她指指身上的深色格子外衣，又亮出里面的浅色碎花衬衫，问我配哪件衣服更好看。奖章在胸前金光灿灿，老人家张开没了门牙的嘴，乐开了花。

这样的编号全国还有多少？祝愿老战士们颐养天年健康长寿。向所有逝去的、健在的抗战者致最崇高的敬意！

"大百科精神"代代传[*]

一

1982年8月的一天，刚大学毕业的我，乘那时还是绿色车皮的2次列车进京。当时，与中国改革开放同时起步、作为一项重要国策的《中国大百科全书》编纂，声势浩大，工程全面展开。全国2万多名专家学者集结起来。百科社也调入一批老编辑专家，同时还在各高等院校招募大学生、研究生，77、78级就达六七十名之多。我被分配在社会科学部经济学组，有幸在百科创业初期成为了百科人。

那时，社里不称官名，年长者一律称之为老师，再年长些称老师或某老；年轻的，直呼其名，再年轻些的，就叫小某了。还有一个老少皆宜的称呼，就是同志。长辈们多数大有来头：或曾为革命出生入死功勋卓著的学者型官员，或曾学富五车才高八斗的翩翩智者，在肃反、反右、"文革"等"运动"中历经坎坷。他们在"文革"

---

* 2018年11月写于中国大百科全书出版社成立40周年之际。

结束落实政策后来到百科。其中有第一任总编辑姜椿芳，以及其他社领导阎明复、刘尊棋、曾彦修、常萍、王顾明、唐守愚、刘雪苇、张友渔、朱语今、高步青、翟富中、金常政、周志成、吕东明、林盛然、石磊、肖德荣等；第一代编辑黄鸿森、杜友良、王伯恭、全如瑊、王福时、徐慰曾、彭庆昭、丘国栋、张遵修、符家钦、张曼真、张云鄂、张人骏、张均康、张慈中、戴中器、杨公谨、顾家熙、吴书林、梁从诫、郑伯承、孔干、赵建山等，形成"举逸民"编百科的一道独特景观。这些历经磨难的知识分子，有了重新工作的机会，便迸发出他们全部的热情和能量。他们对我们年轻人寄予殷殷期望，言传身教给予指导和提携。

姜老是中国现代百科全书的奠基人。百科社组建后，他游说学界，日理万机，但还时常到各编辑部走动，和我们谈工作，谈理想。姜老对中国百科全书事业，其热情、执着可以说不亚于任何虔诚的宗教徒，在我们那一批青年编辑中产生了极大影响。

有些老师，我初入职就在他们手下工作，差不多每天都会见到。

第一位是张智联老师。张老师毕业于燕京大学，初见时他已届花甲之年，银发卷曲、身材颀长。可能因为个子太高，他的背有些弯，说话轻声细语，极和气。那时，经济组就张老师和我两人，我跟随他从编务、编辑的一点一滴学起。我问他，他一定教我，若不问，他也不干涉，放手让我去做。有一天，他同我谈，他年纪大了，身体也不好，让我要负起更多责任来。在我担任经济组组长和责任编辑后，张老师一如既往给予我支持和爱护。

第二位是编辑部主任丘国栋。其时丘老师五十多岁，圆脸盘，中等个，花白头发，鼻梁上架着比啤酒瓶底还厚的镜片，手指上总是夹着一枝香烟，轻雾袅袅。他是西南联大的高才生，几十年的笔墨生涯、编辑经验，使他拿起笔来，在稿上批上几句，便显出深厚功底。他看重工作，不论人情，在全社率先突破用人"禁忌"，将资历尚浅的年轻人推上一线，主持学科卷编辑工作。他在给我们开讲编辑课程时，说处理稿件一定要慎之又慎，要如临深渊、如履薄冰。这句话，我视为至理名言，记了一辈子。当我后来也成了老编辑，我又把丘老师的话送给了年轻人。

第三位是分管社会科学部的副总编辑石磊。石老师身板敦实，性情豪爽。那时，社领导用很多时间蹲守编辑部。《经济学》三大卷进入冲刺编辑加工及发稿阶段，组里也充实了编辑力量，增加了责任编辑阿去克，编辑钱大川、姚开健，资料核对统一编辑原明、卢红、卞小勤等。石老师同我们编辑人员一起，在外馆东街的办公室几乎天天加班。他对我们年轻人要求很严，但对我们的努力和成绩也都看在眼里，不吝赞扬。他大胆启用新人，他所分管的编辑部门中，一批研究生、大学生迅速成长起来，陆续进入责任编辑、组长、主任岗位。

此外，还有丁日昕、钟国豪等老师。正是在众多老师身传言教、耳提面命之下，我们一步步学习，练习编辑的基本功，修炼编辑的职业操行，日积月累，羽翼渐丰。

那时，平日里加班到深夜是常态，周末只有一个休息日，基本上也在工作。这种现象，当时很普遍。学界众多学者经历数次"运动"，尤其是十年"文革"，饱经磨难，韶华流逝，才学荒置，此时虽年岁已高，但胸中那一腔报效国家、献身学术的热望却愈加强烈，早就憋足了劲要同时间赛跑，要将时间夺回来。出版社这边，从主要负责人到各编辑部各编辑组的头儿和员工们，心气和干劲不让学界。没人叫苦喊累，编辑部里的灯光，经常通宵达旦。那时，我们外地毕业生住在外馆东街甲1号院内抗震临时搭建的矮小平房内。周末的夜晚，有时我独自乘了公共汽车，穿过寂静空旷的黑夜，奔向西长安街电报大楼，在明灿温暖的灯火中，给爹娘拍封电报，报上平安，打个电话，听听他们的声音。回想起来，那真是一段简朴而充实、忙碌而快乐的时光！

1993年8月，《中国大百科全书》第一版全部出齐。《全书》的出版，结束了泱泱大国没有自己百科全书的历史，从文化学术上铸造了国家形象，作为20世纪中国最辉煌的文化工程而载入史册。10月8日，我们编辑出版人员代表随同专家学者代表参加了在人民大会堂举行的庆功表彰大会。其时，我来百科社工作已有12个年头。看着眼前系了红绸、垛成城墙般墩实延展的《中国大百科全书》，我的心中有无限感慨！先辈们的百年梦想，15年2万多名专家学者的呕心沥血以及数百名编辑出版人员的艰苦奋斗、辛勤劳作，终于结出了硕果。《人民日报》在发表的长篇通讯《铸就中华文化的丰碑》前加一按语评论道："'大百科精神'，是一种执著的爱国主义精神，是一种高尚的集体主义精神，是一种主动开拓的创业精神，是一种实事求是的科学精神，是一种无私的奉献精神。"

"大百科精神"成为百科企业文化的精髓，永久传承。

1990年8月，四川出版局局长单基夫调任百科社社长。他"红小鬼"出身，衣着考究，待人民主，给你派活儿时，你会觉得不好意思拒绝。谁任务完成得好，他奖励的方式之一是口头许诺请吃饺子，但大多没有兑现，不过，我们知道他成天操心社里工作，也就不忍心"追究"了。他带来了新思维，开启了百科社与市场经济接轨的新时期。他推动各编辑部闯市场，逼着一批原来只会编书、自甘清寂的书呆子学会了诸多市场本事；同时大胆使用年轻人，委以重任，冲锋陷阵。

1991年，我调《百科知识》期刊任职。当时编辑部同事有范宝新、吴伟、王昕若、赵彤、舒罗沙、王勤、蒲晖等。在这里，我有了人生第一张记者证。和同事们一起约稿、编稿、下印厂，加班赶活儿。1991年部门购置了第一台计算机，那时还只有"286"。我们团团围住它，突击学习录字、排版，争先恐后，兴致勃勃。我就在那时学会了五笔字型。1992年下半年，《百科知识》成立杂志社，成为独立法人、市场主体，经营压力扑面而来。期刊持续推出新栏目，提升稿件质量，改进配图、版式，增加时代元素。同时，将每年12期的刊封在风格上进行统一设计，将"百科知识"字样相对固定并图标化，进行商标注册，以强化读者的认知。

1992年，《小百科》创刊，刘东风担任主编。百科社后来又陆续办了《电脑校园》、《城市周报》（City Weekend）等刊。《城市周报》由许丽君担任总编辑，是一份英文杂志，在外国使领馆和外国人公寓的到达率很高。杂志社还策划、编辑出版了全社首套大型丛书《世界市场全书》（100卷）。1994年5月我调任出版社副总编辑，这套书的编辑、制作由杂志社社长吴尚之率领诸位同事完成。当时杂志社还出过一些销路不错的书。其中由同事王昕若自己编写的《诗词格律手册》至今还是社里的长销书。后来，吴尚之调任出版总署工作，常汝先、赵新宇先后接任《百科知识》杂志社社长。

我初任副总编辑时，社委会有单社长（2000年底，田胜立接任社长），还有副总编辑王德有、吴希曾，副社长周小平等。无论是年龄还是资历、贡献，各位社委都在我先，但对我都很关照、支持。分管的部门先后主要有对外合作部、《不列颠百科全书》编辑部、《中国大百科全书》第二版编辑部、百科电子音像出版社、期刊、美编室、术语中心等，有幸和更多同事一起工作了。他们具体操持的一些重大项目历经艰难而成果丰硕，给我留下了深刻印象。其中包括：

年届七旬、已退休十年的徐慰曾再度出山，带领团队编辑出版了20卷本《不列颠百科全书》国际中文版。编辑部同事送他一个雅号"老猫"，说的是他有一双锐利的眼，活儿干得好不好，看得一清二楚，对于交活慢的、质量没有符合他心思的，一通训斥，毫不留情。所以有人说，看见他就想躲，就像老鼠见了猫呢。五年中，他从不拿任何奖金，每月只象征性领取150元返聘费。他的书房里挂着于右任先生诗句条幅："计利应计天下利，求名应求万世名。"

台湾锦绣出版社与百科社签约，承诺一字不改在台湾出版发行《全书》。对外合作部阿去克团队完成《全书》60卷简体版转繁体版全部排校。后来，中国大百科全书系列，如《全书》简明版、《中医》卷、《中国烹饪百科全书》等也相继走向海外。记得有一次，我去第二任总编辑梅益办公室汇报工作，谈起繁体字版的事。他说："过去我们要通过在福建打炮弹向台湾发送宣传品，现在一字不改的《中国大百科全书》在台湾公开发售，就是在替我们做工作，所以不要太纠缠于经济账。"原来出版还可以这样做，这让我很受教育。记得那次，梅益总编辑还送了我他翻译的签名本《钢铁是怎样炼成的》。这书，少时我就在母亲的书柜中取看过，很喜欢。

1999年9月《全书》一版图文数据光盘出版发行，随后陆续推出若干版本，其中包括繁体字版图文数据光盘。不久，又在台湾推出了《全书》数据库版。以上主要由本社赵彤团队、田野团队等研发，是百科社自己主导数字化出版的肇始。《全书》光盘各版本售出百万套以上。而盗版也满天飞。有一天，中华书局的朋友来电话，告知有人去他们那卖《全书》光盘了，很便宜，问我是真的还是假的。她的语音未落，百科社的同事跑过来了，说卖盗版盘的到咱们社推销来啦。

《全书》二版鏖战犹酣。二版编辑部组建于1994年2月，孙关龙为第一任主任，1998年末至2009年，吕建华、朱杰军、刘杭先后任主任。1995年9月6日，原中宣部常务副部长徐惟诚出任百科社第三任总编辑。徐总烟抽得凶，看起来很沉稳，不动声色，其实思维活跃、前卫，在全社选题思考，尤其是儿童百科全书的编纂理念提炼上，常常能将宏观观照与微观操作相结合，提出新颖而有价值的意见。他对二版总体设计、编委会组建、上书人物、政治敏感点等重大问题定下基调，并帮助编辑团队与相关部委、机构协调落实总编委会成员、学科主编、重点稿件撰写、出版经费等事宜。

1995年12月31日，国务院国办函[1995]63号《国务院办公厅关于编纂出版〈中国大百科全书〉第二版问题的复函》正式下发。1999年5月28日，我随同当时新闻出版总署的各位署长、副署长，以及徐惟诚总编辑、单基夫社长到中南海，中央政治局常委、国务院副总理李岚清在他的办公室听取了《中国大百科全书》第二版工作汇报。

2000年6月，朱镕基、胡锦涛、李岚清、丁关根代表党中央、国务院批准成立由近百名权威专家和领导同志组成中国大百科全书第二版总编辑委员会，全国人大副委员长、中国科学院院士、我国"两弹一星"功勋科学家周光召为《中国大百科全书》第二版总编辑委员会主任。2003年3月6日，温家宝总理上任第一天便签署关于《中国大百科全书》第二版编纂工作的指示信。我曾随徐总多次去周光召委员长处汇报工作，他对我们提出的动员全国学术力量、提供政策支持、争取出版经费等重大关键性问题，都有求必应，及时帮助解决。他温文尔雅的气质，科学、严谨、务实的思维方式和办事风格，都给我留下了深刻印象。二版编辑部这边，各项工作也加快了步伐。2001年3月，历经一个月封闭式讨论，涉及所有学科6万余个条目的总表定稿，组稿工作全面推开。2003年进入回稿、编辑加工高峰。

二

2006年5月16日，接集团任命，让我主持全社工作。而此时百科社的局势实在让人发愁。由于历史的现实的种种原因，出版社进入了一个经济相当困难的时期。迎面而来几件事，给我的刺激至今记忆犹深。

当时财务报表显示，社资产负债率高达178%，库存图书结构严重老化，现金严重匮乏。人事方面，人员变动异常，多名员工离职。印务部急报，欠印厂大量款项，有人声称，再不还款，就来把社里的牌子砸个稀巴烂……我的心狂跳，头皮一阵阵发紧。那几日，整宿整宿不能入睡。再想想，光发愁也没有用，还是依靠大家，赶快行动吧。

我们这届社委会成员当时还有副社长刘晓东、副总编辑阿去克（2008年刘杭、马汝军任副总编辑，2014年陈琦任副社长、刘晓东任党委书记）。社委会立即召开全社中层干部会，尽可能让大家充分了解社里的真实状况，并提出重温"大百科精神"、抓主要矛盾、依靠群众、开源节流的工作思路。总编室用最快的速度，在编辑大楼三层辟出社史陈列室。老员工贾毅担当义务讲解员。这是一次久违的心灵洗礼。一个企业，同人一样，精神支柱必须屹立不倒。接着，围绕"开源节流"，开始了"我为百科献一计"的全员大讨论。2006年当年，集团下达的经营任务首先是止损，具体为利润减亏1000万。而对于出版社来讲，最要命的其实是现金流。社委会的认识高度统一：必须果断停止没有效益或效益低微前景不明的出版，集中人力物力财力，增放优势，挖掘潜能和资源，同时优化成本，摒除浪费，两方面一起着力，共同转化出实实在在的、有现金托底的利润。

　　记得社委会当时力推的首个出版项目是综合编辑部的《中国中学生百科全书》。炎炎夏日的周末，主任徐世新带领编辑人员，还有印务部和发行部的同事，聚集二楼会议室会商，对内容、封面设计、宣传发行等反复斟酌。下午，有中央电视台记者闻讯赶来，在现场拍摄，还说对在酷暑中为孩子们赶制精神食粮的各位表示敬意。据说，当晚新闻联播就播出了，我没有收看，那个时间，我们还没有收工呢。这样，《中国中学生百科全书》编纂出版的消息、精美的装帧，当晚便传遍了祖国的大江南北。首发告捷，不长的时间内发行了7万套。

　　节流，减少费用，是另一种角度对利润的贡献。主要从两方面着手：一是人人搞节约，一是账户合并，财务一支笔。厉行节约方面，行政处、全社员工都动起来了。以前全社都是直拨电话，有100多部，改建为以串连分机为主，配备少部分直拨，这一个举措，那些年每年就为社省下20万左右电话费用。还有，纸张边角料印台历、储运包装扩大1公分、照明灯办公灯换成节能灯，顺手关灯、拧紧水龙头……可别小看这点点滴滴，这个家太大了，每人、每个地方注意一点，效果不可小觑。合并帐户、"财务一支笔"，即撤消部门所立账号并入社财务账号，费用签字权上提、集中，全社20几个部门归类，按编辑、发行、印制、行政4条线，由对应分管的社委成员（一支笔）统一掌握标准审核签发。相关措施很快见效，资金的集中度提高了，无效低效的项目开始萎缩，成本费用降低，销售收入开始上升。2006年底，止损、减亏千万的目标达到，资金情况出现转机。

　　接下来，从2006年底开始，全社持续推进了以财务为导向的经营管理变革。主要包括：全流程经济核算。舍弃账面"利润"，进取真正的"收益"；单品核算，摒弃成本大锅饭；将庞大组织细分为一个个核算单位，并全部纳入核算体系；建立以实际财务数据为导向的经营核算体系，包括大收大支、成本费用率、利润、现金流等，作为评价、考核的依据，同时也作为提升经营能力和管理水平的抓手。非创收部门，如动辄编纂数年的百科全书编纂中心，以及各职能部门、服务部门，核算的重点是成本费用、工作进度及质量，按批准的预算严格执行。为实施以上核算体系，构建了全社编印发财所有模块打通、对接、相连、数据流通共享的业务管理平台，以及合同管理、财务规范等一系列规章制度。这些变革，得到了全社中层干部和员工的大力支持。先后任职、具体领衔操办的几位财务处主任宋晓英、史红艳、杨晶等，都为此持续接力。财务由记账型会计向管理型会计转型，寻求财务成果的最大化和财务状况的最优化，夯实经营基础，百科社收获了新局面。

走出困境、图谋发展，另一条变革主线是产品决策。经过一段时间调研，综合考虑了品牌、资源、目标，以及以往的经验及不足后，我社先后确定了产品的战略定位、"4+1"板块及"5重3特"产品线。战略定位：选题是出版社的立身之本。出版社品牌和出版物品牌建设相结合，全社统筹规划产品，加大原创开发力度，加大对中国大百科全书资源的开发力度，打造精品、打造有品牌影响力的产品集群。

"4+1"产品板块：百科全书及工具书、学术著作、知识类大众读物、助学读物和数字化出版。"5重3特"：对"4+1"板块持续优化，在板块内不断提高集中度。2013年下半年起，将12条生产线进一步集中为8个产品线，即"5重3特"。"5重"即5条重大产品线。百科全书产品线，包括《中国大百科全书》二版系列、结合三版纸本规划出版学科系列、专业百科、地区百科、《不列颠百科全书》系列等；工具书产品线，包括百科辞典、专科辞典、学习型工具书（学生工具书系列、学规系列）、韦氏英语学习系列等；中国儿童百科产品线；百科版DK产品线；知识社产品线。这5个产品线应该对百科社发展战略、品牌影响力及市场收益率、核心竞争力作出重大贡献，在经营中处于十分重要的、支柱性位置，从人财物政策等各个方面予以重点扶持、激励，尽快做大做粗做强。"3特"，即3条特色产品线，包括学术产品线、科技产品线、数字产品线。特色产品线与重大产品线在体量要求上有所不同，主要是做出品牌美誉、亮点、社会影响，同时，经济上要求能稳步发展，良性运营。"5重3特"确立后，对每一条产品线规划了品种数量、码洋、时间进度等。这些指标分解，安排在接下来的各部门年度生产任务中，由相关编辑部围绕"5重3特"对口共建。社委会成员对口主抓产品线和重点产品。

为保障产品战略的实施，进行了组织结构的对应重组、生产流程的优化，以及队伍组建、考核、评价和薪酬制度等的重构。组织结构上，该分的分该统的统。围绕产品线成立若干分社（中心），分工明确，定向发展。同时，整合全社各编辑部印务、发行，全部归口集中到社印务部、发行部，发挥集约化生产的优势。干部配置上，"让听得见炮火的人指挥战斗"，启用一批骨干，作为各产品线的领头人。明确绩效导向原则，构建与任务目标匹配的考评体系和薪酬制度。总之，确立各类部门功能定位及运作机制，全社一盘棋，专业分工，集约发展，落实"4+1"、"5重3特"，推动成本—收益的优化、效率的优化。

"4+1"、原创、集中度、"5重3特"，在实践中不断调整、优化，产品定位、结构有了越来越清晰的面貌。百科全书系列化、集群化方面，从综合性百科、专业性百科、地区百科、少儿百科四维展开。综合性百科全书有《中国大百科全书》第二版、第二版简明版、精粹版；《不列颠百科全书》国际中文版、简明版、精粹版。专业百科全书有中国大百科全书单卷本，《中国军事百科全书》第一版、第二版,《中国战略导弹部队百科全书》,《中国海军百科全书》,《中印文化交流百科全书》,《中国性科学百科全书》等;地区百科全书有《广西百科全书》、《云南百科全书》、《台湾百科全书》等。儿童百科方面,程力华、刘金双先后领衔儿百分社团队主打中国儿童百科系列,武丹、杨振先后领衔视觉分社团队主打百科版DK系列,形成中西合璧、双线共建,两个品牌各有十几个书系数百个品种全线展开、上市,无论是品牌影响力,还是销售额屡创新高,成为百科社名符其实的大品牌和经济支柱。工具书方面,有韦氏英语系列、彩图版学生工具书系列、学生规范字词典系列等。由陈琦领衔的教育分社团队,主打彩图版学生工具书系列,一度在市场销售很红火,后来学术分社推出学规系列,都曾在发行部的销售中占据了一定份额。学术出版方面,郭银星领衔的学术分社团队创立了百科史学品牌,声名鹊起,形成口述历史、回忆录、人物传记、史学名著、史料整理五个系列。同时还出版了经济学、传播学的系列学术精品。大众读物原创方面,赵炎团队、张宝军团队、蒋丽君团队、徐世新团队、姜钦云团队等依托百科资源规划文图版百科知识类系列读物,推出了百科名家文库、百科全书普及版、文渊图华书系、百科地图书系,以及文明史话书系、故宫里的大怪兽书系等。数字出版方面,田野团队、张新智团队推出了中国大百科全书数据库、掌上百科、军事百科数据库等。

这一时期,还有以下几个重大或特别的出版项目,体现了百科人在履行文化使命、社会责任方面的认真担当,值得记录。

2009年4月,历经14个年头,《全书》第二版终于面世,向中华人民共和国60周年献礼!看到样书的一刹那,我的眼睛湿润了。《全书》第二版是改革开放30年来中国科学文化成就的集大成之作,是代表国家最高科学文化发展水平,且与百科全书国际惯例接轨的新一代百科全书。它凝聚了众多专家学者的心血和奉献。而长期面对市场经济和经费短缺（二版财政经费中不含编辑出版人员费用，由出版社自筹）的长期压力，百科社克服了一切困难，从人财物各方面保证二版编辑团队心无旁骛专心致志。在漫长的编辑过程中，一批退休返聘的老编审和青年编辑十数年如一日，全身心投入。一些老同志视力严重下降，甚至几近失明；一些年轻同志推迟婚期，放弃婚假，有的同志为此延迟了要孩子甚至终生失去了机会；一些同志因为长期地积劳成疾，健康状况深受影响，甚至在编辑过程中因病而不幸去世。2009年8月26日，《中国大百科全书第二版出版总结表彰大会在人民大会堂举行。中央领导接见专家和出版人员代表，并发表重要讲话。那天，我代表出版人员也发了言，题目是"认真履行对祖国的承诺"。头晚打出发言稿，许多事和人浮现眼前，彻夜难眠。8月28日人民日报（人民论坛）发表题为"大辞书背后的强国梦"的文章称："大百科全书事关国家科学文化和政治荣誉。"2010年，《中国大百科全书》第二版入选了第二届中国出版政府奖图书奖。在二版的宣传推广上，中国出版集团副总裁王俊国亲临指导，帮助建立各方协调机制。出版社创立了整合政府、媒体、出版商、经销商、读者等各方资源的立体宣传，以及社店联手创新营销、以直销和地区代理销售为主的销售模式。实现了当期销售上万套的目标。两三年内，三次印刷。前不久，听发行部同事讲，开始了第五次印制。

2008年5月12日汶川大地震，13日晚我接到集团领导电话后，立即电话通知刘杭、马汝军、徐世新、徐继康到社集结。大家通宵达旦，16小时编写、印制了《抗震救灾自助手册》，成为全国首个发往灾区的出版物。《手册》纸本先后免费发放70多万册，同时，无偿交与各大网站发布。获得各级嘉奖。

由滕振微团队落实组织撰写与编辑的《中印文化交流百科全书》、"中印经典互译"工程，先后三次上了由中国和印度总理，以及最高领导人签署的两国联合公报。在国家公共外交方面，百科社以恰当的方式参与并发挥了作用。

我社与各地民族出版社合作，2008年一次推出儿百系列产品的7种民文版。2015年，总署"十二五"重点出版规划及改革发展项目库重大出版项目《中国大百科全书》二版维吾尔文、哈萨克文版宣布首发。民文版的推出，为中华民族大家庭共同享有优秀文化成果、共同发展进步做出了贡献。

由蒋丽君、马丽娜先后领衔的团队，落实完成了《中华百科全书》的策划和编辑，并以此及本社其他相关资源建设中国百科数据库。百科社经过长期的了解、洽谈，2016年达成"中国百科进美国"项目。从1979年邓小平决定引入《不列颠百科全书》，采用"一书两制"，中国的条目由中国人写，到2006年不列颠百科全书公司同意不列颠英文版首次采用中国百科全书条目，再到如今的"中国百科进美国"，这一个循环，将近40年的持续努力，意义非凡。

在各编辑部冲刺的关键时期，总编室任其忻团队统筹选题规划，落实进度，监管质量；出版部徐继康团队严把印制质量及进度关；发行部张金龙、陈义望先后领衔的团队面对竞争日趋激烈的市场，不断创新营销思路和措施；数据部郭继燕团队则对全社的核心内容资产进行数字化整理，为各编辑部提供服务；人事处姜燕团队大力落实导师制、首席制、百科大讲堂及每月开讲培训制，加强人才培养；办公室程应钧团队做好上下协调、安全保卫；行政处徐广余、张军先后领衔的团队提供环境、食堂等后勤保障，为生产保驾护航；党办工会宋梅娟团队将企业文化具体落实在建社纪念日、职工之家、丰富多彩的文娱活动等上。全社一心，拧成一股劲往前冲。

从2006年6月到2016年4月，奋斗10年，励精图治。功夫不负有心人，传承、发扬"大百科精神"的百科人，又一次开创了新局面，迎来了新丰收。

出版物获得中国出版政府奖11项、中华优秀出版物奖8项。其他由中宣部、教育部、科技部、总署（总局）、版协评选的重要事项如"三个一百"原创、向全国推荐百种优秀民族图书、向全国青少年推荐百科优秀图书、向全国青少年推荐百种优秀音像电子出版物、全国版权输出和引进优秀图书、大众喜爱的50种图书、全国优秀报刊、全国优秀科普作品、公众喜爱的优秀作品、首届向全国推荐中华优秀传统文化普及图书等上百项；知名媒体优秀图书榜单上榜数百项；入选国家"五年计划"重点出版规划37项，国家出版基金、国际出版经典工程、一带一路共计91项。

据审计报告，此期间大百科全书出版社的财务状况发生了重大变化。资产总额增长549，375，078.61元，所有者权益增加360，623，465.35元；净资产从2006年6月的−97，010，215.43元增长至2016年4月的263，613，249.92元，增加了360，623，465.35元；累计实现主营业务收入1，374，076，770.14元，利润总额累计实现116，394，891.68元。2015年实现年纯利2987万。现金流多年连续净流入，自有资金充足。资产负债率从2006年6月1日的178%下降到2016年4月30日的59.21%。出版社职工薪酬大幅提升，2015年，职工人均年工资收入是2006年的3.5倍。

出版社获得多项重要表彰及奖项。2009年被新闻出版总署评为"全国百佳图书出版单位"；2013年获得"中国出版政府奖"先进出版单位奖；2013年全国首批数字出版转型示范单位；2011年至2016年，连续评为国家文化出版重点出口单位；2015年获中国版权最具影响力企业奖；2016年获评"全国新闻出版标准化先进单位"；2013至2015年连续3年中国出版集团考核评为最高等级A级；2007年全国双拥工作领导小组授予"全国拥军先进单位"；2011至2015年连续获得首都精神文明建设委员会颁发的"首都文明单位"等。

2015年底，由崔恺院士担任总设计的"百科编辑能力建设"项目完工。百科编辑大楼焕然一新。外形观如祥云缭绕，又似层层叠叠的书页，在风中微微掀动。楼内中厅书架环立的文化墙、大堂的百科全书博物馆、设备齐备的学术礼堂、明亮舒适的办公区，透着浓浓的文化气息。全社排水系统、消防系统、电气系统、弱电系统亦全部置换一新，中央空调清风徐来，计算机、网络系统全楼覆盖，功能强大。

在《中国大百科全书》这项伟大事业中，百科社也已经踏上了"三版"新征程。2009年11月2日，原新闻出版总署副署长、原中国出版集团总裁杨牧之出任《中国大百科全书》第三版总主编。随即在百科社组建了三版领导小组、工作小组。网络版的构想得到杨总的充分肯定。三版各项工作提速。2010年6月21日，《中国大百科全书》第三版立项报告（百科〔2010〕社字第04号）上送中国出版集团并报新闻出版总署。2011年11月5日，国务院办公厅发出关于编纂出版《中国大百科全书》第三版问题的复函（国办函〔2011〕127号），同意编纂出版，建立数字化编纂平台，编纂发布和出版网络版、纸质版。

国务院批准立项并给予政策保障的消息，立即传播开来，在出版界、学术界引发了热烈反响。杨总带领我们走访了多位科学家、学者，开展调研，并与中宣部、财政部及相关部委、学术机构密切接触，落实、推动相关工作。对于百科社来讲，编好《全书》第三版，其文化使命首当其冲，不容置疑。同时，这也是崭新的课题，既是以重大项目带动企业融合发展的重大机遇，也面临生产方式变革引发的诸多严峻挑战。领导小组、社委会将三版作为全社头等大事，调研，设计，学科摸底，主编遴选，总编委会构成及人选，作者、编辑、技术等队伍的组建，"一社两制"、两翼并举的设计及实施，三版和全社生产经营通盘考虑，统筹兼顾……林林总总，都需妥当考虑和安排。同时，经过坚持不懈的努力和争取，《全书》编纂的长效机制、编纂经费及编辑大楼修缮经费也终于都得到了落实。

2014年5月14日，我随同杨总、中国出版集团总裁谭跃、副总裁李岩、出版部主任张贤明、三版综合办公室主任张若楷等，到三版总编委会主任陈奎元家，他第一次全面听取了三版工作情况汇报。2014年9月起，各学科编委会组建及内容撰写进入快车道。入选的百位学科主编，集合了当今我国各学科杰出的领军人物，在国内国际学术界享有盛誉。随着各学科的全面展开，全国数百位院士、20000多名专家学者，以及出版社编辑团队已集结起来，新时期国家文化的巅峰之作指日可待！

篇幅所限。要记述的人和事还有很多，如繁星点点，在我的记忆深处闪烁。

因缘际会，也有情感所系，大学毕业后至今37个年头我成了"钉子户"，扎在百科未曾半步移挪。也因此，与一项伟大的事业、与那么多平凡而又了不起的人结缘。中国百科全书事业是中国现代化的组成部分，从无到有，到壮大兴盛；中国大百科全书出版社从稚齿到成人，从蹒跚学步到血气方刚，拓荒、开放、繁衍、创新、飞跃，一批批共赴召唤的"大百科人"，秉乘"大百科精神"，几十年如一日，披荆斩棘，筚路蓝缕，辛勤耕耘，牺牲良多，贡献良多。精卫填海，可比百科人。在那些决定性的时刻，苦痛、抗争、奋斗，有过失败，也产生着耀眼甚至永恒的成就。

建社40年之际，谨以此小文，怀念教导我们的前辈师长，感谢一路相伴的百科同人，致敬我们共同走过的难忘岁月。

祝福我们的出版社，基业长青，一年更比一年好。

浩瀚的太空有颗百科全书星[*]

某日翻书，无意中撞入平素颇觉高大上的天文学领地。但见那无垠宇宙中，众多天体，各有大名，而这其中，竟然有颗小行星，它的名字就叫百科全书。

作为编了近40年百科全书的老出版，当时的惊喜、兴奋，可想而知。赶紧打开《中国大百科全书》第一版、第二版，想看看百科全书星的相关介绍，可是，没有找到。

这挑动了我的好奇心，便开始留意相关资料的搜集，向天文学家请教。这个学习过程，恶补些小行星知识，了解点科学史实，梳理下天体与百科全书特定情境中的关联，自己感觉收获不小，乐趣多多。

小行星是如何命名的

绚丽多彩的小行星。《中国大百科全书·天文学》定义，小行星

---

* 2019年6月首发百科社公众号，载《百科知识》2019年第8期。

是沿椭圆轨道环太阳运行，大小从几厘米到1000千米以上的固态小天体。它们绝大多数分布在火星和木星轨道中间的小行星主带中，属太阳系小天体。

小行星们虽然个头不大，但堪称"小而美"，个中奥妙，甚为神奇。如形状的多样性（球状体、三轴体、长条体等）；自转的等时性；多变的视亮度；有的还拥有自己的卫星，等等。而在天文学家看来最有价值的是，小行星由于个体质量小，诞生以来从未发生过结构性质变过程，因而保存了太阳系形成的初早期物态，能提供大量太阳系起源和演化的信息，这对于宇宙探索和研究，是非常非常重要的！

小行星是目前各类天体中唯一可以由发现者命名并得到世界公认的天体。同时，它的命名法也是所有天体命名中最绚丽多彩、最富人文性和最具幽默感的。

1801年，意大利天文学家G.皮亚齐在用望远镜目视巡天时观测到了第一颗小行星。不久，西方天文学家开始为小行星命名。命名延续大行星以古代神话中的神灵为名的传统，但选择女性神灵之名，如谷神星（1号小行星，2006年国际天文学联合会将谷神星重新定义为矮行星）、智神星（2号小行星）、婚神星（3号小行星）等。同时规定命名权归发现者（天文学家或天文台站）。

19世纪下半叶，天文照相方法兴起，小行星观测效率大增。19世纪80年代，新发现的小行星总数超过300个，神话人物名称所剩日减而不敷选用。为此，天文学家们协商，将命名的范围从天上神灵扩大到世间的人和物，但名字必须是女性化的规定不变，以尊重女性、平等自由、彰显人性。

然而，这一规定产生了有趣的戏剧性后果。在女性化的统一要求下，小行星即使是男性称谓的，文字拼写都得改为阴性。结果天文学家皮克灵变成了"皮克琳季娅"，物理学家普朗克变成了"普兰季娅"。还有一个名叫"牛顿妮娅",世人一直认为是大科学家牛顿大名的"女性化",直到半个世纪后才得知这真是一位女士的名字,与牛顿无关。小行星命名称谓女性化的规定,从名字已很难看出这个小行星命名的由来。20世纪初,这一规定终于由法则的修订者们废止了。

命名规则还包括:命名主要授予在某领域有突出贡献的个人或者团体;同时,具有重要意义的地名、事件、机构、动植物等也可申请命名;政治家、军事人物逝世后,或者政治、军事事件在发生100年后方可命名。

1995年国际天文学联合会IAU下属的小行星中心颁布了新修订的命名管理法则。新的发现或疑似发现后,由小行星中心给予"暂定编号",获得至少4次回归观测资料并测定精确轨道之后,再给予"永久编号"。

百科全书星

小行星命名是一项国际性、永久性崇高荣誉。而编号是1000的倍数的小行星,则一般以特别重要的人、物来命名。如编号1000的小行星,以第一颗小行星"谷神星"的发现者皮亚齐命名,编号3000—达芬奇,编号6000—联合国,编号8000—牛顿,编号21000—百科全书,等等。

编号21000—L'Encyclopedie(百科全书)小行星,1987年1月26日由比利时天文学家E.W.埃尔斯特在智利的拉西拉天文台发现。主带轨道类型,环绕太阳运动,成份主要是岩石、金属及其两者的混合物。

命名百科全书星，用以纪念"百科全书派"和他们编写的法国《百科全书》（全称《百科全书，或科学、艺术与手工艺大词典》，1772年初版，1782年再版）。"百科全书派"是欧洲18世纪由狄德罗和达朗贝尔，以及卢梭、孔迪亚克、马布利、霍尔巴赫、伏尔泰、孟德斯鸠、爱尔维修、魁奈等一批学识渊博而又志同道合的启蒙主义者组成的知识分子团体，他们编写的法国《百科全书》，在框架设计中首次采用了培根科学的知识分类，是现代百科全书的奠基之作。更重要的是，这是"一部改变人们思想方法的辞典"，它以启蒙主义即解放思想为目的，冲破上千年封建主义和经院哲学的禁区，高举自由、平等、科学、民主的旗帜，点燃了18世纪欧洲启蒙运动的火炬。漫漫长夜之后，一个新的时代开始了。百科全书作为启蒙时代的主要著作，成为人类文化史上不朽的里程碑，一如黑暗中灿亮的星辰，指引人类前行的方向。

近年来，又有一颗小行星命名与百科全书有关，即小行星274301–Wikipedia（维基百科）。2008年8月由乌克兰安德鲁绍夫卡天文台发现，2013年1月27日获名。维基百科是基于维基技术，自由、开放，由编者合作编辑的多语言网络百科全书，创建于2001年，至今已成为世界上最大的参考工具书和互联网访问量最大的网站之一。命名的消息于2013年1月30日公布，当日恰是乌克兰语维基百科第一篇文章发表9周年。

截至2019年5月底，人类共发现小行星并暂定编号1422584颗，命名21922颗。名字内容包罗万象，有科学家、文学家、音乐家、舞蹈家、历史名人、神话和传奇人物、团体、机构、历史事件、国名、城名、港湾和江河湖海、园林和名山峻岭、动物植物、出版物、缩称和笔名等。

这些命名，使小行星具有了科学、人文的色彩，具有了生命、浪漫的意味，因而更加光耀夺目、动人心魄。而那些其名被命名为小行星的人，生命虽然有限，但他们的名字，以及为人类做出的巨大贡献，已获得最高礼赞，镌刻于星球，化为永恒，照亮着后人的前行之路。

小行星，如恒河沙数。人类文明的流变演化、火花、坐标、高峰、瑰丽华章，都写在这浩瀚的星辰上。

《中国大百科全书》群星璀璨

中国自五四运动首倡科学与民主，征程坎坷。中共十一届三中全会拨乱反正，邓小平为改革开放配套思想文化的一步好棋，就是批准编纂《中国大百科全书》，以科学文化知识启蒙民智。《全书》1993年完成第一版，2009年完成第二版，为提高国民科学文化素养，为国家现代化建设，为国际交流做出了独特的历史贡献，在中华文化发展史上具有里程碑意义。

《全书》是内容丰富、视界宏博的知识宝库。世间万物、人类文明进程的点点滴滴，都记载其中。那些其名被命名为小行星的人物、思想、事件……绝大部分也都囊括其中。宇宙一颗星名，书中一个条目，天上人间，交相辉映。

我继而查阅了以现代中国科学家命名的小行星名单，发现有的科学家还参加了《全书》的编纂。如：1928年中国发现的第一颗小行星、国际编号1125号"中华"小行星，其发现者和命名者为张钰哲，国际小行星中心1978年将第2051号小行星永久命名为"张"（Zhang），他也是中国现代第一位其名被命名为小行星的科学家，张钰哲院士担任了1980年出版的《全书》首卷本《天文学》编委会主任。

国际永久编号3462小行星1996年命名为"周光召星"，周光召院士是世界公认的赝矢量流部分守恒定理的奠基人之一，两弹一星元勋，他担任了《全书》第二版总编辑委员会主任。

18550小行星2006年命名为"茅以升星"，茅以升院士是中国现代桥梁科学奠基人，他担任了《全书》第一版总编辑委员会副主任。

7683号小行星2010年命名为"吴文俊星"，吴文俊院士是中国人工智能研究开拓先驱，首届国家最高科技奖得主，他的示性类和示嵌类研究被国际数学界称为"吴公式"、"吴示性类"、"吴示嵌类"，至今仍被国际同行广泛引用，他担任了《全书》第二版数学学科编委会主任。

9221号小行星2016年命名为吴良镛星，吴院士是人居环境科学的创建者，国家最高科技奖得主，他担任了《全书》第三版人居环境学科编委会主任。

8919号小行星2014年命名为"欧阳自远星"。欧阳院士是中国月球探测工程首席科学家，被誉为"嫦娥之父"。他担任了《全书》第三版总编委会委员，以及《中国儿童太空百科全书》编委会主任。

25240号小行星1998年命名为"钱三强星"，钱三强院士是中国原子能科学技术创始人，两弹一星元勋；8117号小行星1999年命名为"袁隆平星"，袁隆平院士，世界杂交水稻之父，首届国家最高科技奖得主；3542号小行星1999年命名为"谈家桢星"，谈家桢院士是中国现代遗传学奠基人；3763号小行星2001年命名为"钱学森星"，钱学森院士是中国载人航天奠基人，两弹一星元勋。他们分别为《全书》贡献了诸如"科学"、"杂交水稻"、"遗传学"、"导弹"等精典条目。6741号小行星1998年命名为"李元星"，李元是天文学家，著名科普工作者，他担任了《全书》中的《天文学》卷以及《航空航天》卷特约图片编辑。

　　《全书》是一大批杰出的科学家和学者呕心沥血的奉献。它集中了各学科、各领域、各时代的优秀成果，成为衡量时代、衡量国家科学和文化发展水平的重要标志之一。如今，第三版网络版的编纂正在日夜兼程，信息化时代新一代百科全书呼之欲出。

　　前几日，我收到了百科社少儿分社新版的《中国儿童太空百科全书》。翻开分册《太阳系掠影》"小行星"主题页，精美的册页上，似乎展开了一张巨型唱片，金灿的太阳、环绕的群星、行云流水般滑过的轨迹，奏响了一曲神奇曼妙的天籁之音。

　　我不由举头，望向太空。心想，有朝一日，在那闪闪烁烁的星辰中，会不会有一颗命名为Chinapedia的"中国百科星"呢？

附　录

附录一

我的杂读 *

　　清点下散落桌边、床头、茶几、书包、旅行箱的书籍，近来翻过、读过的有吴良镛《中国人居史》，稻盛和夫《阿米巴经营》，克莱顿·克里斯坦森《创新者的窘境》，克里斯·安德森《免费》，查尔斯·都希格《习惯的力量》，保罗·布卢姆《善恶之源》，约翰·戈特曼《爱的博弈》，柯蒂斯·埃贝斯迈尔等《来自海洋的礼物》，周作人《中国新文学的源流》，丰子恺《谈音乐》，汤一介《我们三代人》，阎明复《阎明复回忆录》，刘禾《六个字母的解法》，北岛《时间的玫瑰》，刘慈欣《三体》，卡尔·齐默《万物身刻》，钟叔河《念楼学短》，汪家明《久违的情感》，让—菲利浦·德·托纳克《别想摆脱书——艾柯&卡里埃尔对话录》。

　　五花八门，有点儿杂。不过，对本人来讲，这可都是美味佳肴。

　　科学、科幻类，打小就喜欢。8 岁生日时，父亲送我的礼物是《十万个为什么》，一整套，有十来本之多。为此我欣喜激动了多日，不但自己不舍昼夜地看，还向小伙伴显摆，慷慨借给他们传阅，然而，有些借出就再也没能回来，为此耿耿于怀了多年。还有凡

<hr />

* 　写于 2015 年 11 月 29 日。

尔纳三部曲等，都是少时的喜爱，它们带领我上天入地，游历奇妙世界，丰富了年轻的梦想。后来，年岁飞快增长，一颗好奇的心却未曾收敛。前些日子，单位几个小青年议论《三体》，一问是科幻作品，刚获得世界科幻大奖，凑巧的是当天晚上有朋友微信，发来一个视频，声称12分钟看完这部90万字小说。待我点开，却看得云山雾罩，不甚了了，随后便急不可耐找书。读来名不虚传，格局宏大，架构复杂，宇宙视野，想象力惊人，科学知识丰富，哲学思考贯穿始终。看似充斥冰冷理智和逻辑，然信仰科学，人性的光芒，穿透黑暗森林，温暖闪耀。这是新一类中国式英雄神话，阅之脑洞大开，叹为观止。

也许是所学专业影响，见闻经济类热销书籍，便会生出阅读之冲动；况且，执掌企业一方，无论是践行企业社会责任，还是为员工稻粱谋，都要经常琢磨经营管理的道道，需要不断学习、自我更新。《阿米巴经营》创导的经营手法，将组织内部划分为一个个独立核算又互为依托的团队，实行精密的会计核算制度，培养更多具有经营意识的带头人，实现全员参与经营。其中许多思考和经验，让我在经营框架设计中受益匪浅。读毕还向团队推荐，人手一册。《创新者的窘境》拉响了"破坏性新技术"来袭的警报，面对汹涌的新技术浪潮，该如何扭转颓势？技术变革和商业成功，两者间存在复杂而又至关重要的关系。过于注重当下需求，有可能导致创新能力下降，与宝贵机遇失之交臂。商业竞争，险象环生，更灵活、更有创业精神的企业，有可能把握产业增长的下一波浪潮，实现基业长青。是维华向我推荐了此书。还记得，在我尚未开读前，他给我出了个思考题：许多优秀企业曾叱咤风云，但最终却惨遭淘汰，为什么？

所联系学者的著作，亦是我阅读的重要取向。在出版社工作，主要的社会关系是作者，和他们打交道，事先往往要做功课，阅读其代表作。有时候还有幸承蒙赠书。百科社学科门类齐备，学者著述涉及各个领域。《中国人居史》即是组稿时吴良镛院士所赠。吴先生是中国最高科技奖得主，人居环境科学的创建者。人居，是人类文化和技术的载体。吴先生专著以近百万字篇幅，阐述包括乡村、集镇、城市、区域等人类聚落，以及环境发展的主要特征、演进规律，提炼历史智慧、中国经验，为今之所用。吸引我的还有书中大量建筑、场景绘图，其精细胜似工笔，而其中许多实物早已湮灭于历史深处。记得在返程的车上翻阅，已然爱不释手，忽一页，见先生1947年所画水粉《青岛》，清澈的天空下，海湾宽阔明净，岸畔红舍点点，绿树掩映。其时，车窗外北京城雾霾四合，全车人争相观赏《青岛》，赞叹不已，感叹不已。

我还喜欢读熟人、朋友写的书。我有专门的书柜，存放这类书籍。书的作者，有的已高升，有的俗务缠身，即使同城而居，平时也难得一见，外地的，山重水复，更难谋面。但凡有新作出版，就讨要一册。他（她）们的样子、学问、故事都在书里，每每阅之，犹如串门，相逢相聚，谈天说地，一如往日。

《阎明复回忆录》是在新书发布会上拿到的。明复是著名的中共谍报英雄阎宝航之子，1957年任中共中央办公厅翻译组组长，"文革"期间，父子俩被关押秦城监狱，父亲死于狱中。"文革"后明复曾任中国大百科全书出版社副总编辑，后调中央工作，现为中华慈善总会荣誉会长。明复任职百科社领导时，尊长慈幼，和蔼亲切。当时，我刚大学毕业入社工作，有次在食堂就餐，明复端了辣椒罐过来，说小同志你是湖南人，来一勺吧！可想而知，对于远离家乡、举目无亲的我来讲，当时的感觉是何等的温暖，那一勺香喷喷的滋味，至今不能忘怀。那时的上下级关系不像现在这样讲究，全社无论职位高低、男女长幼，称呼明复都不用冠以职务，直呼其名，透着熟悉和亲切。即便他后来身居高位，这个称呼也没有变。

退休后，从70多岁开始，明复开始撰写回忆录。前几年，和同事去他家，见桌上、地板上资料、打印稿堆积如山，一摞摞旧式小开笔记本，封皮泛黄、起卷，一望便知年代久矣。打开几本，里面字迹清晰，行书工整。从参加工作起，明复便坚持记工作日记。内容弥足珍贵。例如，记录中苏关系从蜜月到破裂的全过程，曾影响世界的风云人物：毛泽东、刘少奇、周恩来、邓小平、彭真；赫鲁晓夫、苏斯洛夫，以及由他们而产生的重大事件等，明复因工作关系置身其中，而成为这一历史时期的见证人。用功十年，终成正果。传奇的"阎家老店"，改变世界格局的中苏关系、十年"文革"和改革初期的历史回顾，和中共众多重要人物重要事件的交集，写作人跌宕起伏的人生及其真性情，都极大地彰显了这部回忆录的历史价值。当日明复到会，几年不见，他坐在轮椅上，目光平静，神情淡然，不言不语，但我似乎听见他的声音：看书吧，所有的一切都写进这儿了。刹那间，泪水涌出了我的眼眶。

《久违的情感》，家明的著述。他从小就梦想当作家，后来也实现了，还先后担任过几家知名出版社的头儿。这本记人记事，记读书感悟，写得细致丰满。理想主义、质朴的生活观，向往纯艺术，讲究意境、韵味和语言，追随肖红、巴乌斯托夫斯基和汪曾祺的作品，这真是一种美好而又久违的情愫，我想，这样的出版人，能够策划出版如《老照片》、《张家旧事》、《小艾，爸爸特别特别地想你》这类温暖感人、传播广远的精品，也就不足为怪了。

看到《万物身刻》的副标题"文艺并潮牌的科学符号"，再看译者青涂，我就决定一定要读它了。青涂是位熟识的年轻朋友，软件程序员，近年来译述不断。这是本以文身展开的科学书。过去，对文身，潜意识总感觉是些游手好闲、行为怪异的古惑仔所为，或者就是电视剧中黑老大的标志。此书给了我一个大大的惊奇，书中文身者皆为当代科学家，文身图案则是他们研究领域的科学符号，喜欢演化的在背上刻上达尔文树，玩车的在腿上刻上风阻公式，搞水的刻水分子，爱吃的刻辣椒素，还有熵、铀、粒子、真菌、叶绿体、神经元、二进制、血红蛋白、奥卡姆剃刀、无穷拉普拉斯方程……科学家们讲述着这些符号在科学上的意义，以及它们与自己的故事，展示着科学严谨而酷炫的美妙。这是一段奇妙的阅读经历，增广学识，又趣味无穷。还有两个感慨，一是选题构思巧妙，严肃的科学著作，还可以这样策划，这样好看！二是欣慰译者的成长，这是青涂第三本译著，此书涉猎的科学领域庞杂、深奥，表述却深入浅出，又文艺范十足，译者如果没有足够的知识学习、准备以及良好的艺术修养是绝难驾驭的。不禁想起如青涂这般年轻人，年幼时，大人们教识字、写字、念书。如今，他（她）们也成了爱书、读书，甚至写书人，这该是何等令人欣慰的事啊！

昨晚，路过阜成门立交桥侧的公共汽车站。路灯如绽放的喇叭花，金色光芒飘飘渺渺，洒落在一满脸稚气的少年身上。周遭人流熙来攘往，他的目光只专注在手中的书本上。巴士进站，他似乎毫不知晓，直到同伴一声喊，他才啪将书合拢，攀紧车门一跃而上。车从我眼前驰过，我想起了少年时的自己。倏忽间，朝如青丝暮成雪。想一想，最长久的陪伴，还是阅读。

随着年岁增长，现在读书更加随性了。

一个人的阅读，可能是率性随意的趣味，也可能是欲罢不能的缠痴。藉书之舟，以书为媒，我们邂逅着前世今生注定相遇的人，穿梭于浩荡的时空、多样的文明、一程又一程迥异的风景之中。

开卷有益，杂读有益。书籍是人类最伟大的发明，它给予我们行走于世的勇气、智慧、情感、想象力、精气神儿。

近日京城连日雾霾，周末正好闭门读书。一卷在握，宁静致远。

看　稿*

关于我是干什么的，在家人眼中，那就是看稿。用他们的话说，没完没完了地看稿。

孩子小学写作文"我的妈妈"，"家里的桌子上，总是堆着高高的、写满了密密麻麻字的纸，还在我很小的时候，大人们就告诉我，那是出版社的稿子，让我好好爱护，不要翻动，不能弄乱了。晚上我上床睡觉了，妈妈还在看稿子，挑灯夜战……"老师在作文后批示：挑灯夜战，这个新学的词用得准确。

前不久，家里人来电话，说快要回国了，去给你买个包，想要什么样的？我脱口而出：大一点，能放下稿子的那种。那头就乐了：老同志，醒醒吧，要退休了怎么还这样？

想一想，还真是习惯使然。做出版几十年，岗位换了若干，有一桩事情却始终没变，那就是看稿。

1982年入百科，初为编辑，先辅助老编审审稿。主要任务是核对资料、誊清稿件。核对资料包括：史实、引文、数据、人名、地名、术语、条头、索引、参见、外文、参考书籍等，每一项又有多个

*　写于2015年8月6日。

具体要求。比如人名，有中国人名、外国人名。中国人名又包括姓、名、字、号、笔名、官名、艺名、曾用名等，其中光是姓名，从一个字到最长的十几个字（少数民族名），一个字也不能错。至于查证依据的版本，必须是某某权威出版社某年的版本，如马恩列斯毛的引文，核对版本必须是中央编译局译、人民出版社出版的版本。

《中国大百科全书》还收录了非常多的外国人条目。外国人名，首先是外文的准确，最常见的就有英文、俄文、法文、日文、拉丁文、斯拉夫文等，原文字母、大小写、转行等都不能错，还有中译名及书写格式的规范，如欧美多数人姓名，姓氏在后，名字在前，但匈牙利人姓名结构则名在后，姓在前等。缩写、缩略号位置、姓名结构顺序都不能乱。

那时候，没有电脑、网络，我们先将稿子中需要核对的抄写在卡片上，背着大书包，带上干粮，泡在国图、北大图书馆、社科院图书馆、社图书馆里，一呆就是半天一天。今天看，这活儿枯燥乏味，效率也不怎么高，但在资料查寻、文献检索、名词规范、术语统一、事实准确、言之有据等方面，却称得上是扎扎实实的基本功训练。

可以独当一面一审了。责任编辑，责任如山的意思，政治、思想、学术、文字、配图、体例等，方方面面，必须面面俱到。那时，我们社会科学编辑部主任是丘国栋老师。他是西南联大、北大毕业的老一辈知识分子，又曾在中国出版界一字号的人民出版社编书多年。审稿方面，他看谁似乎都带有几分怀疑，厚厚镜片后的高度近视，瞬间就变成了火眼金睛，任何侥幸心理、蛛丝马迹、一点点懈怠大意，想在他面前蒙混过关，都属于痴心妄想、不自量力。初入行年轻的我们，毛手毛脚，处理稿子顾此失彼，时常被他逮个正着，没少挨他的训斥。他着急，恨铁不成钢。为了捍卫我的自尊心，证明自己也行，我就刻苦学习，努力钻研，看稿时专心致志，逢疑必查。我们都记得他经常挂在嘴边的一句话："对待稿子，要如临深渊，如履薄冰。对待稿中差错，要像秋风扫落叶一样冷酷无情。"

多年后，我又将这句话，一次次讲给了新来的年轻人。许多年后，我还会经常想起丘老师等老一辈编辑人，感念他（她）们的教导。几十年编辑生涯，记不清已经经手编辑、审读过多少书稿，包括处理大大小小敏感的稿件，至今没有出现过残次品，都是用心去做了；有些书稿来头不小，但对作者和内容没有把握，就坚决不出。

后来我陆续担任编辑部主任、副总编辑、常务副总编辑等职，除了会议、管理的种种事务，二审、终审的稿子也多起来。体量巨无霸的国家大工程、各种类别的市场书，看起来都无比重要。我经常在周末的前一天临近下班时分，会接到编辑送来稿件，并告知时间十二万分之火急，让周一一上班就签字返还。即使我在外开会，手机也会响起，被告知稿子放在传达室了，说麻烦去取一下。

所以，晚上、周末、出差途中，看稿成了常态，一开始就这样，时间久了，也很习惯，没觉得有什么不适。有时逼急了，开会也看稿，遮遮掩掩，一会儿觉得不太妥当，一会儿又以任务紧为由替自己开脱。

不过话说回来，赶稿没问题，但如发现质量不达标，而且不是我这个审次要解决的问题，我是绝对不会签字放行的。通常会将问题梳理出来，发回重审。特别是重大出版项目。一方面，控制了可能发生的重大质量事故；另一方面，警醒了相应的编辑部和编辑人员，质量这根弦，得时时绷紧了。

出任社长这些年，重心移至管理，行政事务巨多，审稿主要有各副总编辑分口把守。但重大出版工程，我还是会审稿，对特别重要的敏感性书稿，在发稿前调来审阅、抽查，这样心里才会踏实。

教师节的鲜花 *

　　"今天是个特别的日子……"上课前，班主任邵宇彤介绍老师后，话锋一转说了这么句话，然后停顿下来。

　　我正在讲台摆弄电脑，调试ppt。特别的日子？我暗自寻思，但没有头绪。抬起头，好奇地看着她。

　　"今天是教师节。我们2017辞书班全体学员向授课老师致敬！"宇彤笑着，突然变戏法般擎出一大捧鲜花，奔过来送上。全场掌声骤起……

　　教师节、鲜花……突如其来，从未想过这些会与自己交集。尽管，曾经，我多么羡慕做一名教师。

　　怀中的花，玫瑰雍容，百合洁净，香石竹发出独特的馨香。温软的液体，慢慢濡湿了眼角。

　　课后听说，昨晚十一点，宇彤还在常州街头搜寻，为了一束教师节的花。

　　教师，在我的心目中很神圣。小时候，我最服气的人是教我们课的老师，她（他）们站在讲台上，无所不知。后来知道了"灵魂工

＊　写于2017年9月14日，修订于2019年教师节。

程师"的说法，就更觉得教师之伟大了。工作后，有段时间，曾有人问我是否愿去学校教书，我很心动。那时候，艳羡教师的理由，又多了一个：寒暑假。那是自己的时间，应该可以做自己想做的事，去自己想去的地方吧。

学校没有去成，但教学的任务还是来了。2007年，我接到通知，为全国辞书编辑出版人员资格培训班授课。

辞书班的起因是这样的。一段时间以来，辞书炙手可热，各种不同门类的辞书纷纷上市。辞书出版繁荣的同时，一些抄袭剽窃、胡编乱造的劣质辞书进入市场，造成了极坏的影响。而辞书的编纂和编辑，是图书种类中要求最为严苛的。作为工具书，它最重要的特点是，内容上所提供知识的准确权威、成熟可靠，叙述简明扼要、概括性强，体例和编排上有特定规制，导航清晰、方便检索。合格的、高质量的辞书，由学术专家和具有相应素养、技能的编辑人员精心打磨共同完成。辞书提供丰富、规范、标准的知识，是人们工作学习生活中必不可少的帮手。辞书达标是起码的要求。为了纠正辞书出版乱象，新闻出版总署在2003年春季组织了辞书质量的专项检查，中央领导为此做出了明确批示；2006年3月，新闻出版总署又印发了《关于规范图书出版单位辞书出版业务范围的若干规定》，规定了出版辞书的必备条件。举办辞书编辑出版人员资格培训班，是贯彻这个规定的具体措施之一。按照《规定》，进入辞书业务的出版社，每社必须有5位经过培训、考试合格的辞书编辑，其中至少有一名是副高职称以上。

2006年7～8月，受新闻出版总署出版管理司、人事司委托，新闻出版总署培训中心和中国辞书学会联合承办辞书编辑出版人员资格培训班。其中，中国辞书学会主要负责教学安排和组织工作。课程包括各类辞书的编纂理论、实务和经典案例。

此后，辞书培训班每年一期，至2019年，已经举办了14期。有将近200家出版社派学员参加学习，正式学员加上两期辞书编辑研修班，学员已经超过了1200人。由于前十多期办班地点一直在北京大兴区黄村镇，学员们仿照"黄埔军校"的说法，分别戏称为"黄村一期"、"黄村二期"…

我受聘主讲的是百科全书单元。从百科全书基本要义、起源、东西方的演变发展、不同时期的代表作、百科全书文化（如百科全书派、百科全书与科学、百科全书与启蒙运动、百科全书与中国改革开放、百科意识、百科精神等），到百科全书编纂的作者、编者、总体设计、知识体系、框架、体例、正文和参见以及附录涉及的各具体要素、百科全书评价标准、百科全书与知识服务等。虽然年年讲，但每次课前，我都认真备课。已有2000多年历史的百科全书编纂，本身就是一门学问，内容很多，加之10多年时间跨度中，世界科技突飞猛进，技术融合、内容和形式创新，成为百科全书编纂的新现象、新课题，授课内容需要不断完善、不断更新。刚开始时学做ppt课件，速度很慢，晚上趴在电脑前，一干就是好几个小时。有一晚捣鼓课件，弄完天已放亮，洗把脸，冲杯咖啡，拿上面包，就直奔黄村授课点了。

后来，到全国各地出差、开会，遇到出版社的人，聊起来，时而听到有人讲自己是黄村几期的，然后说：听过您的课，我是您的学生啊。这时候，心里面就会想，你看，人家都记着呢，所以一定要尽力讲好，不要留下不好的印象。

《中国大百科全书》第一版问世后，拉动了国内的百科全书出版热，不少专业社出版了各种专业百科、行业百科等，近年来，少儿百科出版更是攀上了新高。2017年我做了一个全民阅读中的少儿阅读分析，在开卷提供的资料中，我惊讶地看到，2017开卷市场监控到的569家出版社中，有487家的图书涉及了少儿百科，入市品种已有5万多个，动销产品的集中度相当高。换言之，有相当大比例品种销量很低,几乎可忽略不计。这说明,百科书籍的编辑出版,坚持设计对路,坚持标准、规范、质量,还需要同行们共同努力。我觉得自己有一份责任。

除了给辞书班系统讲课,这些年还陆续应中国编辑学会、北京及一些地方出版局、总局出版融合发展重点实验室等之邀授课,主题集中在三审制、编辑出版工作中的知识产权保护、媒体融合中的内容创新等。

备课通常在晚上或周末节假日进行,安静,心无旁骛。我很享受这个过程。它给了我就某一课题系统梳理、深入学习的动力,而且,面对来自各社、不同年龄不同专业的出版同行,他们的反馈、问题和建议,我们的互动,教学相长,真的让我获益匪浅呢。

附录二

此生百科情　心有千千结 *

夜雨　麻娜娜

《中国图书商报》封面人物入选辞：

5年前，她受命于危难，带领站在历史交汇点徘徊的大百科人，闯出一条市场生存发展之路。今年，她入行满30年，这30年来，她曾面临三次抉择、三次心动，犹疑过，憧憬过，却始终还是放不下那生命中刻骨的信仰和牵挂，就这样把青春年华献给了中国百科全书事业。如今，在她的带领下，无论从出版理念、团队水准和经营效应来看，大百科社已得到再造重塑。

龚莉心语：

作为企业领导人，有责任在引领企业为社会发展做贡献的同时，追求全体员工物质和精神两方面的幸福。

简介：

龚莉，湘妹子，分别于四川大学和中国人民大学接受大学本科和

---

* 原载2012年3月13日《中国图书商报》封面人物。

研究生教育，获经济学博士学位。1982年起进入出版业工作。现任中国大百科全书出版社社长、常务副总编辑。兼任中国编辑学会副会长及工具书和百科全书委员会主任、中国辞书学会副会长及百科全书专业委员会主任。1993年评为政府特殊津贴专家。2011年，荣获第二届中国出版政府奖优秀出版人物奖。

　　有美一人，清扬婉兮，这是初见龚莉时的第一感受。一直以来，湘妹子都给人以泼辣果敢的印象，眼前这位，举止谈吐却是低调、从容又温柔。作为业界不多的女性社长，即使她力挽狂澜，5年来重振"大百科精神"，带领大百科社走上一条复兴之路，我却并不愿称她为女强人。女强人往往意味着精明强悍、说话咄咄逼人，她看起来可不是这样；她睿智包容，懂得欣赏，她爱事业，爱艺术，爱阅读，也爱员工，她领导下的大百科社更是提倡"快乐工作，快乐生活"。

"好像这辈子就是为百科这件事而来"

　　1982年，龚莉进入大百科社工作。此前4年，也就是1978年，肩负编辑出版中国第一部大型综合性百科全书《中国大百科全书》使命的中国大百科全书出版社成立。

　　龚莉这一干，就是30年；这一干，便将姹紫嫣红的青春都付予了需要默默坚守的百科事业。编纂《中国大百科全书》，是党中央国务院批准制定的一项基本国策，是改革开放的中国一项基础性的重大文化工程。编纂工程复杂浩大，历尽艰辛。《中国大百科全书》第一版历时15年，于1993年出齐，共74卷；第二版历时14年，共32卷，于2009年出版。从启动编纂至今，参与工作的全国各界专家学者，总计已逾3万名，在《中国大百科全书》编纂过程中，先后有600多位编辑出版人员，经年累月地在平凡的岗位上辛勤耕耘。

　　龚莉也在磨练中成长，从责任编辑到编辑组长，主持第一版《中国大百科全书》经济学卷工作；1990年代作为副总编，协助时任大百科社总编辑徐惟诚，全面负责《中国大百科全书》第二版工作；再到2007年被正式任命为社长，强力推进《中国大百科全书》第二版的编纂出版。现在，《中国大百科全书》第三版的调研设计已经全面展开。

　　30年走来，有艰辛，也有鲜花。1994年，《中国大百科全书》（74卷）荣获首届国家图书奖荣誉奖，《经济学》卷同年还荣获中国社科院科研成果奖；2011年，《中国大百科全书》第二版获第二届中国出版政府奖图书奖。30年走过，是精业，也是敬业。龚莉在最艰难的时刻挑担百科社的工作，成为这家大社名社的女社长，也正是这位女社长用自己的经营哲学，带领大百科社走出转型困境，迎接新时代出版业的种种挑战。"有时候我回头看，好像这辈子就是为百科这件事情来的。"在大百科社的办公室，龚莉这样对记者说。

　　她也有过令她心动的机会。第一次，1980年代，有她心仪的科研院所招手，时任大百科社第一任总编辑姜椿芳、这位"中国的狄德罗"语重心长地希望她能留下来，因为百科事业需要年轻人来坚守。

　　第二次，是因为差点失踪的女儿。1990年代初出版社职工住房问题还没有解决，那时已在大百科工作十余年、时任编辑部主任的龚莉和家人仍住在临街的一个小平房。一天，骑儿童脚踏车在门口玩耍的女儿差点被人贩子拐走，这样的惊吓对龚莉的打击很大，她觉得自己有责任为孩子寻找一个安全的住所。当时中央某政府部门开出了优厚条件，但社长单基夫的谈话使她再一次为百科事业留了下来。

　　第三次，却是她被任命为社长的时候，这也是她职业生涯中最具有挑战性的时刻。当时的大百科社正处于一个特殊的历史交汇时期：一方面正值转企改制，曾长期以公益事业为主体，同时负责供养离退休老同志众多的百科社面临市场生存的严峻压力；另一方面《中国大百科全书》第二版的编纂工作已经进行十余年正值攻坚时期，牵制、消耗大量人力、物力和财力，资金短缺，人困马乏，种种矛盾积累爆发，出版社出现严重亏损，负债累累。那时的她深感形势险恶，巨大的压力常令她夜半惊醒，辗转反侧，甚至想到了"逃离"。是前辈的期待和员工们的信任、鼓励，还有那扎根心底的百科情结，让她最终挑起了这副担子，带领全社员工进行了"再创业"。几年来，百科社年出书上千种，出版物获得20多项国家级重要奖项。第一年扭亏，两三年还清了所有债务。如今，经营规模和赢利水平大幅提升，资金链畅通，经营步入良性发展轨道，职工的工资待遇也得到较大幅度的提高。

以独到的经营哲学和管理体系，实现大百科社的新裂变

龚莉究竟是怎样带领大百科人走出重围的？她说，对于企业领导人来讲，首要的是确立并把握好企业的经营哲学，包括企业的出版理念和经营伦理、企业和员工应有的精神规范、经营企业的辩证法等。同时，建立切合实际的经营管理体系，运用各种管理工具进行引导和推进。

在出版理念上，大百科社讲求"求真务实"。龚莉解释说，"求真"有两个层面，一是讲真实，就是在纷纭的世界面前想清楚你真实的追求是什么，对"百科人"来讲，就是要用科学和知识去推动社会，给国人力量，这种百科意识，要植根于每个员工心中；二是要遵循客观规律，不要臆造或想当然地去做。至于"务实"，一方面是要把追求和理想具体化为一个个项目、事项、指标去完成；另一方面，是要把事情做实，不浮夸，不图虚名。

为重振大百科精神，百科社精心布置社史馆，组织员工重温前辈披荆斩棘、筚路蓝缕之艰辛，以及使命之重大，树立敢于直面困难、重新创业的信心。同时，进行全社大讨论，调整战略，统一思想，厘清方向。大力推进《中国大百科全书》第二版的编辑工作，调整产品结构，确立"4+1"出版板块，即百科全书及工具书、百科学术、百科教育、知识类大众读物。在确立板块中进一步围绕品牌形成若干生产线，聚集和发散，提高品牌集中度，形成产品集群。后来又逐渐加上"1"，即数字化产品，这个"1"在去年实现300多万元销售收入，是目前国内传统出版社少见的数字出版盈利项目。如今，在"4+1"旗下的产品线中，综合性百科全书、专业百科全书、儿童百科全书等都已各成系列，仅儿童百科全书就已形成十几个系列上百个品种；近年崛起的以百科史学为标志的百科学术，在业内和社会享有越来越高的知名度；教育板块成功地进行了学生工具书的转型；百科知识类读物形成了"文明史话"、"百科名家文库"、"我的科学地带"、"科学与未来"等若干品牌书系。而《中国大百科全书》第三版的启动则成为大百科社进行数字化转型的契机。"第三版设计为一个知识服务体系。整个生产流程、工作机制、管理模式等都将发生变化，技术一定会引领制度和管理方式发生变革。"龚莉介绍说。

与产品结构和出版方向相对应，大百科社整合重建组织结构，确立分社、中心、职能三类部门功能定位及运作机制，专业分工，重点突破，集约发展，推动成本——收益的优化，效率的优化。进行分配制度改革，明确绩效导向原则，构建与任务目标匹配的考评体系和薪酬制度。虽然龚莉认为作为管理者不一定非得学过管理学、经济学。但不得不承认，作为一个经济学博士，她善于采用管理工具来解决复杂问题。大百科社将庞大的组织细分成一个个核算单位，并确立与市场、与目标直接挂钩的部门核算制度，单品全程核算、业务流全程核算、全成本核算,尤其重视对利润、成本费用率、现金流、收支均衡等的核算。在推行新的管理方法和工具的过程中,遇到阻力是难免的,有时她会怀疑自己的方法是否有问题,每当这个时候,她都会静下心来用逻辑关系进行推论,并用数据指标进行测算。一旦认定,便加强沟通,争取形成共识并坚持推进。当然,过程艰辛,也极具挑战性。

如今,大百科社的管理模式已全新变化,但在社内至今还实行着一种传统的拜师方式——"导师制"。一对一,老员工带新员工,手把手教,完成一个出版项目、一篇论文。这种带有传承性的方法在当今已相当少见,却深受欢迎。

女社长兼具女人的细腻和男人的果敢

谈到男性和女性管理者的区别,她笑称工作中遇到的问题是不分性别的,不会因为你是女性而对你多加关照,在处理问题的过程中,管理者需要当断则断,来不得优柔寡断,包括在用人方面以及在推行新的管理制度的时候,即使受到阻力,也必须坚决实行。

不过较男性管理者而言,女性管理者常常带有细腻的情感。有一件事让她仍记在心中。在她上任第二天,就有一个女人来社长室催债。女人说,如果要不回欠款,单位就不给她工资,自己的两个孩子就没法过年。女人的讲述悲凉,也让同为女人的她感触之深。她把自己手头的钱给了对方,让她先拿回去过年,并向她承诺尽快解决结款问题。这件事让她深感管理者责任重大,企业经营不仅关乎本企业员工命运,还关系到产业链上下游众人的安宁和幸福。

龚莉说,"企业经营说到底是以人为本的经营"。她善于欣赏和发现员工的长处,为他们营造展示才能的工作平台。对于欲委重任之人，龚莉说，我们特别看重两点，第一看出版理念和道德规范，第二看业务造诣和工作的全情投入，有的同志虽然有争议，但只要本源正，在工作的摔打中自会成长成熟起来。说到如今工作团队的同事们，她逐一道来，如数家珍，她说自己最大的自豪，就是见证负责各品牌的同事在业内成为这一领域的知名掌门人。她还一再建议我们，应该去采访和了解她这些出色的同事们。

有人说做百科艰苦，要甘于清贫耐得住寂寞，龚莉认为，对于百科工作者自身来讲，甘于清贫不计名利是一种高尚的人格和优秀的品质，尤其在物欲横流的年代更加难能可贵，但作为大百科社领导人，有责任在引领企业为社会发展做贡献的同时，追求全体员工物质与精神两方面的幸福，让这个长期默默奉献的群体有尊严、体面地生活。为此，大百科社制定了员工收入年增长目标，并着力予以落实。

当然，女性管理者在工作中遇到的挑战更多，为事业的付出也更多。她看过女儿小时候写自己的作文，"我的妈妈总是在忙，每天都是单位的事儿，工作、出差什么的，即使晚上在家，也埋头在摞得厚厚的稿件中。我很爱我的妈妈，但却感觉她和别的妈妈不一样……"她遗憾自己的女儿不像其他女儿一样黏妈妈，遗憾公务在身无法侍奉家乡年迈的父亲。让她欣慰的是，即使在最艰难的时刻，她深爱着的亲人们都给予她最大的理解，最坚实的支撑。

龚莉的渴望 *

何伯阳

  访问龚莉，我一下子就想起30年前第一次见到她的情景。大约是上世纪80年代，她刚刚分配到中国大百科全书出版社做编辑不久，陪着部室领导送一位作者。在大楼门口，亭亭玉立，穿着连衣裙，长长的头发用一根皮筋拢着，笑眯眯地听人说话，透着文雅和清纯。转眼30年过去，如今龚莉已成为百科社社长，成为百科全书学的专家，成熟、干练，身边又有年轻人陪着她与作者交谈。但那笑眯眯的神情不改。那文雅与清纯不改。对于龚莉，这是怎样的30年啊！

  龚莉可以说是大百科社培养起来的新一代百科全书专家。她是78级大学生，四川大学经济学系毕业后分配到中国大百科社工作。后又考取中国人民大学研究生，获经济学博士学位。她为能参与《中国大百科全书》的编纂而自豪。她知道，大百科全书历来被誉为"没有围墙的大学"，被公认为"一切才智之士的知识背景"。她知道，《中国大百科全书》的编纂是新中国的第一次，是万众瞩目的历史性工程，她为自己能成为3万余名专家、600多位编辑组成

* 原载2013年9月10日《人民日报》。

的浩浩大军中的一员，深感生活对她的厚爱。没想到，这一干就是30多年。龚莉，这个湘妹子的青春岁月、人生华章，都浸润于百科全书这一恢宏的事业中了。

1993年，《中国大百科全书》第一版告成。党中央、国务院在人民大会堂进行表彰。党和国家的领导人亲自颁奖、接见。大会庄严、隆重。作为一个年轻编辑，龚莉深受鼓舞。再加上与像陈岱孙、刘国光、苏星等前辈大家一起编写的过程中耳濡目染，龚莉的认识进一步升华。她深切地感受到：百科全书在人类文明史的进程中发挥了无比重要的作用。狄德罗的法国百科全书，以及卢梭、伏尔泰等一批大学者组成的"百科全书派"，点燃了欧洲启蒙运动的火炬，为法国大革命、为欧洲推翻封建专制，提供了巨大的思想武器。如今，中国迎来了历史的机遇，改革开放，科学救国，中国也正面临着一次伟大的思想解放运动。此时的百科全书事业，它必定不是一本书的编纂，它同样会对启迪民智、解放思想，提供锐利的思想武器和科学力量。

正是在这种使命感的鼓舞下，龚莉全身心地投入了《中国大百科全书》第二版的工作。1982年刚参加工作时，她做责任编辑，后来做编辑组长，编辑部副主任、主任，主持第一版《中国大百科全书·经济学》卷的工作，一点一滴，在实践中积累了经验。1994年，龚莉，一个38岁的青年人，已经成为副总编辑，全力协助当时的大百科社总编辑，努力推进第二版的编纂工作。

2009年8月26日，在人民大会堂的讲坛上，当她继数学家吴文俊、宇航专家王希季、历史学家戴逸三位专家发言后，向国家领导人汇报中国大百科全书出版社在二版出版中的工作时，她已经是大百科社这一巨大航船的"船长"。

光荣从来都是与磨难紧密相联的。挺立船头的"船长"，正面临着惊涛骇浪的考验。艰巨的重担落到了龚莉肩上。上任之时，大百科社正处于一个特殊的历史交汇期:一方面因编辑工程复杂、浩大,《中国大百科全书》第二版的编纂工作已进行十余年,人困马乏;另一方面,转企改制直面市场,缺乏原始积累,离退休老同志众多,百科全书投资大周期长,一时间,内外矛盾交织,经营陷入严重困境。

怎样突破困境?龚莉夜半无眠,辗转反侧。她想到父亲。龚莉的父亲是个老派的共产党人,耿直刚正,尽管也曾在"文革"中受过打击,但视天下事为己任,为国家为人民从没有"退缩"二字;她想到百科社前辈的信任、鼓励和期待。前辈们白手起家,在一张白纸上豪迈地铸造了《中国大百科全书》第一版。她翻腾着心底的百科情结。是否有一部优秀的综合性百科全书,成为衡量一个国家科学文化发展水平标志之一。《美国百科全书》、《不列颠百科全书》、《科利尔百科全书》光辉照眼。有幸参与这一事业的中国学者应当攀登这一高峰。也许正是这一英雄情节,也许正是前辈们期待的目光,也许正是父亲的言传身教,让龚莉选择了坚守,用她的韧性,用她的经营智慧和管理哲学,七年来,和全社员工一起重振"大百科精神",带领大百科社破局,重新创业,走出一片新天地。

在出版理念上,龚莉认为,世事纷扰之中,始终坚持企业的使命是根本。启迪民众、引领风气、权威标准、科学精神,是中国大百科全书的本质要求,这也就是百科社立社之本,任何时候都不能动摇和偏离。同时,百科社作为企业,必须尊重客观规律,从变革中的社会、体制和政策中捕捉机会,调整战略,保持持续的创新能力、竞争能力和增值能力。只有这样,才能在市场经济的大潮中立于不败之地,才能有能力履行使命。

在产品结构上,全社形成共识,确立"4+1"出版战略,围绕百科全书进行聚焦和发散,形成以中国大百科全书为核心品牌的产品集群。《中国大百科全书》第二版问世后，随即编纂简明版、精粹版、普及版、数据库，首次完成综合性百科全书系列化；中国儿童百科全书已形成十几个系列上百个品种，学生工具书覆盖中小学各年级；以百科史学为标志的百科学术在业内和社会声名鹊起；百科知识类读物形成了"中华文明史话"、"百科名家文库"、"我的科学地带"等品牌书系。多款数字产品上线，被新闻出版总署评为全国首批传统出版社转型示范单位。近年来，百科社获得20多个国家级奖项，仅在2010年第二届中国出版政府奖中就获得6个奖项。

目前，百科社又开始了《中国大百科全书》第三版网络版的工作。"网络版是数字化时代的新型知识服务体系。无论产品形态、传播方式、生产流程，还是管理模式都将发生重大变革。中国大百科全书出版社必将迸发巨大的活力和能量，实现现代化转型。"对此，龚莉充满期待。

在经营管理上，龚莉运用所学之长，倡导用财务分析和经济工具解决企业经营问题。在全社构建、推行以财务为中心、以效益为先导的全流程核算体系，以期提高经营效率，提升管理水准。确定经营目标前，她习惯使用模型和数据进行测算和推敲。一旦认定，便加强团队沟通，努力形成共识并坚持推进。现在，百科社经营一线的干部大都是算账高手。企业经营规模、赢利水平大幅提升，步入良性发展轨道，2009年，被新闻出版总署评为全国百佳经营单位。

在龚莉看来，对于百科社编辑自身来讲，甘于清贫、不计名利，是一种高尚的人格和优秀的品质。但作为百科社领导人，有责任在引领企业为社会发展做贡献的同时，追求全体员工物质与精神两方面的幸福，让这个长期默默奉献的群体获得较好的物质条件，有尊严、体面地生活。为此，百科社制定了员工收入连续增长目标，并着力予以落实。

　　队伍建设是龚莉特别重视的一个问题。她清醒地认识到，一个企业持续发展的关键是人才，是队伍。百科社在编辑《中国大百科全书》的过程中总结出一个"大雁团队"理论，颇为精彩。大雁在长途飞行中，雁群常常排成人字形或一字形。之所以这样排队，第一，是为了让队伍飞行距离更远。头雁拍打翅膀，产生一股上升气流，后面的雁可以借着这股气流，飞得更快、更省力。龚莉认为，做百科，就需要这样的团队。人要留在一个有共同目标和共同方向的团队，这样，一个人的成长发展才能更快；第二，头雁在飞行中体力消耗得很快，所以要经常更换，不断培养新人，给团队的其他人锻炼和展示才能的机会；第三，如果有的大雁在飞行中遇到危机而掉队，会有其他大雁一左一右协助它飞行，这便是对同伴的不抛弃，使共同追求理想的团队更加具有凝聚力。正是本着这样的思路，在社内各种场合她都强调，企业领导人必须善于欣赏和发现员工的长处，为他们搭建展示才能的工作平台，团结和组织团队为达到企业目标共同努力。百科社以价值认同和品德、能力选拔干部，为此制订并实施了"首席专家制度"、"导师制度"等人才培养、使用机制。

　　采访结束了。在她送我下楼时我问她，你现在个人最想干的是什么？她脱口而出，坐下来写完要写的百科全书的研究论文。

　　龚莉对百科全书研究有浓厚兴趣，任社长前，陆续发表过多篇研究论文。她说，百科全书历史悠久，它联系着极其广泛的人类活动，是一个处在多种研究方法交汇、可多维度切入的诱人主题。真希望能解下职务，潜心研究，把百科全书的学问做下去。也许正是这一功底，让她对百科全书事业有那样殷殷情愫吧？

　　她停下来，轻声细语地和我说起她的渴望。她并不是工作狂。她想和驴友去海边拍照，她想去美术馆跟踪最新的展览，她想回湖南老家，在那桂树飘香的小院为八十多岁的老父亲侍奉晨昏……但这一切，现在对她还都是一种向往。她笑了笑，不再说什么。我忍不住想，百科网络版的事业，一定会让她"甘心"再做下去的，不论她有多少渴望。

巾帼何须有须眉[*]

——韬奋奖得主龚莉的编辑之路

王德有

1982年的一天，我正在写字台上写着什么，突然背后传来脚步声。回头一看，来了一个小娇娃。二十几岁，芭蕾身姿，袅袅婷婷。两个齐肩的辫子，挂在白皙的脖颈两边，随着双脚的交替，有序地摆动着。一身朝气，一脸清纯。

"请问，谁是丘主任？"她开口了。

丘主任应答后，她便近前自我介绍："我叫龚莉，四川大学经济学系的毕业生，特来向您报到……"

这里是中国大百科全书出版社的社会科学编辑部。

出版社处于初创阶段，从四面八方招募编辑人才。1982年毕业的两届大学毕业生40多人云集于此，协助一批老编辑，编纂工程浩大的《中国大百科全书》。

说"协助"恐怕还不准确，因为他们还没有"协助"的资格。

中国大百科全书出版社成立于1978年，是中央直接批准的。据说它编的《中国大百科全书》是中国文化的标志性大典，要代表国家水平。为此，单位内充满了神圣而又肃穆的气氛。

---

[*] 　原载《迈入出版家行列——韬奋出版奖获奖者小传》，2015年。

在一些老编辑看来，《中国大百科全书》是中国的第一部百科全书，拿出来要像个样子，虽说不能一下子超过《不列颠百科全书》，那也要不相上下。在他们眼里，编辑很重要，要有一点真学问，要有一点真本事，否则的话，很难参与这一神圣的事业，很难完成这一艰巨的任务。新来的这些"小毛孩子"，虽然伶俐聪明，但是尚需磨砺，没有十年八年的工夫，很难派上用场。正因为这样，在中国大百科全书出版社，有意无意地形成了一种潜规则：四五十年代的大学生才能担任责任编辑；六十年代的大学生可以做做一般编辑；七八十年代的大学生只能打打下手。于是四十来号新来的年轻人大都在校对、复印、接转稿件、迎送客人，很难接触到编辑的核心工作。

龚莉被分配到《经济学》编辑组。

《经济学》在《中国大百科全书》中是一个重头戏，分上、中、下三卷，四百多万字。老同济的高才生张智联老师任责任编辑，丘主任亲临指导。

没过多久，发生了一件令人难以置信的事情，连"协助"资格都没有的龚莉成了《经济学》编辑组的牵头人，张智联老师甘做副手。真是奇了怪了。有些人说："一定是丘老头昏了头。"

"丘老头何许人也？"编辑部主任丘国栋是也！让龚莉牵头除了他还能有谁？

丘国栋昏了头？不可能吧！

我刚到编辑部的时候也觉得丘国栋有点不大清楚，整天嘴里叨叨叨叨的。可是相处久了才知道，他不但不糊涂，而且精明得很。看人很准，做事很稳。更为可贵的是，他想到的只是工作，不论人情。所以新来的一些年轻人便渐渐和他亲近起来，甚至觉得他有点可爱。于是他便有了"丘老头"的昵称。不过当面还是称"老丘"，公众场合还得叫声"丘老师"。面子总是得给的吧！

老丘50多岁，个头不高，脸盘圆圆，头发花白，手上总是拈着香烟。一副眼镜架在鼻梁上，不下千度。与之对视，觉得学问高深，其深莫测。不只是看上去有学问，他可是真有学问。西南联大的高才生，几十年的笔墨生涯，几十年的编辑经验，拿起笔来，在你的稿上批上几句，便显出了深厚功底。他自己有本事，便不愿意收那没有本事的徒弟。虽说编辑部的学生都是上面分配下来的，他不能不收，可到了他的眼里便有了远近：精心工作的，他喜之于形，话特多，表扬你，批评你，圈阅你的稿件，指指点点，讲他的历史，讲他的失误，不厌其烦。想要让他歇歇，那可不是件容易事，除非是他自己累了。应付工作的，他懒于启齿，很少批评，话都压在嗓子眼下，难以吐出。积到一定程度，涌喷出来，便化作一声长叹，聊表无可救药的心情。

你想，这样的人能随随便便启用一个年轻人吗？

不过我还是想探测一下其中的真相。

现代型的大百科全书在中国还没有人编过，各个学科编辑组都在探索，免不了走弯路、出教训，有的学科编十几年都见不到书。《经济学》卷上马也有一两年了，也在探索中前进，不过前进的速度总是赶不上领导的期望。老丘很是着急，免不了长吁短叹。可是最近一段却高兴起来。

有一天，刚刚上班。老丘倒了一杯茶，点了一支烟，把稿件摊了开来。趁他还没进入角色，我开口了："老丘，好像你有什么喜事，近来老是笑眯眯的？是不是谁送你好烟了？"

听我问这，老丘站了起来，深度眼镜后面闪了一下亮光，随后便发出"哈哈哈"的笑声。说："比好烟好多了！"

"不是烟，那是什么？"我问。

"人！是人才！"

"人才？哪来的人才？"

"就在我们眼皮下面，只是我们戴着有色眼镜，不识货。"说到这里，稿子也不看了，谁想堵住他的嘴也就难了。"德有，看来我们错了，以为这些新来的大学生派不上用场。不放心他们，只让他们做劳务，抄卡片，迎来送往，不让他们接触稿件，不让他们参与编辑，怕他们成不了事还坏事。不对了，真是不对了！既误人，也误事。"

"你就说这龚莉吧，伶俐得很。百科体例，讲了多长时间了，我们的一些同志还是半懂不懂的。可她才来了几天，看见稿子就能点出其中的毛病来，你说怪不怪？后来我给了她一批稿子，让她看看提出意见。我服，毕竟是学经济学的，能说到点子上。不只是体例问题，还有学科内容。我高兴，老张也高兴。我们老嚷嚷没人，没人！有这样的人我们为什么不用？老张想通了，主动把经济学理论、经济史、外国经济思想流派交给她负责。你猜会怎么样？"

"那还用猜，一定是极好极好。要不你还说什么！"

"你算说对了。没过几个月，她管的几个分支，结构调整了，流程理顺了，还组织作者结合稿件学习了体例。几个分支的进度很快就突到前面去了。我就不明白，你说一个女孩子，那些专家怎么会认她！"

"哈，这还不好理解！你不看，她和专家一见面就微笑，一开口就'老师'、'老师'地叫，谁能不喜欢。"

"这话虽然不错，可也不完全因为这个。更主要的是她说在理上，她说的都是内行话，人们不能不服。"

"这倒也是。不管怎么说，这都是'素质'，都是'能力'。"

"你说，出了这么一个人才，是不是喜事？"

"祝贺你得了一宝！"

"宝不宝的，反正让人痛快！不只我痛快，老张也痛快。没想到的是，他还想做一件更痛快的事，让龚莉牵头，他当助手。他说，这样有利于全卷工作。这个老头还是真会找省心！"

事情调查清楚了，原来如此！

老张让贤，那叫高洁；老丘决策，那叫明智。龚莉从接手编辑组组长开始，就把她在三个分支中取得的经验铺展开来。没过多久，《经济学》全卷的运作便进入了一个协调、有序的轨道。她和全组的同事沿着这条轨道苦战了几年，于1988年，把三大卷、四百多万字的《中国大百科全书·经济学》交到了全国读者的手中。

《经济学》卷出版后，除了和《中国大百科全书》一起获得第一届国家图书奖荣誉奖外，还获得了中国社会科学院1977～1991年优秀科研成果奖。

历经十年动乱的中国，在文革结束的时候，已经面临经济崩溃的边缘，经济建设成为国家十分急切的需要。然而作为指导经济建设的经济学研究，却停滞了十年，一些新的领域更是空白一片。《中国大百科全书·经济学》的编纂，不仅为中国的经济建设提供了知识支撑，而且推动了我国的经济学研究，为我国建立了第一个经济学知识体系，还促进了急需学科的创建，完善了急需领域的理论、政策研究。这是一次历史性的涌动，它的意义不是用几句话可以描述的。在这次涌动中，龚莉一不小心，竟然做了杠杆的支撑点。这一点，恐怕连她自己都没想到。

说到这里，我不知道，你能不能认同老丘的评价：龚莉是个人才！不管你怎么看，反正我赞。

中国大百科全书出版社的领导很重视人才，是人才就要发挥她的作用。于是，经过几番磨练，龚莉由一个普通编辑起步，历经编辑组组长、编辑部副主任、编辑部主任，一路走来。1994年5月担任了中国大百科全书出版社的副总编辑。

在这前后，自然有一系列编辑创新和编辑成果。比如，在担任《百科知识》编辑部主任期间，突破重重阻力，调整办刊思路，转移读者定位,由面向专业学者改为面向大众读者,大大压缩了比较深奥的专业稿件,拓展了科普型的知识稿件,受到广大读者的衷心赞许。比如,在社会科学第一编辑部任职期间,积极探索大型丛书的编辑规律和运作方式,策划并主持编辑出版了一系列重点图书。其中《世界市场全书》(100册)获第10届"中国图书奖"。比如,由她主持编辑的《中国大百科全书》(图文数据光盘)获首届国家电子出版物奖。比如,她策划并推进了《中国大百科全书》繁体字光盘版网络版在台湾地区出版发行,该项目获得"全国优秀出版物输出奖"。

鉴于她的突出业绩,1992年获得副编审职称;1993年获中华人民共和国新闻出版总署颁发的"在编纂出版《中国大百科全书》工作中作出重要贡献"的荣誉证书;从1993年开始享受国务院颁发的政府特殊津贴。

龚莉成了副总编辑,不过才39岁。有人说,一个副总编辑算什么,30多岁当总编辑的有的是!不过你别忘了,这可是中国大百科全书出版社,编的是大典。

不管是39岁,还是49岁,既然当了副总就得干副总的活。这话不错,她无话可说。

1995年,《中国大百科全书》第二版正在紧锣密鼓地筹备着。眼看就要启动了,还没有配置领衔人。

"社领导总得有一个人分管吧!"具体承办人着急了,去找社长。社长说:"莫急,莫急!马上研究,马上研究!"于是召开了社委会。

"现在开会!今天第一件事是确定一位社领导,负责分管二版工作……"单基夫社长开场白结束后就冷了场。一个班子,七八个人,没有一个人接应。不但没有一个人接应,而且没有一个人正眼看社长。看社长,那太危险了!一旦和社长对上了眼,你就别想再跑了。接手吧，那就是你！

你不看社长，可是社长在看你。他睁着眼，看看这个，又看看那个，扫了一圈又一圈，最后把眼光停在了我的身上。看我不理会他，他便伸出手来，拍在了我的手背上，说："嗨，我说德有，你看怎么办？要不你给咱们抓起来？"

我没办法，只好开口。说："老单，看来坐在社长旁边没有好果子吃。不过你还是饶了我吧！十几年了，没有过过正常人的生活。好容易把一版弄完了，这才几天呀，又想让我上贼船！我给你说，我可是年过五十了。一把老骨头，弄不动了。真上了这艘船，恐怕也就别想活着下来了。"

"那你拿个意见，让谁干？"社长说。

"还是找个年富力强的吧！"我说。

"年富力强"？最年轻的当然是龚莉。虽然我出卖了她，但是却不好点出她的名来。

龚莉低着头，目光停在自己的两只手上。那两只手，伸在桌子前面，相互揉搓着。

我的话音刚落，会场便活跃起来。"我同意！""我赞成！""那就让龚莉干？""可以！"全票通过。

龚莉还能说什么？只能抬起头来表个态，说："感谢社委会对我的信任！既然大家这么说，我也就只能试试看。不过大家都知道，这是一件很难办的事情，我恐怕做不好，希望得到大家的支持和谅解。"

这没问题！在座的不是他的师长就是他的学长，谁也不会难为她。

谁也不会难为她，可是事情却一件一件地难着她。

第一个难题是，二版的特色是什么？

一版出来了，74卷，大类分卷，音序编排，涵盖了古今中外的基本知识，基本上适应国民求知的需要。要在这样的基础上编第二版，难度就可想而知了。而最难的是创新，因为它的存在价值就在于创新。要有新的思路、新的视角、新的起点、新的结构，新的内容、新的表述方式，一句话，要适应读者的新需求。否则的话，编它做什么？可是这却不是一个简单的问题，那要涉及全书的整体设计，是一个重大的研究课题。当然，破题那得依靠众多专家的集体智慧，可是在这个舞台上，自己却被推到了掌舵的位置，能驾驭得了吗？

第二个难题是，依靠谁来编二版？

这个问题很简单，当然是依靠全国的专家和学者了。可是能靠得了吗？想当初编一版的时候，专家学者劲头十足。因为有国家文件，要求全国的科研单位、高等院校、国家和地方的相关部门积极支持，编纂百科算工作业绩；还因为专家学者们尚处在"文革"刚刚结束、科研项目尚未铺开的时期，得到编纂百科的机会那是幸运。你可能不会相信，一个学者，因为失去了这个机会竟然哭起了鼻子。那么现在呢？他们忙得不可开交，一分一秒都不愿意你去打扰。 不要说你去邀他编百科，他还想邀你帮他攻项目呢！怎么办？

第三个难题是，二版的资金到哪里去讨？

启动二版的报告已经打上去了，项目预算也已报上去了，据说国家批了两千万，即使到位，也不过是杯水车薪，只够启动阶段使用。缺口资金从何而来？

第四个难题是……

算了，不必再说！摆在龚莉面前的难题太大也太多，我都替她发愁。

我发愁是间接的，她发愁却是直接的。我觉得我可能会打退堂鼓，可是她却没打退堂鼓。她挺过来了，2009年二版问世。

如何挺过来的？其中太多心血，太多泪水，太多艰辛，太多勤苦，要说清楚得写厚厚的一本小说，这里也就不再细述。你只要知道下面的事情也就可以了：

现在的龚莉已经不再是一个稚嫩的小女子，而是一位坚韧睿智的"领军人物"。

1997年获得编审职称。1998年获得中国人民大学经济学博士学位。随后便有两部经济学专著和几十篇经济学、编辑学论文问世，其中三篇获全国出版科学研究优秀论文奖。2003年被评为全国"三八红旗手"。2004年入选全国首届"四个一批"人才，入选中组部直接联系专家。2009年被评为新中国60年新闻出版系统百名有突出贡献的专业技术人员。2010年被评为第二届中国出版政府奖优秀出版人物。2014年获中国编辑出版界最高个人奖项"韬奋奖"。2006年主持全社工作，2007年接任中国大百科全书出版社社长职务，开始引领全社职工跨越低谷，重铸辉煌。

中国大百科全书出版社，从建社起就是一个由国家全额拨款的纯粹的公益性事业单位。1993年《中国大百科全书》一版完成，上级要求出版社由全额拨款逐渐转为自收自支。从此它就擎着辉煌的旗子低下头来从头做起，开始探索自力更生的道路。

要说《中国大百科全书》第一版，以销售25000套计，收入也不会低于5000万。在20世纪90年代，这可是一个十分可观的数目。不过它却另有归属，指望不上。

路在何方？路在脚下，那得自己开。

不管怎么说，出版社总算生存了下来。2000年前后，一年流水1亿左右，账面利润一千几百万，职工生活还算过得下去。

2000年之后，财务困难呈现扩张趋势。时至2006年，虽然流水还保持着以往的水平，但其中的社外资金却由2000年的40%增加到了60%。

负债经营，对于企业来说，那是极其正常无可非议的事情。不过负债比例越大危险性也就越大。最后的防洪大坝在哪里？在资金的流转速度上。一旦资金的流转速度达不到预期还债的程度，崩盘的危险就会像利剑一样悬在你的头上。

龚莉接手社长的时候，出版社的头上已经悬上了这把利剑。接手不久，她就遇到了追债的悲剧。

那年年关前夕，她的办公室来了一位女士。那女士说，百科欠她们单位的款项已经好久了。催了多少次，老说马上就还却没有一次兑现。今天她一定要把这批款子要回去。单位说了，如果要不回去就停发她的工资。没了工资，这个年怎么过呀！她还有两个孩子等她回家过年呢，没钱她不知道怎么见那两个孩子！说着说着就哭了起来。

龚莉是个社长，可龚莉也是人，故事的悲凉穿透了她的心。

她流泪了，从自己的包里掏出一沓钱来，塞在那位女士手里，说："先回去过年吧，我们会尽快给你回款的。"

龚莉是个人，可她不是一个单独的人，她的肩上担着众多人的命运。

她流泪了，她必须撑起这个家，让百科重新辉煌起来，让百科的员工工作得愉快，生活得体面，让百科下游单位的人众不再因为百科的困窘而失去欢乐和安宁。

1998年，波兰革新基金会代表团访问中国，来中国大百科全书出版社寻求合作。我代表社委会向他们介绍中国大百科全书出版的过去、现在和未来。当讲到未来的时候，我说："谁代表着中国大百科全书出版社的未来？那就是坐在你们对面的龚莉女士。她现在是副总编辑，在我们的领导班子里最年轻，最富有朝气。将来中国大百科全书出版社走向哪里，就要看她的了！"大家笑。

2007年，龚莉领军的时代来临了，可惜的是大家都笑不起来，因为这时的太阳并不明媚。"她要带我们到哪里去？""我们能不能爬出谷底？"全社职工的眼睛都在盯着她。

三流将帅以勇力领军，拍拍胸脯就往前冲，胜者少败者多。二流将帅以经验领军，因循旧路挥军前进，胜者半败者半。一流将帅以睿智领军，知己知彼，三思而后行，胜者多败者少。百战百胜者，世上绝无。

龚莉不是没有勇气，也不是没有经验，可是上马之初却按兵不动。她在做什么？她在谋划：我军处在什么境地？如何才能绕过荆棘？麾下的优劣究竟在哪里？敌军的防线哪里最实哪里最虚？一切了然之后，她才开始整军，她才开始用兵。

整军就要有个目标，围绕着实现目标的需要进行整顿。

中国大百科全书出版社的战略目标是什么？这还用问？自然就是编纂百科全书了！应该说是很清晰。

清晰就是清晰，为什么加上一个"应该"？那是因为从1993年开始，这个目标就逐渐模糊起来。一版编完了，1995年开始筹划第二版，之后又开辟了几个百科新项目。周期长，支出大，人力囤积，回报微薄，一时难成气候，靠它们吃饭是不可能的。虽说如此，它们的存在价值还是有的，能起支撑门面的作用。没有它们，怎么可以称为百科全书出版社呢？那就把它们当个门面吧！社里的主要精力、主要人力都奔"自收自支"去了。吃饭要紧！

面对这种局面，龚莉不认，她要正本清源。她要擦亮百科全书这把宝剑，用它立社，用它服务国民，用它启迪民众，用它引领风气，用它树立知识权威和文化标准，用它振起中华民族的科学精神。在她看来，这是历史赋予百科出版社的使命，我们没有权力放弃它。而且她还坚信，百科全书不仅能够给出版社带来辉煌，而且也能够给全社职工带来体面的生活。能够的，一定能够的！那要看我们怎么做。

她用这种理念统一了领导班子和中层骨干，坚定了大家的信心，并且在百科全书这个核心战略目标的周围树起了几个辅助目标，那就是工具书、百科学术、大众知识读物，还有与之相匹配的数字化编辑手段和数字化编辑产品。

战略目标确定了，就要集中兵力，进行冲击。不能像先前那样散兵游勇，小打小闹，捞点小钱就跑。她拆散了原有的诸多编辑部，选了一批精锐编辑，调往二版阵地，强力推动二版前行。同时组建了几个灵活机动、能够独立征战、具有自我调节机制的分社，比如学术著作分社、少儿百科分社、教育分社、美术设计中心、对外合作中心、数字出版运营部。把它们作为生力军，配给它们相应的出版资源，配给它们敬业爱众、有胆有识的指挥员，配给它们学术扎实、经验丰富的业务指导员，授给它们用人用钱用物的自主权，让它们看准了自己的目标，放手冲击。

她有思想准备，各路指战员也有思想准备：困难是很大的，战斗是残酷的，挫折是会发生的，血泪都是会流的。但是，既然前进的方向是正确的，那就有进无退！

部队出发了，龚莉和她的几位副帅站在指挥塔上，登高远望，观衅伺隙，不断分析着形势，调整着部署，判定着胜败，奖惩着得失。

经过几年的苦战，她赢了！中国大百科全书出版社迎来了业绩的辉煌和职工的笑脸。

业绩方面：

2009年，二版问世。在不长的时间内就销出两万多套。《人民日报》发表社论《"大辞书"背后的强国梦》，给予高度评价。2010年荣获第二届中国出版政府奖。

百科全书形成了以《中国大百科全书》为核心的品牌集群。规划、编辑出版了二版的简明版（10卷）、精粹本、普及版（首辑100册）、数据库等。原创品牌中国儿童百科全书加快拓展，形成十几个系列、上百个品种。学生工具书覆盖中小学各年级。以百科史学为标志的百科学术声名鹊起。百科知识类读物形成了"中华文明史话"、"百科名家文库"、"我的科学地带"等品牌书系。

百科社持续加强与世界权威百科全书《不列颠百科全书》的合作与沟通,近年来,其英文版中的2000余个中国内容条目,已全部采用《中国大百科全书》的释文,对于中国文化进入西方主流社会具有重要意义。《中华文明史话》(30册),版权输往澳大利亚、美国和德国等多个国家和地区。《中印文化交流百科全书》在2014年6月"和平共处五项基本原则"发表60周年之际出版,新闻联播播报,两国领导人首发,在国家公共外交中发挥了积极作用。接续项目"中印经典互译工程"2014年已进入实际操作。近年,百科社原创产品版权输出达400多种,连续被评为"国家文化出口重点企业",输出版权在中国出版集团连年名列前茅。

数字化方面,百科社自主研发的"百科在线"获首届中国出版政府奖。《中国大百科全书数据库》局域网版、《掌上百科》、《美丽西藏》等2000多个数字产品上市。2013年百科社被评为全国首批"数字出版转型示范单位"。

2007年以来,百科图书获得140多项重要奖励,包括中国出版政府奖12项,中华优秀读物奖9项,"三个一百"原创等总署总局重要单项奖13项,中国出版集团优秀出版物奖48项,还有社科院中科院和主要学会的种种奖励。百科社20多个项目入选国家十一五、十二五出版规划,多种图书入选中宣部、总署总局主题出版活动书目。

2009年百科社获评首届全国百佳图书出版单位,2013年获评第三届中国出版政府奖优秀单位。

经济方面:

出版社构建了以财务为中心、以效益为先导的全流程经济核算体系；以内容创新和营销创新相结合对各部门进行考核。2007年以来，百科社经营不断迈上新台阶。企业快速扭亏为盈，销售收入、利润和员工收入均大幅增长。2013年收入跨过2亿，考核利润2500多万，员工收入每年增长率在两位数以上，生产经营进入良性发展轨道。在中国出版集团"双效"业绩等级评定中，百科社以良好的业绩和成长性，2012、2013、2014连续被评为最高等级A级。

面对这种态势，有些人颇为不解。同样以编纂百科全书为业，为什么会出现两种局面？

问得好！问到了点子上。我们可以说："那是因为战略部署不同，用兵技巧不同，部队的战斗力不同。"

说得对！龚莉的事迹的确为我们说明了这一点。可是，其中的关键是什么，你考虑过吗？凡事总有一个关键。比如电灯。你问它为什么会亮，总会有种种答案。说因为它有电线连着，说因为电线里面有电，说因为灯泡里面有电阻，说电阻遇到电流就会发亮。这些说法都不错。可是它在那里待着总也不亮，只有打开开关它才会亮。这开关就是电灯发亮的关键。

那么，龚莉所以能够率领她的团队再铸百科辉煌，其中的关键是什么？我来告诉你：是一个杠杆，是一个撬动他的部队顽强掘进不思后退的杠杆。它的名字叫"全流程经济核算体系"。

这个"体系"前面已经提到，恐怕谁也没有在意，只是把它当作一句文章的语言程式读了过去。谁曾想到，它竟然是龚莉出奇制胜的密器。

什么是"全流程经济核算"？说来简单，那就是：一个项目，从启动开始，到停销结束，以总收入减去总支出作为经济效益，简称之谓"收益"。

你会说，这有什么神秘？是不神秘，但有效用。效用之大，令人惊异。

谁都知道，企业以实现利润最大化为目标。可是什么是利润？说法却是不一。出版界通行的账面利润以单册图书的销售收入减去单册图书的平均成本为基础。

假设一种图书的总支出为1万元，印了1万册，每册图书的平均成本为1元，每册图书的定价为3元，按定价出售，总共销出去了1000册，总的收入为3000元。按照通行利润的计算方法，总利润便是（3元—1元）×1000册＝2000元。也就是说，库房尚压着9000册书，7000元成本尚未回笼，账面上就已经出现了2000元的利润。

对出版社来说，这样的利润只能是一把虚火。

谁追求这样的利润，以这样的利润为标准衡量经营成果，以这样的成果为基础进行分配和奖励，谁就会泄掉自己队伍的士气。因为这样的利润指标完全可以通过多上项目的手法去达到，用不着开拓进取、苦其心力。

谁追求这样的利润，谁就会走进一条慢性自杀的死胡同。平庸图书越来越多，库存积压越来越大，资金流转越来越慢，所筑债台越来越高。

龚莉接手社长的时候，出版社已经接近这条胡同的尽头。继续以这种"利润"论成败，不要说走出低谷，恐怕出版社会死在自己的手上。

博士，毕竟是经济学博士！龚莉对这种症结看得倍儿清楚，心底倍儿明亮。要想起死回生，必须跳出这个藩篱，立起另外一个规矩。另外的规矩是什么？就是"全流程经济核算体系"。

按照"全流程经济核算体系"来衡量，你上面的那个2000元，虽然可以称之为"利润"，虽然可以写到账面上，但却不是真正的收益，不能作为你的劳动成果拿它来分配和奖励。

为什么？

因为它根本不存在！

不存在?

不相信是不是?那好!请你先把已经预支了的钱还给财务,再拿出你那2000元的收益来给大家看看。

拿不出来是不是?你不可能拿得出来,甚至你连预支的钱都还不上,因为这个项目的经营效果是:

10000元支出—3000元收入=7000元亏损

那我怎么办?

你的出路只有两条:一条是开拓市场,把库存图书销出去;一条是策划优秀项目,让它既具有文化品位又适应市场需求,不再压在仓库里。

不容易是吧?那是得努力。去努力吧!去奋斗吧!不努力不奋斗,不要说事业,恐怕连饭都吃不上了!

这就是"全流程经济核算"的效应:激发队伍的士气,逼着你去开拓进取。

破旧立新,谈何容易!上和业界规则相碰撞,下和职工利益相冲突,行得通吗?

上面的事情相对好说一些,那不就是报表吗?按照通常报表要求如实填报就是了,反正"全流程经济核算"只是内部的一种管理方法,不影响财务管理制度。

下面的事情的确不好办:

好你个龚莉,从自收自支开始,多少年了,我们百科职工就在吃那个"利润",现在你不让我们吃了,还让我们活不活?!

没有办法,除了给个缓冲期、采取逐渐过渡的方式之外,就只有苦口婆心地说服了:

"利润"虽然容易吃,但却不能再吃了。那是在挖自家房子的墙脚,那是在吃自己身上的肉。天天挖自家房子的墙脚,房子总有一天要倒塌的;天天吃自己身上的肉,肉总有一天要吃完的。房子倒了我们便无处栖身，身上的肉没了我们便无法生存。我们不但不能让自己的房子倒下去，我们还要把它建成大厦。我们不但不能死去，我们还要活得更加美好。先吃点苦吧！只要我们上下一心，狠下心来，舍弃这个"利润"，进取我们的"收益"，向"收益"要生存，以"收益"求发展，我们一定会开出一片新天地！

百科人毕竟是百科人，艰苦创业的精神在支撑着他们，美好的憧憬在鼓舞着他们，他们忍痛接受了。在龚莉和她一班人的带领下披荆前行，终于爬出了低谷。

说到这里，有人会将我一军，说："嗨，我说姓王的，给我们来点实在的好不好！百科职工现在的年收入究竟有多少？"

哈！这个还真是不好说，因为它涉及个人私密。

不过倒可以悄悄告诉你：2014年全社职工平均年收入超过了我这个年逾古稀的老编辑。

我高兴，不能不由衷地说一声：龚莉，你真是了不起！

后　记

小时候，我家附近有几个书摊，一毛钱可以看好几本连环画。那里是我爱去的地方。兴许，与书结缘，从那时就开始了。

大学毕业后，进入出版社，每天的日常，离不开书籍。策划、选题、编稿、出版、推介，一册册梳理整齐，装扮漂亮。然后，送与他人家。

初入职时，读到出版前辈陆费逵（1886～1941）先生言："我们书业虽然是较小的行业，但是与国家社会的关系却比任何行业为大。"这使我对所从事职业除了满心欢喜，还有了虔诚的敬畏。专注于斯，也让我看见了编辑出版中无处不在的学问。每遇解题，我便写上几笔。研究探索、辨识规律、寻求突破，不但是身在其位必须要面对的，而且，用心琢磨、破解难题的过程中，也获得了脑力长进、精神愉悦。

日复一日，年复一年。时间在指尖文稿翻飞中悄然流逝。不觉间，那些书业思考、记录的文字多了起来，竟也积满了书桌大大小小的抽屉。

有同行翻阅后，提议将这些文字结集成册。我觉得这是一件可做之事，于是，从近300篇文章、200多万文字中挑选、整理出105篇，约60万字，辑成上下两卷。主题都是从编辑及出版运营切入，但内容触及的方面更为宽广。因为，书籍联系着极其广泛的人类活动——从吃喝拉撒、衣食住行到哲思冥想、星际迷航的一切事。

本书选编的文章，一部分曾发表于不同时期的报刊，这次成书时保持了原貌；一部分是根据授课讲稿，或者研究课题成果进行的整理、缩编；还有一部分是工作方案节选。选辑的文章按照类别划分成七编，每编前有简短的楔子并配图，希望为读者增加一点阅读时的轻松感。

本书收入的文章，最早一篇写于1987年，最近一篇写于2019年，时间跨度30年有余，以往有些观点、认知，今天来看，或许有些稚嫩，甚至不一定完全准确，欢迎大家批评指正。又或许，正是由于它们特有的时代印记，可以从一个角度，为研究书业发展的历史轨迹提供一点真实的资料。

此书出版之际，我要表达自己诚挚的感谢。首先感谢时代让我结缘百科全书，感谢因百科全书而相识的老师们、同事们。"百科人"共铸文化基业，携手走过了那些难忘的岁月，我的许多思考、灵感、心得，都来自这个事业、这个群体的启发和赋能，书中许多成功案例，就是他们的杰作。要感谢大师兄王德有为本书写序。德有是北京大学张岱年先生的弟子，学问做得好，还是热心肠。这次我请他作序，他不但慷慨应允，还给书取名为《田野撷英》，并解说其意，以打消我对其中"英"字一知半解的疑虑。要感谢老朋友符冰，从文件转换、文章编排，到同拟小引，他以一个老编辑和理工生独到的功夫，贡献良多。还要感谢我的家人，我每一次文章发表，他们只要看到，哪怕再小的版面，也当成珍宝收藏，当然，也不忘提醒文中欠缺。

时光如白驹过隙，岁月催人老，出版人的思考却未有穷期。

2020年5月5日立夏记于北京小舍东窗